Ernest Ludlow Bogart

Die Finanzverhältnisse der Einzelstaaten der nordamerikanischen

Union

Ernest Ludlow Bogart

Die Finanzverhältnisse der Einzelstaaten der nordamerikanischen Union

ISBN/EAN: 9783743334519

Hergestellt in Europa, USA, Kanada, Australien, Japan

Cover: Foto ©ninafisch / pixelio.de

Manufactured and distributed by brebook publishing software
(www.brebook.com)

Ernest Ludlow Bogart

Die Finanzverhältnisse der Einzelstaaten der nordamerikanischen Union

Inhaltsverzeichnis.

Liste der statistischen Tabellen.

Litteraturverzeichnis.

Adams, H. C., „Public Debts." New York. 1895.

Benton, Thos., „Thirty Years View in Congress."

Binney, „Restrictions upon Legislation in the State Constitutions." 1894.

Bourne, E. G., „History of the Surplus Revenue of 1837." Questions of the Day Series. New York. 1885.

Bryce, James, „The American Commonwealth." 3. Aufl. New York, 1896. Bd. I.

Cooley, Thos. M., „The General Principles of Constitutional Law in the United States of America." Boston. 1880.

Curtis, B. R., in the North American Review. Boston, Jan. 1844.

Davis, H., „American Constitutions," Johns Hopkins University Studies, Bd. 3.

Ely, R. T., „Taxation in American States and Cities." New York. 1888.

Fisk, Harrison, „Stimmrecht und Einzelstaat in den Vereinigten Staaten von Nordamerika." Leipzig. 1896.

Holst, von H., „Verfassung und Demokratie in den Vereinigten Staaten von Amerika."

Jameson, J. F., „Introduction to the Study of the Constitutional and Political History of the United States." 1886.

Mills, „Constitutional Annotations," 1890.

Prichard, F. P., „State Legislation." Philadelphia. 1891.

Roosevelt, Theo., „Essay on Practical Politics." New York. 1886.

Schwab, J. C., „Die Entwickelung der Vermögenssteuer im Staate New York." Göttingen. 1890.

Seligman, E. R. A., „Finance Statistics of the American Commonwealths." Publications of the American Statistical Association. Boston. 1889.

Derselbe, „The General Property Tax" in Political Science Quarterly, March. 1890. New York.

Derselbe, „The Taxation of Corporations" in Political Science Quarterly, June, September, December. 1890.

Sterne, Simon, „Defective and Corrupt Legislation." New York. 1885.

Derselbe, „Our Methods of Legislation and their Defects." New York.

Stimson, F. J., „American Statute Law": Bd. I, „State Constitutions." Boston. 1886; Bd. II, „Corporations." Boston. 1892.

Sumner, W. G., „History of American Currency." Boston.

Wilson, Woodrow. „Congressional Goveruement." 11. Aufl. Boston. 1895.

Derselbe. „The State." Boston. 1892.

Report of the Commission appointed by the Governor of New York State to
Recommend Changes in the Methods of Legislation." New York. 1895.

Tenth Census of the United States (1880): Bd. VII. „Wealth. Taxation and
Public Intebtedness." Washington, D. C. 1884.

Eleventh Census of the United States (1890): Bd. VIII. Teil 1. „Public Debt",
Washington. D. C. 1892. Bd. VIII. Teil II. „Valuation and Taxation."
Washington. D. C. 1895.

Compendium of the Eleventh Census of the United States, Bd. 1.
„Population." Washington, D. C. 1892.

Die Verfassungen der Bundesregierung und aller (45) Einzelstaaten.

Persönliche Mitteilungen von Finanzbehörden. Mitgliedern der gesetzgebenden
Körperschaften. u. s. w.

Finanzberichte der Einzelstaaten.

Alabama: Biennial Report of the State Auditor for the fiscal years ending 30. Sept. 1889. Ibid. 30. Sept. 1893.

Arizona: Biennial Report of Territorial Treasurer, 31. Dec. 1888.

Arkansas: Biennial Report of the Auditor of State, 30. Sept. 1890. Ibid. 30. Sept. 1894.

California: Biennial Report of the State Comptroller, 30. Juni 1890. Ibid. 30. Juni 1894.

Colorado: Biennial Report of the Treasurer of State, 30. Nov. 1890. Ibid. 30. Nov. 1894.

Connecticut: Report of the Comptroller, 30. Juni 1890. Report of the Treasurer, 30. Sept. 1892.

Delaware: Biennial Report of the Treasury Department, 31. Dec. 1890. Ibid. 31. Dec. 1892.

Florida: Report of the Comptroller, 31. Dec. 1890. Report of the Treasurer. 31. Dec. 1890.

Georgia: Report of the Comptroller-General, 30. Sept. 1890. Ibid. 30. Sept. 1895.

Idaho: Biennial Report of the Controller, 3. Nov. 1890.

Illinois: Biennial Report of the Auditor, 30. Sept. 1888. Ibid. 30. Sept. 1894.

Indiana: Annual Report of the Auditor, 31. Oct. 1889. Ibid. 31. Oct. 1894.

Jowa: Biennial Report of the Auditor, 30. Juni 1889. Ibid. 30. Juni 1895.

Kansas: Biennial Report of the Auditor, 30. Juni 1890. Ibid. 30. Juni 1894.

Kentucky: Biennial Report of the Auditor. 30. Juni 1889. Ibid. 30. Juni 1893.

Louisiana: Biennial Report of the Treasurer, 31. Dec. 1889.

Maine: Annual Report of the Treasurer, 31. Dec. 1889. Ibid. 31. Dec. 1895.

Maryland: Annual Report of the Comptroller, 30. Sept. 1889. Ibid. 30. Sept. 1895.

Massachusetts: Report of the Auditor, 31. Dec. 1889. Ibid. 31. Dec. 1894.

Michigan: Annual Report of the Auditor-General, 30. Juni 1889. Report of the State Tax Statistician, 30. Juni 1895.

Minnesota: Report of the Auditor, 31. Juli 1890. Ibid. 31. Juli 1894.

Mississippi: Biennial Report of the Auditor, 31. Dec. 1889. Ibid. 31. Dec. 1891.

Missouri: Report of the State Auditor, 31. Dec. 1890. Ibid. 31. Dec. 1894.

Montana: Annual Report of the Auditor, 31. Dec. 1890. Ibid. 31. Dec. 1891.

Gesetzbücher der Einzelstaaten.

Alabama: Code. 1886.
Arizona: Revised Statutes. 1887.
Arkansas: Digest of the Statutes. Sandals and Hill. 1894.
California: Codes and Statutes. Deering. 1889.
Colorado: Annotated Statutes. Mills. 1891.
Connecticut: General Statutes. 1888.
Delaware: Revised Laws. 1874.
Florida: Revised Statutes. 1892.
Georgia: Code. Lester, Rowell and Hill. 1882.
Idaho: Revised Statutes. 1887.
Illinois: Annotated Statutes. Starr and Curtis. 1885. Supplement, 1892.
Indiana: Revised Annotated Statutes. Burns. 1894.
Indian Territory: United States Revised Statutes. 1895.
Jowa: Annotated Code of Revised Statutes. Mc. Clain. 1888. Supplement. 1892.
Kansas: General Statutes (annotated). 1889.
Kentucky: Statutes. Barbour and Corroll. 1894.
Louisiana: Revised Laws. Voorhies. 1884.
Maine: Revised Statutes. 1883.
Maryland: Public General Laws. 1888.
Massachusetts: Public Statutes. 1882. Supplement, 1888.
Michigan: General Statutes. Howell. 1882. Supplement. 1890.
Minnesota: Revised Statutes. Kelly. 1891.
Mississippi: Annotated Code. Thompson, Dillard and Campbell. 1892.
Missouri: Revised Statutes. 1889.
Montana: Codes and Statutes. Sanders. 1895.
Nebraska: Compiled Statutes (annotated). 1895.
Nevada: General Statutes. Baily and Hammond. 1885.
New Hampshire: Public Statutes. 1891.
New Jersey: Revised Statutes. 1877. Supplement. 1886.
New Mexico: Compiled Laws. 1884.
New York: Revised Statutes, Codes and Laws. Birdseye. 1890. Supplement, 1895.
North Carolina: Code. 1883.

North Dakota: Revised Codes. 1895.
Ohio: Revised Statutes. Giauque. 1892.
Oklahoma: Statutes. 1893.
Oregon: Annotated Laws. Hill. 1892.
Pennsylvania: Brightly's Purdon's Digest. 1894. Supplement. 1895.
Rhode Island: General Laws. 1896.
South Carolina: Revised Statutes. 1893.
South Dakota: Statutes, 1890.
Tennessee: Code. Milliken and Vertrees. 1884.
Texas: Statutes. Sayles. 1889. Supplement. 1893.
Utah: Compiled Laws. 1888.
Vermont: Statutes. 1894.
Virginia: Code. 1887.
Washington: Statutes and Codes. Hill. 1891.
West Virginia: Code. 1891.
Wisconsin: Annotated Statutes. Sanborn and Berryman.
Wyoming: Laws. 1890.

„Legislation by States in 1895". State Library Bulletin of the State of New
York. No. 6. Albany, 1896.

Einleitung.

In den letzten Jahren bildeten die Einzelstaaten der nord-
amerikanischen Union häufig den Gegenstand fleifsigen Studiums und
Forschens, und viele wertvolle Abhandlungen über Verfassung und
Geschichte derselben sind in den Vereinigten Staaten erschienen.

Auch in Deutschland hat die Stellung der einzelnen Bundesstaaten zum Reich viel Ähnlichkeit mit der der Einzelstaaten zu der
Bundesregierung in den Vereinigten Staaten; infolgedessen sind auch
hier solche Untersuchungen auf allgemeines Interesse gestofsen.

Der Zweck der vorliegenden Abhandlung ist der, eine Seite der
Wirksamkeit der Einzelstaaten, der man bis jetzt nur wenig Beachtung geschenkt hat, zu beleuchten, nämlich die finanzielle Wirksamkeit und Bedeutung der Staaten. Um dies in möglichster Voll-
ständigkeit zu thun, ist die vorliegende Arbeit in drei Teile geteilt
worden, von denen der erste die Verfassungsbeschränkungen enthält,
welche gegenwärtig die finanzielle Autonomie der Staaten einengen.
Eine historische Skizze, welche die Ursachen dieser Bewegung zeigt,
geht voraus. Der zweite Teil behandelt das legislative und exekutive
Verfahren betreffend die Anträge zur Erhebung und Bewilligung
von Staatsgeldern, während der dritte Teil die Budgets der verschiedenen Staaten analysiert und dabei näher auf die Steuersysteme
eingeht.

Ehe wir aber zum wirklichen Gegenstand der Arbeit übergehen,
wird es gut sein, so kurz wie möglich die Stellung, welche die
Einzelstaaten in der Union einnehmen, klarzustellen. Sie bilden einen
so eigentümlichen Organismus, dafs ihre Wichtigkeit und Rechts-
sphäre oft von Europäern übersehen oder falsch verstanden wird.

Es giebt 45 Staaten und 4 Territorien [1]) in der amerikanischen

---

[1]) Ausgenommen Alaska.

Union von verschiedener Größe. Von Texas, mit einem Flächeninhalt von 265 780 englischen Quadratmeilen, bis zu Rhode Island, mit deren 250, in der Bevölkerungsziffer von New York mit 5 997 853 Einwohnern bis Nevada mit 45 761.[1] Das heißt, der größte Staat ist viel größer als Frankreich oder das Deutsche Reich. Der bevölkertste hat mehr Einwohner als Schweden, Portugal oder Dänemark, während der kleinste kleiner ist als die Grafschaft Warwickshire in England oder die Insel Corsica, und der am meisten bevölkerte hat doch noch weniger Einwohner als die Stadt Bielefeld (47 467) oder das Herzogtum Coburg (61 441) im Deutschen Reich.[2]

Jeder dieser selbständigen Staaten erfreut sich in gewissen Punkten einer vollständigen, gesetzlichen Unabhängigkeit und des Rechts der Selbstregierung. Diese hat Mr. Bryce[3] unter folgenden Punkten zusammengestellt.

Jeder der 45 Staaten hat

1. seine eigene Verfassung, die direkt von dem Volke der einzelnen Staaten beschlossen wird und das Staatsgrundgesetz enthält. Sie steht über der Legislatur des Staates, kann von ihr nicht verändert werden und schließt die Unmöglichkeit jedes Gesetzes in sich, welches von einer Legislatur gegeben wurde, die sich mit ihr nach dem Urteile des Staatsgerichtshofes nicht vereinigen läßt.

2. Eine vollziehende Gewalt, welche gewöhnlich aus einem Gouverneur, Vizegouverneur, Oberaufseher der Finanzen (Controller oder Auditor), Schatzmeister, Staatsanwalt (Attorney General) und verschiedenen anderen Beamten besteht.

3. Legislatur von zwei Häusern.

4. System der Lokalregierung in Kreisen, Stadt- und Landgemeinden und Schuldistrikten.

5. System der Staats- und Lokalsteuern, gänzlich unabhängig von der Bundesbesteuerung und oft mit ihr konkurrierend.[4]

Schulden, deren Bezahlung der Staat nach Belieben verweigern kann und auch mehrmals thatsächlich verweigert hat. Die Erfüllung einer diesbezüglichen Verpflichtung, die ein Einzelstaat eingegangen hat, kann von ihm ebensowenig erzwungen werden durch die Gerichtshöfe, wie die der Bundesregierung oder irgend eines anderen sou-

[1] Compendium vom 11. Census. Bd. I. Wash. D. C. 1892.
[2] G. Perthes Taschen-Atlas. 32. Aufl. 1896.
[3] James Bryce „the American Common wealth" 3. Aufl. Bd. I S. 413.
[4] Die Bundesverfassung verbietet den Staaten Steuern auf Import oder Export oder Schiffsladungen zu legen. (Const. Art. I, se A 10.)

veränen Staates. Ein Staatskontrakt liegt aufserhalb des Bereiches der Gerichtshöfe und kein gerichtliches Urteil kann eine Steuererhebung zur Sicherung dieser Bezahlung erzwingen. Dieses Vorrecht wurde den Staaten gesichert durch das elfte Amendement der Verfassung der Vereinigten Staaten, welche folgendermafsen lautet: „Die Zuständigkeit der Gerichte der Vereinigten Staaten ist nicht dahin aufzufassen, dafs sie sich auch auf einen Prozefs gegen einen Einzelstaat erstreckt, welcher anhängig gemacht und ausgefochten wird von einem Bürger eines anderen Einzelstaates oder den Bürgern oder Unterthanen eines fremden Staates."

Bürgerliches Gesetzbuch, enthaltend das ganze Gesetz über bewegliches und unbewegliches Eigentum, über Obligationen und Familienrecht.

6. Prozefsordnung, Straf- und Zivilprozefsordnung.

7. Gerichtshof, von dem es keine Appellation giebt, an irgend einen Bundesgerichtshof (ausgenommen in Fällen der Bundesgesetzgebung und Bundesverfassung).

8. „Citizenship" d. h. das Recht des Staates, den Einwohnern das Bürgerrecht unter Bedingungen, die er selbst vorschreiben kann, zu verleihen. Diese Bedingungen können natürlicherweise in den verschiedenen Staaten verschieden sein. Ein Mann wird aktiver Bürger der Vereinigten Staaten nur dadurch, dafs er Bürger irgend eines Einzelstaates wird.

Dies sind Illustrationen zu der Thatsache, die man garnicht stark genug betonen kann, nämlich, dafs die amerikanischen Staaten ursprünglich in gewissem Sinne souveräne Staaten waren und dies auch in bestimmtem Mafse noch sind.

In dem amerikanischen Verfassungsrecht [1]) ist ein besonderes System eingeführt. Die Hoheitsrechte sind teils der Bundesregierung überwiesen worden und teils den Einzelstaaten. Bei dieser Verteilung ist die Bundesregierung in den Besitz der höchsten, absoluten und unverantwortlichen Macht gelangt, auf gewissen Gebieten in allen Staaten, während die letzteren die gleiche unbeschränkte Macht besitzen innerhalb ihrer Grenzen und auf anderen Gebieten. [2]) Jede von den ursprünglichen 13 Kolonien wurde selbständig in Bezug auf ihre inneren Angelegenheiten, nicht dagegen bezüglich ihrer Vertretung

---

[1]) Thos. M. Cooley: „The General Principles of Const. Law in the U. S. A." S. 21. Boston 1880.

[2]) License Cases, 5 How. 504, 588; Ableman vs. Booth, 21 How. 506, 516; United States vs. Cruikshanks, 92, U. S. Rep. 542, citiert von Cooley.

1*

nach aufsen hin, als sie 1776 von England, dem Mutterlande, abfiel.
Indem nun die Kolonien der Konföderation von 1781—88 beitraten,
verloren sie ein paar Attribute der Souveränität, die übrigen aber
wurden ausdrücklich den Staaten garantiert, und zwar durch Artikel II
der Bundesartikel (Art. of Confed.), der so lautet:

„Jeder Staat behält seine Souveränität (Oberhoheit), Freiheit und
Unabhängigkeit, sowie jede Macht, Rechtsprechung und jedes Recht,
das von dieser Konföderation nicht ausdrücklich im versammelten
Kongrefs den Vereinigten Staaten übertragen worden ist."

Später unterwarf sich jeder der Staaten durch Annahme der
Bundesverfassung im Jahre 1788 - 9 in genauer bestimmten Punkten
einer Bundesregierung, beanspruchte aber seine Unumschränktheit zu
allen anderen Zwecken. Und damit keine Frage mehr offen bliebe
zwischen den Einzelstaaten und der Bundesregierung, erklärte der
zehnte Artikel der Amendements, dafs „die Machtbefugnisse, welche
die Verfassung nicht der Bundesregierung zuweist, noch von ihr
den Staaten versagt sind, für die Staaten oder das Volk bleiben."
Das heifst, die Autorität eines Staates ist ihm angeboren, nicht hat
er sie überkommen.[1] Er hat alle Befugnisse einer unabhängigen
Regierung mit Ausnahme solcher, von denen man nachweisen kann,
dafs er sie aufgegeben hat, während die Bundesregierung nur solche
Machtbefugnisse besitzt, von denen sich nachweisen läfst, dafs sie sie
bekommen hat. Mit anderen Worten, was nicht übertragen ist, ist
vorbehalten und gehört den einzelnen Staaten oder dem betreffenden
Volke.[2] Um den juristischen Ausdruck zu gebrauchen, das Vertrauen gehört immer dem Staat und die Last des Gegenbeweises
fällt auf jeden, der seine Autorität in irgend einer Sache anficht.[3]

So erkennt man, dafs die Stellung der Staaten, wenigstens in
dem Wirkungskreis, der den Gegenstand dieser Untersuchung bildet,
die eines souveränen Staates ist. Um so seltsamer erscheinen deshalb die verschiedenen Beschränkungen, die man ihrer unumschränkten
Finanzmacht auferlegt hat.

Der Gegenstand der Arbeit jedoch ist nicht, die besondere und

---

[1]) Bryce, Am. Com. Pt. II. Cap. 36. p. 421.

[2]) Cooley, „Constitutional Law", S. 29. Er citiert folgende Rechtsfälle:
Colder vs. Bull, 3 Doll. 386; Gibbons vs. Ogden 9 wheat. 1, 187, Briscol vs. Bank
of Kentucky, 11 Pet. 257; Gilman vs. Philadelphia, 3 Wall. 713; Slaughter House
Cases, 16 Wall. 36.

[3]) Golden vs. Prince, 3 Wash. C. C. 313; Slaughter House Cases, 16 Wall.
36; United States vs. Cruikshanks 92. U. S. Rep. 542. Citiert von Cooley S. 31.

— 5 —

anomale gesetzliche Stellung der Staaten der Bundesregierung gegenüber
zu erklären, sondern nur so klar wie möglich die aktuellen Thatsachen,
die mit den Finanzen der Einzelstaaten in Verbindung stehen, zu
schildern.

Es klingt paradox, von Beschränkungen der souveränen Macht
der Staaten zu sprechen, aber das scheinbare Paradoxon verschwindet,
wenn man denkt, dafs die Legislatur (die diese Macht ausübt) unter
der Verfassung (die sie einengen kann) steht. Die Verfassung wird
vom Volke oder einer dazu ermächtigten konstituierenden Versammlung beschlossen, und durch sie kann das Volk sich selbst Schranken
auferlegen und der Legislatur ihre Macht rauben. Die Verfassung
ist ganz verschieden von einem Gesetz, und sie kann durch die Legislatur garnicht verändert werden, wie in Frankreich und Deutschland.

Tabelle I.

Bevölkerungszahl der Einzelstaaten im Jahre 1890.[1]

Alabama	1 513 017	Nebraska	1 058 910
Arizona	59 620	Nevada	45 761
Arkansas	1 128 179	New Hampshire	376 530
California	1 208 130	New Jersey	1 444 933
Colorado	412 198	New Mexico	153 593
Connecticut	746 258	New York	5 997 853
Delaware	168 493	North Carolina	1 617 947
Florida	391 422	North Dakota	182 719
Georgia	1 837 353	Ohio	3 672 316
Idaho	84 385	Oklahoma	61 834
Illinois	3 826 351	Oregon	313 767
Indiana	2 192 404	Pennsylvania	5 258 014
Indian Territory	186 490	Rhode Island	345 506
Jowa	1 911 896	South Carolina	1 151 149
Kansas	1 427 096	South Dakota	328 808
Kentucky	1 858 635	Tennessee	1 767 518
Louisiana	1 118 587	Texas	2 235 523
Maine	661 086	Utah	207 905
Maryland	1 042 390	Vermont	332 422
Massachusetts	2 238 943	Virginia	1 655 980
Michigan	2 093 889	Washington	349 390
Minnesota	1 301 826	West Virginia	762 794
Mississippi	1 289 600	Wisconsin	1 686 880
Missouri	2 679 184	Wyoming	60 705
Montana	132 159	Summa	62 391 858

[1] Compendium of the Eleventh Census (1890). Vol. I. „Population."
Washington. D. C. 1892.

I. Teil.

Das Finanzwesen der amerikanischen Staaten.

Die Thatsache, die jedem, der die Budgets der amerikanischen
Staaten studiert, mit Macht entgegentreten mufs, ist sowohl ihre
relative Unbedeutendheit, als auch die geringe Höhe der Summen,
um die es sich handelt, im Vergleich zu den Budgets des Bundes
oder denjenigen der Lokalregierungen. Und die Gröfse des Budgets
deutet ihre finanzielle Unwichtigkeit und Abhängigkeit an. Der Gebrauch, den die Staaten von ihrem öffentlichen, durch zahlreiche
konstitutionelle Beschränkungen eingeengten Kredit machen, hat von
Jahr zu Jahr abgenommen, und ihre Thätigkeit ist jetzt auf den
denkbar kleinsten Raum beschränkt.

Drei verschiedene Regierungsformen werden von dem amerikanischen Verfassungsrecht anerkannt: die Nationalregierung, die
Staaten (45 an der Zahl, nebst 4 Territorien) [1]) und die verschiedenen
kleineren Verbände.

Die Ausgaben in den Vereinigten Staaten sind daher dreierlei
Art: Bundes-, Staats- und Lokalausgaben. Die Gesamtausgaben dieser
drei Regierungsverbände für das Jahr 1890 betrugen $ 915 954 055. [2])
Von diesen verausgabte die Bundesregierung $ 352 218 612 (einschliefs-
lich der Post, deren Kosten sich auf $ 66 259 547 beliefen), die Einzel-
staaten $ 77 105 911; die Unterverbände zusammen $ 486 629 530.

Diese Zahlen zeigen scheinbar, dafs die Budgets der Einzelstaaten im Vergleich zu denen der beiden anderen Abteilungen von
geringerer Bedeutung seien. Dieser Schlufs wird bestärkt, wenn wir
den Gegenstand dieser Ausgaben ein wenig genauer analysieren.

[1]) Census von 1890. Bd. VIII, Pt. z. „Public Indebtedness" p. 411.

[2]) Die zwei unorganisierten Territorien, Indian Territory und Oklahoma, werden
aber für I. nicht in Betracht kommen.

Dann allerdings erkennt man, dafs die Staaten nur wenig mehr sind als verwaltende Körperschaften, dafs sie sich auf kein neues Unternehmungsgebiet einlassen oder ihren Kredit zu industriellen Unternehmungen in Anspruch nehmen.[1] Die Verwaltungsausgaben für Gehälter etc. der Staaten betragen 20 % ihrer Gesamtausgaben, gegenüber nur 7 % auf Seiten der Bundesregierung und 5 % der Lokalausgaben. Die anderen Hauptausgaben dienen zu gesetzgeberischen, gerichtlichen, Erziehungs-, Wohlthätigkeits- und Straf- oder reformatorischen Zwecken.

Auf allen diesen Gebieten ist die Gröfse der Anteilnahme der Staaten an ihrer Organisation, die Höhe und Methode der Ausgaben etc. genau vorgeschrieben.

Einen weiteren Beweis von der verringerten finanziellen Bedeutung der Staaten liefert der verminderte Gebrauch, den sie von ihrem Kredit gemacht haben, und das zu einer Zeit, wo ungeheuere Schuldenlasten eine der gewöhnlichsten Erscheinungen unseres modernen Finanzwesens sind. Während der letzten 25 Jahre haben die kleineren Verbände einen stetig wachsenden Gebrauch von ihrem öffentlichen Kredit gemacht, da die von ihnen gemachten Schulden von $ 516 000 000 im Jahre 1870 auf $ 906 000 000 im Jahre 1890 stiegen, während die Staaten ihre Schulden von $ 352 000 000 im Jahre 1870 auf 228 000 000 im Jahre 1890 herabsetzten. Der Rückgang der Staatsschulden in dieser Zeit rührte zum Teil von einer mit Nachdruck betriebenen Deckung alter Schulden in 5 Staaten: Louisiana, North Carolina, South Carolina, Tennessee und Virginia, zu einem Diskont, der zwischen 15 und 60 % schwankte; letzterer belief sich auf $ 32 673 716. Dies wird jedoch mehr als ausgeglichen durch den Erwerb produktiven Eigentums und der Zunahme der Staaten von 37 auf 44.

Die genauen Zahlen finden sich in der Tabelle S. 8.

Der bedeutsame Zug der Tabelle ist weniger das absolute Abnehmen der Staatsschulden, als der Wechsel in der Bilanz der Verschuldung, welche diese Zahlen darthun. Während sich die Staaten in grofsem Mafse als Geldleiher vom Markte zurückgezogen haben, haben die Munizipalitäten die Häufigkeit und Höhe ihrer Forderungen vermehrt. „Inbetreff der Staaten scheint die allgemeine Thatsache jetzt die zu sein, dafs ihre finanzielle Bedeutung nachgelassen hat. Sie erscheinen niemals auf dem Markte als Borger eines gröfseren

---

[1] Vgl. Wagner, Finanzwissenschaft 3. Aufl. Bd. 1. § 40. S. 83.

Tabelle II.

Gröfse der Staats- und Lokalschulden (in Dollars).

Schulden	1842	1870 *)	1880 *)	1890 †)	
Staats- ⁶)	198 800 000 ¹)	352 866 698 ²)	297 244 095 ³)	228 297 095 ¹)	*) Census von 1880,
Stadt-	27 500 000	328 244 520	684 348 893	724 463 060	Bd. VII p. 281.
Kreis-		187 565 540	124 105 027	145 048 045	†) Census von 1890,
Schul-Di-		⁵)	17 580 682	36 701 948	Bd. VIII, Pt. 1
strikt					p. 57.

¹) Für 26 Staaten. ²) Für 37 Staaten. ³) Für 38 Staaten und 3 Territorien.
⁴) Für 44 Staaten und 2 Territorien. ⁵) In den Staatsschulden enthalten. ⁶) Die
Zunahme von 1842 bis 1870 ist hauptsächlich dem Umstand zuzuschreiben, dafs
man die Zentralregierung bei dem Ausrüsten der Truppen etc. während des
Bürgerkrieges, 1861—65, unterstützte.

Kapitals, denn ihre Verwaltungsthätigkeit ist so beschränkt worden,
dafs dies unnötig ist. Pflichten, die ehemals ihnen oblagen, sind
jetzt in die Hände der Bundesregierung übergegangen, wie z. B. das
Bankgeschäft, oder in die Hände von Munizipalitäten oder Privatgesellschaften, wie z. B. die Eisenbahnen." ¹)

In den Verfassungen aller Unionsstaaten, ausgenommen drei,
giebt es jetzt konstitutionelle Beschränkungen, die die Aufnahme von
Anleihen eineugen. Bis zu der Aufnahme Wisconsins im Jahre 1848
war nicht ein einziger Staat auf diese Weise eingeschränkt. Die
Verfassungen mancher Staaten verbieten sogar den Gebrauch von
Staatskredit zu anderen als näher bestimmten Zwecken; die Über-
nahme industrieller Unternehmungen oder die Ausdehnung ihrer
Wirksamkeit auf irgend einem ähnlichen Gebiet ist ausgeschlossen.
Alle diese Beschränkungen datieren vom Jahre 1850.

Diese Verzichtleistung von seiten der Staaten auf ihre Hoheitsrechte zur Ausnutzung ihres Kredits und auf die Bethätigung in den
verschiedenen Gebieten industriellen Unternehmens verlangt eine Erklärung.

Bevor wir uns daher dem Studium der konstitutionellen Bestimmungen zuwenden, welche die Staaten am Gebrauch oder Verkauf
ihres Kredits behindern, wird es nötig sein, dafs wir uns zunächst die
Ursachen näher ansehen, welche diese Bewegung zustande gebracht und
mit dem gegenwärtigen finanziellen Unvermögen der Staaten geendigt
haben. Diese Erklärung müssen wir suchen in der früheren Finanz-

¹) Adams. Public Debts p. 303.

geschichte der Staaten und besonders in der Periode von 1820 bis 1850. Hier werden wir auch die Gründe finden für die verschiedenen konstitutionellen Beschränkungen, welche heute die Staaten fesseln, in ihrem zweifachen Kampfe, einmal gegen den zentralisierenden Einfluß der Bundesregierung und zum zweiten gegen die Macht der Privatgesellschaften.[1]

Wenden wir uns zunächst zu einer kurzen Betrachtung dieser Periode.

I. Geschichte der Staatsfinanzen.[2]

Die Geschichte der Staatsfinanzen in den Vereinigten Staaten kann man in drei Perioden einteilen, in jeder derselben hatten die Staaten eine verschiedene Stellung, und in jeder derselben war ihre Finanzkraft und Aufgabe sehr verschieden. Die erste dieser Perioden liegt zwischen 1789, dem Jahre der Genehmigung der Bundeskonstitution, und 1820. Während dieser Zeit machten die Staaten nur geringen Gebrauch von ihrem Kredit. Die Schulden, die sie sich als Kolonien während des Revolutionskrieges aufgeladen hatten, und die sich auf $ 18 271 786 beliefen, wurden von der Bundesregierung 1790 übernommen; einige von ihnen machten nachher noch unbedeutende Kriegsschulden dadurch, daß sie im zweiten Kriege gegen England 1812 Hilfsgelder schickten; aber zu anderen Zwecken wurden bis nach 1820 keine Ausgaben gemacht. Notwendige öffent-

---

[1] Ich glaube, daß es zwei politische Parteien in den Vereinigten Staaten giebt, die sich gegen eine solche Vereinbarung der finanziellen Befugnisse der Einzelstaaten verwahren. Die Demokraten nehmen Stellung gegen die übermäßige Zentralisation nach Washington zu, während die Populisten energischen Protest erheben gegen die wachsende Macht der Monopole des Kapitalismus und seiner Privatgesellschaften. Man sieht daraus, daß diese beiden Einflüsse, sowohl der der Zentralisation, wie auch der des Kapitalismus in den Vereinigten Staaten genügend erkannt und gewürdigt werden. Siehe meinen Artikel über „die Volkspartei in den Vereinigten Staaten" in Conrads Jahrbüchern, III. Folge, Bd. XII Heft 4, S. 577.

[2] In dieser kurzen Geschichte der Finanzen der Einzelstaaten habe ich besonderen Gebrauch von den folgenden Büchern gemacht, die ja auch oft citiert sind: H. C. Adams, „Public Debts"; H. von Holst, „Verfassung und Demokratie der Vereinigten Staaten von Amerika"; W. G. Sumner, „History of American Currency"; und Bd. VII der 11. Census (1880) der Vereinigten Staaten über „Wealth, Taxation and Public Indebtedness", worin die Geschichte der Staatsschulden bis zum Jahre 1880 gegeben wird.

[3] U. S. Census of 1880. Bd. VII, p. 327.

liche Unternehmungen und Einrichtungen für innere Verbesserungen übernahm die Bundesregierung, und in dieser Hinsicht machten die Staaten von ihren Vorrechten keinen Gebrauch.

In der zweiten Periode, von 1820—1850, welche wir eingehender zu betrachten haben, tritt die Bundesregierung mehr in den Hintergrund, während die Staaten Aufgaben übernahmen, mit denen sie bis dahin noch nicht betraut worden waren. Nachdem indessen viele der Staaten sich derselben nicht gewachsen gezeigt hatten, und ihre Unternehmungen fehlgeschlagen waren, trat eine vollständige Reaktion ein, welche zu der gegenwärtig noch dauernden Beschränkung der finanziellen Kompetenzen der Einzelstaaten führte.

Dieser letzte Zug ist es, welcher die dritte Periode charakterisiert, die sich von 1850 bis zur Gegenwart erstreckt. Gewisse Funktionen, welche bis dahin von den Staaten ausgeübt wurden, sind von der Bundesregierung übernommen worden, andere sind Privatgesellschaften übertragen. Während dieser Periode verlieren die Finanzoperationen der Staaten an Umfang, während die der Städte und kleineren Verbände daran gewinnen.

Für unsere Zwecke ist es erforderlich, die zweite der Perioden, von 1820—50, genauer zu betrachten, um die Ursachen festzustellen, die zu der jetzigen Finanzlage der Staaten geführt haben. Beginnen wir daher mit ihrem ersten Jahre 1820. Während der ersten Jahre nach 1820 verausgabten die Staaten nur wenig für öffentliche Verbesserungen; der öffentliche Kredit wurde nur zum kleinsten Teil vor dem Jahre 1830 in Anspruch genommen. Wie sehr man ihn nach dieser Zeit beanspruchte, ist aus dem schnellen Anwachsen der Staatsschulden zu ersehen. Die Schuldenlast, welche die Staaten während dieser Periode zwischen 1820 und 1838 auf sich nahmen, zeigt die Tabelle III auf S. 12.

Von 1820 bis 1830 nehmen die Staaten insgesamt eine Anleihe in der Höhe von über $ 26 000 000 auf, von denen über $ 20 000 000 allein auf die drei Staaten New York, Ohio und Pennsylvanien entfielen. Dieser Betrag wurde in den 5 Jahren von 1830—1835 um $ 40 000 000 vermehrt, während die folgenden drei Jahre eine Zunahme der Staatsschuld auf $ 107 000 000 herbeiführten. Die Gesamtschuld, die im Jahre 1842 auf den Staaten lastete, einschließlich der fundierten und schwebenden Schulden, erreichte die enorme Höhe von $ 207 894 613. [1]

---

[1] U. S. Census of 1880, Bd. VII, p. 528.

Tabelle III.

Kontrahierung der Staatsschulden von 1820—1838 [1]) (in Dollars).

Staaten	1820—1825	1825—1830	1830—1835	1835—1838	Summa
	$	$	$	$	$
Alabama	100 000		2 200 000	8 500 000	10 800 000
Arkansas [2]				3 000 000	3 000 000
Illinois			600 000	11 000 000	11 600 000
Indiana			1 890 000	10 000 000	11 890 000
Kentucky				7 369 000	7 369 000
Louisiana	1 800 000		7 335 000	14 000 000	23 135 000
Maine				554 976	554 976
Maryland	57 947	576 689	4 210 311	6 648 033	11 492 980
Massachusetts				4 290 000	4 290 000
Michigan [3])				5 340 000	5 340 000
Mississippi			2 000 000	5 000 000 [5])	7 000 000
Missouri [4])				2 500 000	2 500 000
New York	6 872 781 [6])	1 624 000	2 204 979	12 229 288	22 931 048
Ohio		4 400 000	1 701 000		6 101 000
Pennsylvania	1 680 000	6 300 000	16 130 003	3 166 787	27 276 790
South Carolina	1 250 000 [7])	310 000		4 000 000	5 560 000
Tennessee			500 000	6 648 000	7 148 000
Virginia	1 030 000 [8])	469 000	686 500	4 132 700	6 318 200
Summa	12 790 728	13 679 689	40 012 769	107 823 808	174 306 994

[1]) Tenth Census (1880). Vol. VII. p. 523. [2]) Trat erst 1836 in die Union ein. [3] 1837. [4]) 1821. Alle anderen Staaten traten vor dem Jahre 1820 in die Union ein. [5]) Die Einwohner von Mississippi behaupteten, dafs die Schuld von $ 5 000 000 verfassungswidrig kontrahiert wurde, und dafs der Staat deshalb nicht dafür verpflichtet wäre. [6]) $ 4 500 000 amortisiert. [7]) Revolutionskriegsschuld von $ 193 770. [8]) $ 343 139 wurde vor 1820 kontrahiert.

Welches sind nun die Ursachen dieser gewaltigen Anspannung des öffentlichen Kredits und der Zunahme der Staatsschulden, und welchem Zweck diente diese vermehrte Ausgabe auf seiten der Staaten?

Die Veranlassung dieser vermehrten Wirksamkeit erklärt sich sofort, wenn wir die Zwecke, für welche der Staatsfonds während dieser Periode verausgabt wurde, genauer ins Auge fassen. Die folgende Tabelle giebt im einzelnen die Höhe jeder der Staatsschulden im Jahre 1838 an nebst dem Zweck, für den sie verwendet wurden. (Siehe Tabelle IV.)

Von diesen $ 170 000 000 kamen $ 52 000 000, oder etwa 31 °/₀, auf die Schulden, die man sich zugezogen hatte, indem man den Staatsbanken, hauptsächlich im Süden, auf die Beine geholfen hatte; $ 60 000 000, oder etwa 35 °/₀, auf Kanalbauten; $ 43 000 000, oder etwa 25 °/₀, auf die Unterstützung von Eisenbahnen; diese beiden

Tabelle IV.

Zwecke der Kontrahierung von Staatsschulden bis 1838 [1]) (in Dollars).

Staaten [2])	Für Banken	Für Kanäle	Für Eisenbahnen	Für Chausseen	Verschiedenes	Summa
	$	$	$	$	$	$
Alabama	7 800 000		3 000 000			10 800 000
Arkansas	3 000 000					3 000 000
Illinois	3 000 000	9 000 000	7 400 000		300 000	11 600 000
Indiana	1 390 000	6 750 000	2 600 000	1 150 000		11 890 000
Kentucky	2 000 000	2 619 000	350 000	2 400 000		7 369 000
Louisiana	22 950 000	50 000	50 000		235 000	23 735 000
Maine					554 976	554 976
Maryland		5 700 000	5 500 000		292 980	11 492 980
Massachusetts			4 290 000			4 290 000
Michigan		2 500 000	2 620 000		220 000	5 340 000
Mississippi	7 000 000					7 000 000
Missouri	2 500 000					2 500 000
New York		13 316 674	3 787 700		1 158 032	18 262 406
Ohio		6 101 000				6 101 000
Pennsylvania		16 579 527	4 964 484	2 595 902	3 166 787	27 306 700
South Carolina		1 550 000	2 000 000		2 203 770	5 753 770
Tennessee	3 000 000	300 000	3 730 000	118 166		7 148 166
Virginia		3 835 350	2 128 900	354 800	343 139	6 662 189
Summa	52 640 000	60 201 551	42 871 084	6 618 868	8 474 684	170 806 187 [3])

[1]) Tenth Census (1880). Vol. VII. p. 526.

[2]) Die acht anderen Staaten, die damals zur Union gehörten, hatten keine Schuld, nämlich Connecticut, Delaware, Georgia, New Hampshire, North Carolina, Rhode Island und Vermont.

[3]) Es zeigt sich zwischen dieser Tabelle und Tabelle III ein Unterschied von etwa $ 4 000 000. Dies ist hauptsächlich auf die Zahlung dieser Summe in den Jahren 1820—1825 seitens New York zurückzuführen.

letzteren hatten besonders das Interesse des Nordens erweckt; $ 7 000 000, oder etwa 4 %, war für Chausseen und Strassenpflasterung verwendet; für verschiedene andere Zwecke $ 8 000 000. So ersieht man, dass nahezu $ 103 000 000, oder etwa 60 %, des Gesamtbetrages, für Verbesserung des inneren Verkehrssystems in den Vereinigten Staaten ausgegeben worden war.

Die rapide Entwicklung der Staatunternehmungen bis zu einer solchen Ausdehnung weist mit Bestimmtheit auf irgend welche neue, radikal wirkende Kräfte hin, die man zuerst feststellen muss, ehe man diese Periode gründlich verstehen kann. Die Gründe für die Entwicklung der inneren Verbesserungen und die Unternehmungen, die über Bedarf

— 13 —

und Vermögen der Bevölkerung jener Zeit hinausgingen [1]), sind in der finanziellen und industriellen Geschichte dieser Periode zu suchen. Die sonstigen Ursachen, welche die Staaten statt der Bundesregierung zu diesen Unternehmungen veranlaßten, im Gegensatz zu ihrer früheren Unthätigkeitspolitik, finden eine angemessene Erklärung in dem Aufkommen von gewissen neuen politischen Tendenzen und dem Umsturz anderer, die bis dahin nationale Angelegenheiten beherrscht hatten. Mit anderen Worten, die Politik administrativer Dezentralisation gewann jetzt die Oberhand, und den Staaten wurden Pflichten auferlegt, die vorher der Zentralregierung obgelegen hatten. Diese verschiedenen Tendenzen werden klar zu Tage treten in dem Maße, wie wir in der Betrachtung der Wirtschaftsgeschichte dieser Zeit fortschreiten, und wie wir es versuchen, die Lage der Staaten der Zentralregierung gegenüber klarzustellen.

Es ist eine allgemein bekannte Thatsache, daß die Opposition der verschiedenen Staaten gegen die Konstitution im Jahre 1788—1791 auf Eifersucht beruhte: auf Eifersucht auf ihre Hoheitsrechte und der Furcht, durch die Zentralregierung, zu deren Einsetzung sie berufen waren, vollständig überschattet zu werden. Als die Konstitution endlich angenommen war, und ihre Freunde die Macht in Händen hielten, verwandten sie ihre ganze Kraft dazu, die Macht der Bundesregierung zu festigen. Diese Politik gab jedoch Anlaß zu einer ernsten Befürchtung für das gelockerte Prestige der Staaten, und ihre Gegner wurden mit Jefferson an ihrer Spitze im Jahre 1801 zu Macht und Ehren erhoben. Aber die Tendenz der Zeiten war ihnen zu stark, und sie waren daher nicht imstande, die Bewegung zugunsten der Zentralisation zu hemmen. Durch den Ankauf von Domänen überschritt Jefferson die damals anerkannten Befugnisse der Zentralregierung und zeigte, daß die Neigung zur Zentralisation jeden Widerstand besiegte. Dann kam der zweite Krieg gegen England im Jahre 1812 und die Herstellung des amerikanischen Schutzzollsystems; beides Ereignisse, welche die Schwächung der Selbständigkeit der Einzelstaaten und das Wachsen der Größe und Macht der Zentralregierung herbeiführten.

Die Befürchtungen, welche diese augenscheinliche Tendenz herbeiführte, fanden ihren Ausdruck in der dezentralisierenden Politik Jacksons bei dessen Wahl zum Präsidenten im Jahre 1829, und endigten damit, daß die Bundesregierung verschiedene von ihren

---

[1] Im Jahre 1843 betrug die Bevölkerung etwa 17 000 000.

Thätigkeiten aufgab. Da dort aber gerade zu dieser Zeit allgemeines Verlangen nach Ausdehnung der Staatsthätigkeit herrschte, sahen sich die verschiedenen Einzelstaaten gezwungen, die von der Bundesregierung verweigerten Pflichten zu übernehmen; sie fanden plötzlich ihre administrativen Aufgaben riesig angewachsen und sich selbst als die Zentren neuer Kräfte und Pflichten. Hauptsächlich waren es die beiden wichtigen Abteilungen für Bankwesen und innere Verbesserungen.

Man braucht hier nicht näher einzugehen auf die Geschichte des erbitterten Kampfes Jacksons mit der Bank der Vereinigten Staaten während der paar Jahre, die dem Ablauf ihrer Konzession 1836 voraufgingen. Genüge es zu sagen, dafs er die Fonds der Bundesregierung von ihr entnahm und sie bei verschiedenen kleinen Banken im Lande deponierte. Diese Depositen beliefen sich am 31. März 1836 auf $ 31 805 155, die auf vierzig Banken verteilt wurden.[1]

So wurde die Schöpfung neuer, kleinerer Banken von der Regierung geradezu begünstigt, und beim Krach der Vereinigten Staaten-Bank verloren die Staaten keine Zeit, ihren Kredit und Beistand für die Errichtung von Staatsbanken zu leihen.

Die übrigen Mafsregeln, welche die Aufmerksamkeit der Staaten in Anspruch nahm, hingen mit der Ausdehnung der Verkehrserleichterungen zwischen Osten und Westen zusammen. Die Wichtigkeit, wenigstens vom politischen Standpunkte aus, das Mississippithal durch verbesserte Verkehrseinrichtungen mit dem Osten zu verbinden, war schon früher von Washington[2] mit Nachdruck hervorgehoben worden. Dieser Gedanke war im Laufe der Jahre immer stärker geworden, und man sah in der Bundesregierung die einzige Körperschaft, die sich mit dieser Frage beschäftigen konnte. Während der Jahre vor 1830 war eine der bedeutendsten Fragen der Nationalpolitik, die der Kanal- und Strafsenbauten. Eine öffentliche Behörde für innere Verbesserungen wurde eingesetzt, und man begann das Land auszumessen und kartographisch aufzunehmen.[3] Benton[4] drückt das aus: „die Kandidaten der Präsidentschaft hifsten ihre Segel auf dem Ozean innerer Verbesserungen". Die allgemeine Stimmung begünstigte die Ausführung solcher Arbeiten durch die Bundesregierung, aber

---

[1] Bericht des Schatzamtssekretärs Woodbury vom 18. April 1836. Citiert von v. Holst, „Verfassungsgeschichte etc." Bd. 1, 2. S. 165.

[2] Writings of Washington. Sparkes Ed. Bd. IX p. 62.

[3] Adams „Public Debts" p. 323.

[4] Bentons „Thirty Years' View", Bd. 1 p. 22.

diese Politik scheiterte an dem Veto des Präsidenten Jackson, der die Verfassungsmäfsigkeit solcher Mafsregeln in Frage zog, nämlich ob der Kongrefs das Recht hätte, Strafsen durch die Staaten anzulegen. Man setzte fest, dafs die Staaten ihre innere Angelegenheiten allein zu besorgen hätten. Das Resultat dieser Politik auf seiten der Verwaltung war keine Hemmung innerer Verbesserungen, sie übertrug nur das Geschäft von der Bundesregierung auf die einzelnen Staaten. So übernahmen die Staatslegislaturen die Pflichten, welche der Bundeskongrefs niedergelegt hatte und verpflichteten sich, das Land mit Banken, Strafsen, Kanälen und Eisenbahnen zu versehen. Sie förderten Handelsgesellschaften durch gesetzgeberische Massnahmen, sogar durch pekuniäre Beiträge, errichteten und unterstützten Banken, verpfändeten ihren Kredit für hunderte von Unternehmungen, die zu leiten oder zu übersehen sie durchaus ungeeignet waren.

Der Ausbruch eines allgemeinen Fiebers nach öffentlichen Verbesserungen zu einer Zeit, welche die Staaten in eine so hervorragende Stellung erhob, findet eine partielle Erklärung in den damaligen wirtschaftlichen Verhältnissen.

Seit dem Frieden von 1815 hatte in Europa und den Vereinigten Staaten Ruhe geherrscht, gleichzeitig bewirkte die Erfindung vieler arbeitsparender Maschinen, die Einführung neuer Verkehrsmittel, die Verbreitung des Freihandels und der Gewerbefreiheit eine plötzliche und ungeheuere Entwicklung der Industrie. Der Reichtum nahm zu, die Bevölkerung vervielfachte sich. Die Produktion vermehrte sich schneller als die Bevölkerung und die wirtschaftliche Lage der Menschen verbesserte sich in den meisten Kulturländern. In den Vereinigten Staaten speziell war dies eine Zeit der Blüte und des Fortschritts, wie auch ein Zeitgenosse schrieb [1]: „Als General Jackson im Jahre 1829 Präsident wurde, herrschte ein allgemeiner und wohlbegründeter Glauben, dafs die Finanzlage des Landes glücklich wäre, und dafs wir mit verdoppelter Eile vorwärtszugehen imstande wären."

Dies war die allgemeine industrielle Lage am Anfang dieser Periode der Ausdehnung und der neuen Unternehmungen. Der Kredit der Vereinigten Staaten stand im Auslande aufserordentlich hoch, da die Nationalschuld klein und sehr schnell getilgt war. Im Jahre 1834 wurde die letzte Rate bezahlt. Diese Thatsache hatte die natürliche Folge, den Mut des eigenen Volkes zu heben und das Vertrauen des Auslandes zu erhöhen. Zu jener Zeit waren auch die europäischen

---

[1] Judge B. R. Curtis in No. Am. Rev., Jan. 1844.

Geldverleiher nicht so genau mit dem Wertunterschied vertraut, der
zwischen der verschiedenen Sicherheit existierte, welche die Einzelstaaten
unter sich und im Vergleich zu der Bundesregierung boten, aufserdem
machte es die Promptheit, mit der die Nationalobligationen bezahlt
worden waren, hernach weniger schwierig, neue Staatsanleihen aufzunehmen. Verbesserter Kredit im Auslande, im Inlande der brennende
Wunsch, die Verbesserungen noch über das Bedürfnis der Bevölkerung
hinaus auszudehnen, Wachsen von Handel und Industrie, kurz vollkommenes Gedeihen auf allen Gebieten, — was Wunder, dafs der
Kredit rapid zunahm, und das ganze Land die anspornende Wirkung
dieser Ausgaben verspürte. [1]

Das Zusammentreffen verschiedener Umstände begünstigte das
Anwachsen so grofser Schulden. [2] Hierzu kommt noch die Manie
für grofse öffentliche Anlagen, für welche das Geld auch in der That
geborgt wurde, welche die öffentliche Meinung zu dieser Zeit be-
herrschte, und die fast unwiderstehliche Versuchung zu borgen ist
auf einmal erklärt. Es war die besondere Lage der Einzelstaaten zu
einer besonderen Zeit nebst den Pflichten, welche Jacksons dezen-
tralisierende Nationalpolitik ihnen auferlegt hatte, welche sie zu
Schuldnern solch ungeheurer Summen machte.

Es würde uns zu weit führen, die Spekulationswut genauer zu
schildern, die sich sowohl des einzelnen, wie der gesetzgebenden
Körper bemächtigt hatte, und die dazu führte, erdichtete spekulative
Preise für wirkliche zu halten, und sie zu Unternehmungen ver-
leitete, die um eine Generation noch verfrüht waren.

Details über diese Punkte können in jeder Wirtschaftsgeschichte
dieser Zeit gefunden werden. Aber da ein konkretes Beispiel besser
ist als zuviel Verallgemeinerung, werde ich das Schicksal Indianas
als Muster vorführen.

Indiana [3] war am 16. Dezember 1816 in die Union aufgenommen
worden, nahm aber vor dem Jahre 1830 keine inneren Verbesse-

[1] „Im Jahre 1831 und 1832 wurde das Geld sehr billig in London und
nahm infolgedessen in grofsen Mengen seinen Weg über die ganze Welt. Der
Süden verfehlte nicht, sich diesen Umstand zunutze zu machen, und mit diesem
geborgten Geld wurden eine grofse Anzahl Banken errichtet. Fast alle Staaten
machten grofse Anleihen; — zusammen wurden für mehr als $ 50 000 000 Staats-
papiere für Londoner Geld ausgegeben." „The Democratic Review". Aug. 1848
p. 101. Citiert von v. Holst, Bd. 1, H. Teil S. 172.

[2] Vgl. Annals of the Am. Acad.: „Industrial Services of the Railway" von
E. R. Johnson, Mai 1895.

[3] Vgl. „Indiana" unter Hist. of State Debts. Bd. 7, von U. S. Census of 1880.

rungen vor. Zu dieser Zeit jedoch trafen verschiedene Umstände zusammen, welche das Verlangen nach öffentlichen Anlagen und Bauten rege machten, und von jener Zeit bis zur Einstellung der Zahlungen im Jahre 1841 liefs sich der Staat auf zahllose Unternehmungen ein.

Im Jahre 1806 hatte die Bundesregierung ein Gesetz durchgebracht, durch welches ihr der Bau einer Heeresstrafse auferlegt wurde von Cumberland, Maryland, durch Pennsylvanien, Virginia, Ohio, Indiana und Illinois bis an den Mississippi. Die Ausgaben in Indiana begannen im Jahre 1829 und wurden jedes Jahr fortgesetzt, bis 1838, wo die Summe von $ 1 135 000 verausgabt worden war. Im Jahre 1827 war der Eriekanal im Staate New York vollendet, welcher eine für den Staat günstige Verbindung der grofsen Seen mit dem Flutwasser herstellte. Dies, sowie die Verausgabung, grofser Geldsummen durch die Bundesregierung innerhalb des Staates bewirkte Zunahme der Einwanderung. Unter dem Einflufs der Spekulation wuchsen die Einkünfte für den Verkauf öffentlicher Ländereien mehr und mehr, bis zum Jahre 1836, wo mit dem Verkauf von 3 016 960 Acres das Maximum erreicht war. Durch das Bundesgesetz vom 23. Juni desselben Jahres wurden die überschiefsenden Einnahmen der Bundesregierung aus dieser Quelle unter die Staaten verteilt, wobei Indiana als Anteil die Summe von $ 860 255 erhielt.

Unter dem Impuls dieser verschiedenen Umstände begann Indiana ein ausgedehntes System innerer Verbesserungen, welches weit über die Bedürfnisse der Bevölkerung hinausging. Eine Entschuldigung dafür findet sich in der allgemeinen Begeisterung für öffentliche Anlagen. Die Worte eines Zeitgenossen lauten: „Im Jahre 1836 wütete die Sucht nach inneren Verbesserungen durch die meisten Staaten der Union. Pennsylvanien war darauf versessen, das ganze Land zu verbessern, ob es die Bedürfnisse des Volkes erforderten oder nicht; Indiana war fast eben so wild, und auch Illinois wurde stark von dieser Manie ergriffen und verrückt gemacht."

Das erste projektierte Werk in Indiana war der Bau des Wabash- und Eriekanals, der in einer Entfernung von 228 englischen Meilen den Eriesee mit dem Ohioflufs verbinden sollte; einen Teil desselben Planes bildete die Entfernung aller Schiffahrtshindernisse aus dem

---

[1]) Angeführt bei E. G. Bourne in „History of the Surplus Revenue of 1837" p. 126.

Wabashflufs. Im Jahre 1832 unternahm die Legislatur den Bau eines Kanals, der den Wabash- mit dem Miamiflufs verbinden sollte. Bis zum Untergang des Staatskredits im Jahre 1841 waren $ 2 000 000 für den ersteren und $ 1 727 000 für den letzteren Plan ausgegeben worden. In demselben Jahre 1832 schuf die Legislatur 8 grofse Aktiengesellschaften, um Eisenbahnen zu bauen vom Ohioflufs bis nach Indianapolis und nach verschiedenen anderen Orten am Wabash, mit einem Grundkapital von $ 4 000 000. Diese Unternehmungen und Spekulationen machten die Schöpfung einer Bank nötig. So wurde die Staatsbank von Indiana 1834 mit zehn Zweiggeschäften inkorporiert, darauf wurden noch drei andere gegründet, zusammen also dreizehn. Die grofsen Geldausgaben für verschiedene Verbesserungen, die Errichtung der Bank und die Verteilung der überflüssigen Einnahmefonds an die einzelnen Kreise, erweckten natürlich den Wunsch nach weiteren Unternehmungen, und im Jahre 1836 genehmigte die Legislatur die Anleihe von $ 10 000 000 für ein gewaltiges Verbesserungssystem. Auf Grund desselben Gesetzes wurde eine Behörde für innere Verbesserungen geschaffen.

Das Schema umfafste folgende Werke:

White Water Canal	$ 1 400 000
White River	„ 3 500 000
Wabash und Erie	„ 1 300 000
Verbesserung des Wabash River	„ 50 000
Madison u. Lafayette Eisenbahn	„ 1 300 000
Chaussee von Vincennes nach N. Albany . . .	„ 1 150 000
Chaussee von New Albany nach Crawfordsville .	„ 1 300 000
Summa	$ 10 000 000

Diese Verbesserungen, welche allen Orten im Staate zu gute kommen sollten, schlugen fehl, da das Werk gleichzeitig und an allen Punkten begonnen wurde, und man ungeheure Geldsummen verausgabt hatte, ehe irgend eine Verbesserung ganz fertiggestellt war. Der ursprüngliche Plan der inneren Verbesserungen war allmählich erweitert worden, und bald sah man ein, dafs auch $ 20 000 000 nicht genügen würden, um das Werk zu vollenden, weil man wegen der hier und da sich erhebenden Klagen geglaubt hatte, alle Arbeiten des Staates auf einmal in Angriff nehmen zu müssen. Da der Staat keine weiteren Anleihen machen konnte, gab man die öffentlichen Bauten im Jahre 1839 auf, und 1840 wurde die Behörde für innere Verbesserungen aufgehoben. Zu dieser Zeit betrug die Gesamtschuld $ 14 057 000. Die Einnahme im Jahre 1839 schätzte man auf $ 420 388, was $ 400 000 zu wenig war, um die Zinsen und Zivilausgaben zu bezahlen, aber diese Schätzung war ebenfalls zu niedrig. Im Jahre 1839 stieg die Steuer durch Hinzukommen von 75 Cent Kopfsteuer, aber die so zusammengebrachte Summe genügte nicht, um die Ausgaben des Staates zu decken. Im Jahre 1840 stellte der Staat seine Zinszahlungen ein.

Das Ungeheuere dieser Verbesserungspläne erkennt man noch besser, wenn man berücksichtigt, dafs die Kopfsteuer von 1839 auf 100 160 Personen verteilt war, die stimmberechtigte Bevölkerung des Staates in dem Jahr. Viele der Wähler, die damals in Indiana sefshaft waren, waren kleine Bauern, die in Blockhäusern lebten und durch den Verkauf von Schweinefleisch und Mais ihren Lebensunterhalt verdienten. Und dennoch liefsen sie sich auf ein System öffentlicher Anlagen ein, das jedem eine jährliche Abgabe von ungefähr $ 8 auferlegte.

Die Erklärung für diese ungeheuere Begeisterung für Verbesserungen und ungeheuere Inanspruchnahme des öffentlichen Kredits, wobei Indiana durchaus nicht allein dastand, ist schon gegeben worden; es erübrigt auch, diese Ursachen noch einmal genau zusammenzufassen. Wie wir schon gezeigt haben, bezeichnete das Zurückziehen der Bundesregierung von der Ausführung der Anlagen für innere Verbesserungen den Wechsel der Nationalpolitik um das Jahr 1830, und übertrug den Staaten Angelegenheiten, die sonst von der Bundesregierung übernommen worden waren.

Aber dies war nur ein Wechsel der Politik, betreffend die Ausführung öffentlicher Bauten, er allein kann die weitverbreitete Begeisterung für industrielle Unternehmungen von seiten der Staaten nicht erklären, die sie zu solchen wilden Unternehmungen in dieser Zeit zwang. Folgende Ursachen hierfür hat Professor Adams aufgestellt. [1]

Erstens von ungeheuerem Einflufs, andere Staaten zu grofsartigen Anlagen zu verleiten, war unzweifelhaft die gute Erfahrung, die New York mit dem Eriekanal gemacht hatte. Dies Werk war unternommen worden im Jahre 1817 unter einer sorgfältigen und klugen Politik, von der ein Amortisationsfonds hergestellt wurde, was im Verein mit den Einkünften aus Zöllen, Salz und Auktionsabgaben, sowie Dampfersteuern die Schuld in zehn Jahren tilgen sollte. Der Kanal wurde 1825 fertiggestellt und wurde auch sofort eine zahlende

---

[1] Vergl. Adams, Public Debts, p. 327.

Kapitalanlage. So genau waren die Berechnungen gewesen, und so genau die zu Grunde gelegte Politik, dafs im Jahre 1836 der Teil der Schuld, welcher fällig war, gedeckt wurde, und ein hinreichend grofses Kapital vorhanden war, auch den Rest abzuzahlen. Prämien von 9, 18 und sogar 24 °/₀ bot die Kanalkommission vergeblich den Inhabern von Aktien, die 1845 fällig wurden. Die erfolgreiche Ausführung dieses Unternehmens rief eine kolossale Begeisterung für weitere Verbesserungen hervor, nicht nur in New York, sondern auch in den anderen Staaten. Von wichtigerem Eiuflufs jedoch für die Oststaaten war die Wirkung des Eriekanals auf die wirtschaftliche Entwicklung der Stadt New York. Vor dieser Zeit war sie ein Hafen gewesen, der keine gröfsere Bedeutung hatte als etwa noch ein halbes Dutzend andere am Atlantischen Ozean, jetzt aber, am Endpunkt einer für den Handel wichtigen Wasserstrafse, die die ganze Seenregion verband, schlug sie bald alle Rivalen aus dem Felde. Dann begann jener Kampf mit Philadelphia, Boston, Baltimore und anderen Seehäfen um die kommerzielle Oberherrschaft im Westen, den jetzt die Eisenbahnen fortsetzen.

Die Eröffnung neuer Märkte für die Produkte der Weststaaten übte einen ebenso anreizenden Einflufs aus auf jene Staaten.

Zweitens ermutigte die Bundesregierung direkt die Staaten und unterdrückte sie. Die letzte Rate der Bundesschuld wurde bezahlt im Jahre 1834 und ein grofser Überschufs befand sich noch in der Bundeskasse. Schon 1830 war der Versuch gemacht worden im Kongrefs, diesen Überschufs zu verteilen, der hauptsächlich aus dem Verkauf von öffentlichen Ländereien kam. Im Jahre 1837 wurden auch wirklich $ 28101645 unter die Staaten verteilt, infolge eines Gesetzes vom 23. Juni 1836. Auch nahmen die Staaten Prozente von dem Verkauf aller Ländereien, welche einen Fonds bilden sollten, der ihnen die Ausführung ihren Pläne in betreff der öffentlichen Bauten erleichtern sollte. Unzweifelhaft[1]) war diese Verteilung des Nationalfonds dazu bestimmt, zu unvorsichtigen Unternehmungen zu reizen. Die Tabelle[2]) des jährlichen Anwachsens der Schuld von 1820 bis Ende 1838 zeigt, dafs von 1820—1825, als man im Kongrefs noch an keine Verteilung dachte, der Betrag der Staatsschuld nur $ 12790000 in fünf Jahren betrug — etwa $ 2500000 das Jahr — und dies beschränkte sich auf die alten und bevölkerten

¹) Census von 1880 Bd. VII. p. 529; vgl. v. Holst. p. 174.
²) siehe Tabelle III.

Provinzen, deren Einnahmen ihren Unternehmungen entsprachen und deren Mittel zur Erfüllung ihrer Kontrakte ausreichten. In der nächsten Periode von fünf Jahren, von 1825—1830, nahmen die Staatsschulden noch in demselben langsamen und bescheidenen Mafse zu, und zwar bei den reichen Staaten. Die dritte Periode, von 1830 bis 1835, war gekennzeichnet durch eine Reihe von Anträgen und Reden für die Verteilung der Einkünfte aus den Ländereien, und es fand sich eine Majorität in beiden Häusern des Kongresses, die der Sache näher treten wollte. „Damals," sagt der Senator Benton [1]), erhielt Spekulation und Staatsschuld einen mächtigen Impuls und die Staatsschulden machten einen mächtigen Sprung auf $ 40 000 000 in fünf Jahren, d. h. auf $ 8 000 000 das Jahr. Was noch schlimmer war. einige junge Staaten wurden von der Ketzerei angesteckt, dafs Staatsschulden ein Segen wären für den Staat. und stürzten sich in Unternehmen, für die sie nicht reif waren und zu denen das Kreditsystem die Mittel aufbringen mufste. Die vierte Periode umfafste nur drei und ein halbes Jahr, von 1835—1837 und zum Teil 1838, aber sie enthielt die Unmenge von Anträgen für Verteilung der überschiefsenden Einnahmen, wie man es nannte, die verführerischen Reden zu ihren Gunsten, die blendenden Tabellen von Dividenden, welche damals die Senatskammer erfüllten. Und man empfahl der Bundesregierung ihren Überschufs an Einnahmen an die Einzelstaaten als Deposit zu geben. Die Staatsschulden jener Gründerperiode erreichten die Höhe von $ 108 000 000. Zählt man noch die Summe von $ 28 000 000 hinzu, welche die Bundesregierung den Einzelstaaten als Depositen gegeben hatte, so betrug die Gesamtschuld $ 136 000 000. die zunehmende Zinsrate beinahe $ 40 000 000 pro anno. In dieses furchtbare Zunehmen der Schulden waren die jüngsten und schwächsten Staaten und einige Territorien verwickelt."

Drittens die Periode der Überhebung brachte eine kolossale Ausdehnung und Verausgabung grofser Mengen Papiergeldes mit sich, begünstigte alle Unternehmungen innerer Verbesserung. welche sowohl grofse direkte, wie indirekte Einkünfte an die Staaten versprachen. Der erfolgreiche Krieg Jacksons gegen die Vereinigte Staaten-Bank, der die Depositen der Bundesregierung entzogen wurden, rief eine grofse Anzahl kleinerer Banken ins Leben. unter die die Depositen verteilt wurden. [2]) Der Betrag dieser Summen war grofs genug. —

[1]) Benton's „Thirty Year's View" vol. 1.
[2]) von Holst „Verf. und Dem." S. 164.

— 1836 $ 31 805 000 — um als verhängnisvolles Reizmittel auf die ohnehin fieberhafte Spekulationsstimmung zu wirken. Die Gesamtzahl [1]) der Banken war in den sieben Jahren, 1830—37 von 330 auf 634 gestiegen und ihr Kapital hatte sich gerade verdoppelt ($ 145 100 000 und $ 290 700 000). [2]) während der Betrag ihrer Vorschüsse sich nahezu verdreifacht hatte ($ 200 400 000 und $ 525 100 000), ihr Barvorrat dagegen nur von $ 22 100 000 auf $ 37 900 000 gewachsen war. Mit dem Entstehen von Staatsbanken begann die Zeit des unsicheren Papiergeldes, da jede Bank ihre eigenen Noten ausgab, deren Höhe gar keine Grenzen kannte und die „so dicht wie Flocken im Schneegestöber die Luft erfüllten". [3])

Dies ist aus der folgenden Tabelle [4]) ersichtlich:

Tabelle V.

		Umlauf.	Depositen.	Anleihen.
		$	$	$
Jan.	1830	61 324 000	55 560 000	200 451 000
„	1835	103 269 495	83 081 000	365 163 000
„	1836	140 301 038	115 104 000	457 506 000
„	1837	149 185 890	127 397 000	525 115 000

Dies deutet mit Bestimmtheit hin auf eine Periode der Überhebung, und alle ihre Resultate, die dem Studenten der politischen Ökonomie bekannt sind, folgten in schärfster Form. Werte wuchsen ins Ungemessene. scheinbaren Gewinn hielt man für wirklichen, und der anscheinende Erfolg bescheidener Bestrebungen veranlafste die Leute, sich tollkühn auf grofse Unternehmungen einzulassen. Die Landspekulation that sich besonders hervor, denn man glaubte, dafs „der ungeheuere Westen" eine Unmasse Abnehmer finden würde. Die Einnahmen aus den öffentlichen Ländereien stiegen von $ 4 800 000 im Jahre 1834 auf $ 14 700 000 im Jahre 1835 und erreichten die enorme Summe von $ 24 800 000 im folgenden Jahre. [5]) Ein Bild von der Überhebung kann uns die erdichtete Gröfse des Wertes des unbeweglichen Vermögens geben.

W. G. Sumner, A History of Am. Currency p. 123.
[2] Das Bankkapital des Landes im Jahre 1854 war nur 332 Millionen. Sumner p. 124.
[3] von Holst S. 179.
[4] Adams Public Debts p. 328. Vgl. Sumner p. 123.
[5] Vgl. Sumner p. 119.

In der Stadt New York hatte die Steuerbehörde das städtische Grundeigentum 1832 auf $ 104 042 405 veranschlagt;[1] 1836 wurde es von derselben auf $ 231 258 964 taxiert, und dieser Anschlag wurde von den Stadttaxatoren nach den zuletzt notierten Verkaufspreisen durch einen Zuschlag von $ 21 942 227 korrigiert, sodafs der Steuerumlage eine Schätzung von $ 253 201 191 zu Grunde gelegt wurde.[2] Noch ein Beispiel. In Mobile wurde das Grundeigentum 1831 auf $ 1 294 810 und 1837[3] auf $ 27 482 961 veranschlagt, dann sank es 10 Jahre lang stetig, bis die Einschätzung 1847 nur $ 8 638 250 betrug. Man behauptet nicht zuviel, wenn man sagt, dafs es Jahre der geschäftlichen Verrücktheit waren. Die kühle Überlegung hatte in dieser Zeit die Kontrolle verloren, und die Leute handelten nach einem Impuls, den sie sich später selbst nicht erklären konnten. Der Enthusiasmus der Gesetzgeber war nur eine Kundgebung der allgemeinen Begeisterung der Zeit.[4]

Man braucht nicht weiter auf das Fehlschlagen der inneren Verbesserungen einzugehen. Staatsschulden, die sich im Jahre 1842 auf $ 207 894 613[5] beliefen, und durch kein entsprechendes produktives Eigentum gedeckt waren, zeigen dies zur Genüge. Der jährliche Zinsbetrag dieser Summe betrug $ 10 394 731. Als die Staatsunternehmungen aufhörten, bedeutende Summen abzuwerfen, und man fand, dafs die Zinssumme durch Besteuerung, die in manchen Staaten noch dazu fast unmöglich war, gedeckt werden mufste, trat eine grofse Reaktion ein. Vergebens versuchte man den Kongrefs zu bestimmen, die Schulden zu übernehmen. Die Weigerung des letzteren veranlafste einige Staaten, ihre Schulden einfach zurückzuweisen, andere zahlten die herabgesetzten Obligationen auf einer sehr verringerten Basis zurück, noch andere zahlten einige Jahre lang keine Zinsen, bis sie sich von dem Schlage erholen konnten, während viele ihre einträglichsten öffentlichen Anlagen verkauften und ruhig den Rest der Schulden auf sich nahmen.

Prof. Henry C. Adams schildert in seinem ausgezeichneten Buche über „Öffentliche Schulden (Public Debts)" zwei weitere Folgen in dem gegenwärtigen industriellen Leben der Vereinigten Staaten, welche

[1] von Holst S. 167.
[2] Bis 1851 hat es diese Summe nicht wieder erreicht. Sumner p. 119.
[3] Anzahl der Steuerzahlenden war damals nur 836. Derselbe p. 122.
[4] Adams, Public Debts p. 328.
[5] Census von 1880, Bd. VII p. 528.

die Reaktion gegen das Staatsunternehmen hervorrief, und die er, wie folgt, charakterisiert:

„Erstens[1]) bezeichnet der Verzicht der Staaten auf die Beherrschung der inneren Verbesserungen das Entstehen der Macht der Gesellschaften in den Vereinigten Staaten. Da im Jahre 1830 die Bundesregierung den Gedanken an eine direkte Kontrolle der einträglichen öffentlichen Anlagen aufgab, indem sie der Lokalregierung das Feld überliefs, so wandte während der Jahre 1842—46 der Umschlag der öffentlichen Meinung die ganze Sache Privatpersonen zu. Das Emporkommen der Korporationen bezeichnet eine Epoche in der Geschichte des Binnenhandels. Das materielle Fortschreiten der Vereinigten Staaten seit 1850 kann gewifs keiner leugnen: aber die industriellen, politischen und sozialen Einflüsse, die durch die unerhörte Gröfse der Korporationsmacht in das Nationalleben eingedrungen waren, geben Grund zu ernsten Befürchtungen. Die Städte wuchsen übermäfsig an, die Ländereien wurden ungerecht und nach Willkür verteilt, eine soziale Abhängigkeit wurde geschaffen, die durch ihre gefährliche Tendenz schlimmer war, als jede bisher bekannte Form der Sklaverei; die Politik artete in die schlimmste Interessenwirtschaft aus; und so entsprang aus den Übergriffen der grofsen Privatkorporationen und aus den Zentralisationsneigungen der Bundesregierung die heutige Ohnmacht der Einzelstaaten.

Daraus sieht man, dafs die Finanzkrisis bei den Einzelstaaten ein Wendepunkt in der Entwicklung des Nationallebens darstellte.

Zweitens führte das Fehlschlagen dieser Politik innerer Verbesserungen zu einem radikalen Wechsel in den Verfassungen der verschiedenen Staaten. Es erfordert blofs flüchtige Bekanntschaft mit der detaillierten Kontrolle grofser Unternehmungen, um wahrzunehmen, dafs jede Erschwerung für eine Regierung, Geld zu borgen, derselben die Möglichkeit fast ganz beraubt, Kanäle und Eisenbahnen zu bauen. Vor 1830 war kein Staat in der Union an dem Gebrauch seines Kredits behindert, jetzt jedoch giebt es nur drei Staaten, deren Verfassungen die Möglichkeit, Anleihen aufzunehmen, beschränken. Michigan und Arkansas, welche in die Union aufgenommen wurden, als die Sucht nach öffentlichen Verbesserungen den Höhepunkt erreicht hatte, nahmen in ihre Verfassungen eine Klausel auf, welche den Legislaturen die Pflicht auferlegte, ein System für öffentliche Verbesserungen einzurichten. Aber mit dem Umschlag der Meinung

---

[1] Adams, Public Debts p. 339—341.

änderte sich alles dieses. Im Jahre 1848, wie in den folgenden, verhinderten sowohl die neuen Verfassungen, als auch die Amendements zu den alten, die Staaten, sich auf einträgliche Anlagen einzulassen, welche Kapital erforderten. [1] Die Lösung war, dafs öffentliche Bauten durch Privatunternehmer weitergeführt werden sollten, und um die zu sichern, wurden die Staaten an einem Dazwischentreten verhindert." Gehen wir also zu einer näheren Betrachtung der Staatsverfassungen über. (Siehe Tabelle VI.)

II. Beschränkungen durch die Verfassungen.

Als wir die Geschichte der Staatsfinanzen soweit verfolgten, sahen wir zuerst, wie der Rücktritt der Bundesregierung von ihrer Thätigkeit auf dem Gebiete der inneren Verbesserungen den Einzelstaaten die Pflicht auferlegte, nunmehr selbst für diese zu sorgen; zweitens haben wir gesehen, wie unvorsichtig die Staaten diese Unternehmungen anfingen und ihr Fehlschlagen. Die Schuldenlast, die man so dem Volke aufgebürdet hatte, führte drittens zu einer Reaktion gegen die Beteiligung an industriellen Unternehmungen von seiten des Staates, und das Volk erklärte, dafs von nun an der Staat sich fernzuhalten habe; dies müsse dem Privatunternehmen überlassen bleiben. Von dieser Zeit her datiert die Beschränkungspolitik in der Regierung und das Entstehen des Prinzips: laissez faire. So führte denn der Volkswille zu Bestimmungen in den Verfassungen der meisten Staaten, die effektiv die Finanzkraft der Legislaturen schwächte. Um daher die gegenwärtige Lage der Staaten vollständig zu verstehen, ist es erforderlich, erst kurz den Charakter und die Ausdehnung dieser Verfassungsbestimmungen festzustellen.

Auf jeden, der sich mit der parlamentarischen Methode der Erhebung und Verausgabung von Staatsgeldern in den Einzelstaaten beschäftigt hat, mufs die Zahl der Hindernisse und Einschränkungen Eindruck machen, welche die Macht der Legislaturen bei allen Finanzgesetzen hemmen und beengen. In keinem Thätigkeitsbereiche ist das

[1] Indiana zum Beispiel bekam eine Verfassung am 1. Novbr. 1851, nach welcher der Staat nur zu Verteidigungszwecken oder zur Deckung gelegentlicher Defizits Schulden machen durfte; ferner war untersagt, seinen Kredit oder seine Unterschrift irgend einer Korporation, Bank u. s. w. zur Verfügung zu stellen. Const. Art. X sec. 5. Siehe Tabelle VII.

Tabelle VI. Die Staatsschulden

Staaten	1841		1853		1860	
	Fundierte Schuld	Andere Schuld	Fundierte Schuld	Andere Schuld	Fundierte Schuld	Andere Schuld
	$	$	$	$	$	$
Alabama	15 400 000		4 497 666		3 445 000	
Arizona						
Arkansas	2 676 000		2 488 839	1 614 217	3 002 622	
California			2 997 488	269 812	3 824 000	
Colorado						
Connecticut						
Delaware						
Florida	100 000	3 000 000			383 000	
Georgia	1 309 750		2 802 472		2 670 750	
Idaho						
Illinois	13 527 292		17 000 000		10 277 161	
Indiana	12 751 000		7 712 880		10 279 267	
Iowa			55 000		322 295	29 637
Kansas						
Kentucky	3 085 500		5 571 297[20]		5 479 244[20]	
Louisiana	23 985 000[11]		9 589 207[11]		4 031 000[12]	530 108
Maine	1 734 861		471 500		699 500	
Maryland	10 000 000	5 214 761	10 000 000	5 356 224	14 876 958	
Massachusetts	5 424 137		6 445 000		6 817 127	315 500
Michigan	5 611 000		2 359 551		2 214 235	102 093
Mississippi	2 000 000	5 000 000	2 271 000	5 000 000	753 413	5 000 000
Minnesota					250 000	68 636
Missouri	842 261		802 000		25 952 000	
Montana						
Nebraska					4 000	48 960
Nevada						
N. Hampshire			74 899		50 087	
New Jersey						
New Mexico						
New York	17 561 567	4 235 700	24 323 838		27 064 584	6 505 654
North Carolina			2 224 000		9 129 505	
North Dakota						
Ohio	10 924 123		15 218 129		16 927 834	
Oregon						
Pennsylvania	33 301 013		40 272 235		37 969 847	
Rhode Island						
South Carolina	3 691 234		1 925 893		4 046 540	
South Dakota						
Tennessee	3 398 000		3 653 856		20 898 606	
Texas			5 341 528			
Utah						
Vermont					175 000	24 636
Virginia	4 037 200		12 089 382		33 248 141	
Washington						
West Virginia						
Wisconsin	200 000		100 000			
Wyoming						
Summa	171 559 938	18 350 461	180 287 660	12 240 253	244 781 716	12 625 224

Die Anmerkungen zu dieser Tabelle siehe Seite 28.

1870		1880		1890[21])	
Fundierte Schuld	Andere Schuld	Fundierte Schuld	Andere Schuld	Fundierte Schuld	Andere Schuld
$	$	$	$	$	$
5 382 800	3 095 218 [9])	9 008 000	63 765	9 237 700	3 175 496
				633 000	124 159
3 050 000 [17])	409 557	2 813 500 [18])	2 232 905	2 092 100	6 588 654
3 311 500	117 527	3 403 000		2 642 000	79 750
			212 814	150 000	449 851
7 275 900		4 967 600		3 740 200	
		880 750 [3])		660 000	239 750
1 012 372 [2])	276 325	1 280 500 [5])	91 304	1 275 000	
6 544 500		9 951 500		10 359 340	90 202
		69 249		146 715	92 553
4 890 937				19 500	1 165 407
4 167 507		4 998 178		8 540 615	
534 498		370 435			245 435
1 341 975	251 331	1 181 975		801 000	318 791
3 076 480 [21])	816 000	1 858 008 [22])		680 394	1 705 947
22 560 233 [13])	2 461 501	22 430 800 [11])	1 006 840	11 759 500	4 249 085
8 067 900		5 848 900		2 748 800	722 108
13 317 475		11 277 111		10 370 537	
27 128 164	1 142 717	33 020 464	14 262	28 251 288	32 000
2 385 028		905 130		31 993	5 315 039
100 000	1 696 230 [10])	379 485		902 437	2 600 572
350 000		2 565 000		4 365 000	
17 866 000		16 259 000		8 533 000	3 680 000
		70 000			167 815
36 300	211 000	499 267		449 267	
500 000	142 894	56 400	18 996	182 000	380 000
2 752 200	65 669 [23])	3 501 100	60 100	2 520 600	170 419
2 996 200		1 896 300		1 196 300	400 000
				720 000	150 000
32 409 144 [3])		8 988 360		6 652 160	122 695
29 900 045		5 006 616	700 000	7 703 100	
				606 300	97 469
9 732 078		6 476 805		2 796 665	4 584 181
106 583		356 508	154 868	1 015	670
31 111 662		21 561 990 [4])		11 832 920	517 000
2 913 500 [7])		2 534 500		1 283 000	
7 665 909		6 639 171		6 801 119	191 800
				860 200	11 400
31 892 144 [10])	6 647 658	20 991 700	6 448 731	16 636 908	3 059 066
	508 641 [15])	5 566 928 [16])		4 237 730	79 785
1 002 500		4 000			148 416
39 298 225	8 092 614	29 345 226 [6])		31 219 080 [5])	7 521 652
				300 000	
				135 511	49 000
68 200	2 183 857	11 000	2 241 057		2 295 391
				320 000	
324 747 959	28 118 739	246 974 476	13 245 642	224 175 044	50 821 558

Mifstrauen des Volkes gegen diese Körperschaften gröfser, in keinem
sind auch die Beschränkungen zahlreicher gewesen als in Geldangelegenheiten. Besonders in den westlichen und in den neueren
Staaten, die seit der Reaktion gegen Staatsunternehmungen in die
Union eingetreten sind, sind die Beschränkungen, denen die freie gesetzgebende Thätigkeit unterworfen ist, äufserst lästig und drückend.

[1] Tenth Census (1880). Vol. VII p. 530—645. Eleventh Census (1890),
Vol. VIII, Part. I p. 146.

[2] Einschliefslich $ 3 940 schuldig an den Schulfonds.

[3] Gesamtschuld aufser Schuldtilgungsfonds; aber einschliefslich $ 2 845 307
schuldig an die Anlagefonds.

[4] Einschliefslich $ 500 000 schuldig an den staatlichen landwirtschaftlichen
Institutfonds (State agricultural College fund).

[5] Einschliefslich $ 165 750 schuldig an den Schulfonds.

[6] Mit Ausschlufs der Schuld, die an West-Virginia verhältnismäfsig verteilt,
aber nicht anerkannt wurde.

[7] Einschliefslich $ 307 045 schuldig an die Erziehungs- und Innere Ver-
besserungsfonds (internal improvement).

[8] Einschliefslich $ 603 600 schuldig an die Erziehungs- und Schulden-
tilgungsfonds.

[9] Einschliefslich $ 2 795 210 schuldig an die Erziehungs- und Überschüssige
Staatseinkünftefonds (surplus revenue fund).

[10] Einschliefslich $ 1 138 494 schuldig an den Erziehungsfonds.

[11] Einschliefslich die Summen schuldig an Hypothekenbanken („Property-
banks"). Städte und Anlagefonds.

[12] Mit Ausschlufs von $ 5 596 773 Passiva für Hypothekenbanken und Städte,
und $ 515 301 schuldig an die Anlagefonds.

[13] Einschliefslich $ 4 838 933 Passiva für Hypothekenbanken und $ 868 195
schuldig an die Anlagefonds.

[14] Einschliefslich der Summe schuldig an die Anlagefonds.

[15] Mit Ausschlufs der Passiva für Eisenbahnsubvention und Summe schuldig
an die Volksschulfonds.

[16] Einschliefslich $ 537 008 schuldig an die Schulfonds.

[17] Mit Ausschlufs von $ 2 150 000 Passiva für Eisenbahn-, und $ 2 391 072
für Bankensubvention.

[18] Mit Ausschlufs der Eisenbahnschuld, aber einschliefslich ein Teil der
Bankschuld.

[19] Mit Ausschlufs der Obligationen für Eisenbahnsubvention.

[20] Einschliefslich Summen schuldig an den Erziehungsfonds eine nicht zu
reduzierende Schuld.

[21] Einschliefslich $ 1 652 087 schuldig an die Erziehungsfonds.

[22] Einschliefslich $ 1 677 614 schuldig an die Erziehungsfonds.

[23] Einschliefslich $ 45 019 schuldig an die Anlagefonds.

[24] Für Details über die Schulden im Jahre 1890, siehe Tabelle XIV; für
Datum des Eintritts der Einzelstaaten in die Union, siehe Tabelle VI.

Immer wenn in den letzten 45 Jahren ein Staat eine Verfassung beschlossen hatte, war eine gesetzliche Bestimmung eingefügt, durch die die Macht der gesetzgebenden Gewalt, Geld auszugeben, Steuern zu erheben und Staatsschulden zu machen, beschränkt wird. So ist es gekommen, dafs heute der Staat auf diesen Gebieten der Verwaltung fast gar nicht mehr das Recht der Initiative besitzt.

Hand in Hand mit der Beschränkung ihrer Macht ging eine beständige Degeneration in dem Charakter der Leute, welche staatliche gesetzgebende Körperschaften bilden: — teils Wirkung, teils Ursache. Die Gefahren, welche die Unzuverlässigkeit und das Fehlen der Verantwortlichkeit der Legislaturen begleiten, sind anerkannt worden und haben zu gewissen allgemeinen Heilmitteln Zuflucht nehmen lassen — meistens beschränkender Natur — in der Hoffnung, jene zu vermeiden. „Man schien damals der Meinung zu sein, dafs der Niedergang der Legislaturen permanent wäre, dafs sie entweder korrupt oder ignorant wären, und dafs es nur eine Rettung gäbe, nämlich ihre Freiheit so einzuschränken und sie so kurz zu halten, dafs sie unmöglich Schaden anrichten konnten." [1]

Das unglückliche Fehlschlagen der Staatsunternehmungen in den vierziger Jahren und die darauf folgende Behinderung der Legislaturen an weiteren Experimenten erklärt allein noch nicht die Unmasse der Verfassungsbestimmungen, [2] welche so weit gehen, dafs sie ganz genau die Form des Staatssiegels vorschreiben. [3] Der Grund für dieses wachsende Mifstrauen müssen wir auch in dem niedrigen Charakter der Leute suchen, welche diese Körperschaften bilden — selbst das Resultat der verringerten Wichtigkeit der Staaten, seit sie sich vom Schauplatz industriellen Unternehmens zurückgezogen haben.

Das Ergebnis dieser verschiedenen Ursachen war die Aufnahme einer grofsen Zahl von Mafsregeln, die die Gesetzgebung regeln. Wir können sie der Deutlichkeit wegen in die folgenden Kategorien teilen:

Erstens die allgemeinen Bestimmungen der Verfassungen, welche die Macht der Legislaturen bedeutend verringern. Sie verkürzen ihre

---

[1] F. B. Prichard, State Legislation p. 4.
[2] Eine Verfassung, welche so umfangreich sein will, und eine solche Masse von Einzelbestimmungen und Vorschriften, die nur für vorübergehende Zustände passen, erfordert naturgemäfs häufige Zusätze und Verbesserungen. „Und nichts ist gewisser, als dafs die Anwendung häufiger Verbesserungen mit der Zeit die Ehrfurcht nimmt, mit der man Verfassungen ansehen sollte, ihr Ansehen lockert und in die Regierung eine höchst unerwünschte Unbeständigkeit bringt." Jameson. Intro. etc. p. 14.
[3] South Dakota Verfassung Art. XXI § 1.

Sessionen und begrenzen genau das Gebiet, auf dem sich die Gesetzgebung zu bewegen hat.
Zweitens solche Bestimmungen, welche genau regeln, wie ein Gesetz zustande kommt. Besonders einschneidend wird das Zustandekommen der Finanzgesetze geregelt.
Drittens werden die Gebiete festgelegt, auf welchen der Staat keine Verwendungen machen darf.
Viertens diejenigen Bestimmungen, welche die Steuererhebung und das Aufnehmen von Anleihen beschränken.
Erstens. In allen Staaten und Territorien hat sich die Neigung bemerkbar gemacht, in die Verfassungen Gesetze aufzunehmen, die man gern zu fortdauernden machen wollte, um sie der gefährlichen Einmischung der Gesetzgebung zu entziehen. Dadurch wird der notwendige Unterschied zwischen der Verfassung, die nur einige grundlegende Prinzipien demokratischer Institutionen enthalten soll, und dem gewöhnlichen Gesetz verwischt. So ist die Gesetzgebung mehr und mehr von den Repräsentantenhäusern weg auf das Referendum einer verfassunggebenden Versammlung oder einer allgemeinen Wahl übertragen worden, und die Gesetze sind direkt vom Volke erlassen. In vielen Staaten dürfen Steuerzuschläge erhoben oder Schulden kontrahiert werden, erst wenn die Anträge den Wählern unterbreitet und von ihnen gebilligt sind. Der fast allgemeine Übergang von den jährlichen Sitzungen der gesetzgebenden Körperschaften zu solchen, die nur alle zwei Jahre abgehalten werden, die ferner noch in der Dauer ihrer Sessionen beschränkt sind, vermindert die Gelegenheit, Gesetze zu geben, und raubt ihnen gerade soviel Macht. Spezial- oder Lokalgesetze sind in den meisten Staaten für eine Anzahl von Gegenständen verboten. In den Staaten Californien, Florida, Idaho, Indiana, Jowa, Nevada, North Dakota, Oregon, Washington, Wisconsin und Wyoming gehört Einschätzung und Steuereintreibung zu den verbotenen Gegenständen solcher Gesetzgebung. Nur durch allgemeine Gesetze darf das Vermögen in California, Louisiana, Missouri, Nebraska, Pennsylvania und Texas von Steuern befreit werden. In Colorado, Georgia, Missouri, Pennsylvania und Texas müssen alle Steuern ausschließlich durch allgemeine Gesetze erhoben und eingetrieben werden. Ähnliche Bestimmungen begegnen wir in anderen Staaten.
Zweitens. Zu diesen Versuchen, den Spielraum und die Zahl der Beschlüsse der Legislative zu beengen und zu verringern, kommt noch eine große Menge von Bestimmungen hinzu, die zu dem Zwecke in die Verfassungen aufgenommen wurden, um das hastige und unbedachte

Durchbringen von gesetzlichen Mafsregeln, die zur parlamentarischen Behandlung gelangten, zu verhindern. Das sind diejenigen, welche verbieten, dafs ein neuer Antrag eingebracht wird, nachdem eine bestimmte Zeit verstrichen ist seit Beginn der Session, eine Zeit, welche in den verschiedenen Staaten zwischen 25 und 60 Tagen schwankt. Nur bei wichtigeren Anträgen, die nach dieser Zeit eingebracht werden, kann eine Ausnahme gemacht werden, falls sich eine Zweidrittelmehrheit für die Beratung erklärt. In anderen Staaten können neue Anträge nicht später als 5—6 Tage vor dem Ende der Session eingeführt werden. Indessen bezieht sich das nicht auf die sogenannten allgemeinen Appropriationsbills und den Etat. Einige neue Verfassungen schreiben vor, dafs alle Bills und Verbesserungen erst gedruckt und veröffentlicht werden müssen, ehe sie von den Häusern beraten werden, während in mehreren Staaten die Verfassungen befehlen, alle Anträge ohne Ausnahme an Ausschlüsse zu verweisen. In Vermont, Delaware und Jowa, wie auch im Kongrefs, erfordern die Geschäftsordnungen der Legislatur einen Bericht des Ausschlusses innerhalb einer gewissen Zeit. In Vermont beträgt die Zeit 15 Tage nach Übergebung, in Delaware 5 Tage, in Jowa 10 Tage. Alle Bills müssen dreimal gelesen werden in 29 Staaten (zweimal nur in Colorado), gewöhnlich an verschiedenen Tagen. In 22 Staaten kann eine Bill nur durchgebracht werden, wenn sie eine einfache Mehrheit in beiden Häusern erlangt hat, und die namentliche Abstimmung mufs eingetragen werden. In einigen anderen Staaten erfordern die Bills, die zu Privat- oder Lokalzwecken Geld anweisen, eine Zweidrittelmehrheit aller Mitglieder. 23 Staaten bestimmen, dafs bei keinem Gesetz, dafs durchgesehen oder verbessert werden soll, blofser Hinweis auf seinen Titel genügt, sondern, dafs es vollständig citiert und veröffentlicht werden mufs. Und wo der Gouverneur die Macht des Veto innehat, wie er sie, ausser in 4 Staaten, thatsächlich besitzt, sollen ihm gewöhnlich eine bestimmte Anzahl von Tagen zustehen, zwischen 3 und 30, in denen er die Bill durchsehen soll, bevor er sie unterzeichnet oder fallen läfst, selbst wenn die Legislatur inzwischen vertagt wird. Obwohl das Veto durch eine bestimmte Anzahl von Stimmen aufser Kraft gesetzt werden kann, ist diese doch so hoch angesetzt (Zweidrittelmehrheit in 28 Staaten), dafs es nicht leicht ist, das gouvernementale Veto zu überbieten.

Vielleicht die stärkste Versuchung für eine schlechte Finanzwirtschaft bietet die Sitte, sogenannte „Riders" an die allgemeine Appropriationsbills anzuhängen, d. h. es werden Zusätze auf ein Ge-

setz aufgepfropft, welche sachlich mit diesem garnichts zu thun haben.
während das Gesetz selbst eine Forderung von Geld zu Regierungs-
und Verwaltungszwecken darstellt.[1]) Man verbindet auch mit der
allgemeinen Appropriationsbill solche für Sonderzwecke. Durch derartige Maßregeln versucht die gesetzgebende Körperschaft die Macht
des Einspruchsrechtes seitens des Gouverneurs zu überwinden, indem
sie ihn vor die Alternative stellt, die Zusätze, auch wenn er ihnen nicht
beistimmt, mit in den Kauf zu nehmen, oder auf das Gesetz überhaupt zu verzichten. Viele Bestimmungen in den Verfassungen haben
ihr Ziel darin gesucht, diese Übelstände zu verhindern. In 33 Staaten
hat man versucht, sie zu umgehen, indem man in der Verfassung
die Bestimmung aufnahm, daſs kein Gesetzentwurf mehr als einen
Gegenstand enthalten dürfe, und daſs dieser in dem Titel der Bill
klar ausgesprochen sein müsse. Vielfach verbieten auch diese
Bestimmungen die Einfügung von Privat-, Spezial- oder Lokalbe-
willigungen in dem allgemeinen Geldbewilligungsantrage. Ungefähr
ein Viertel der Verfassungen ordnen ausdrücklich an, daſs die allgemeinen Geldbewilligungsanträge nur die gewöhnlichen Ausgaben für
die Gesetzgebungs-, Verwaltungs- und Gerichtsbehörden des Staates,
für die Zinszahlung der Staatsschuld, oder für das öffentliche Schul-
wesen enthalten dürfen. Alle übrigen Anträge zur Verwendung von
Staatsgeldern müssen besonders eingereicht werden, und jeder darf
nur einen Gegenstand umfassen. In 28 Staaten hat der Gouverneur
zugleich das Recht, jeden besonderen Posten in einen Geldverwendungs-
entwurf zurückzuweisen, während er die übrigen genehmigt.

Drittens. Neben diesen allgemeinen Beschränkungen der Finanzgesetzgebung sind die folgenden auf die Verausgabung von Staatsgeldern gehend, ganz gewöhnlich. Jede Vermehrung oder Verminderung
der Diäten der Abgeordneten während ihres Mandats ist verboten.[2])
(Diese Bestimmung gilt auch allgemein für die Besoldung der Staatsbeamten.) Kein Geld soll dem Staatsschatze entnommen werden,
ausgenommen auf Grund von Geldverwendungsbills, oder durch Voll-
macht des betreffenden Beamten im Verfolg einer solchen Bill.

Kein Geld wird hier auf den Beschluſs eines oder beider Häuser
ausgezahlt, die Reihenfolge, in welcher die bewilligten Gelder aus-

---

[1]) Vgl. H. Davis. Am. Const. S. 19.
[2]) Vgl. Davis „American Constitutions‟ S. 20. Colorado, Connecticut,
Nebraska, Nevada, New York, Missouri, Ohio, Pennsylvanien, West Virginia,
Wisconsin.

gezahlt werden, ist oft vorgeschrieben (z. B. in Missouri). In Missouri ist es vorgeschrieben, dafs alle Einkünfte direkt in das Schatzamt eingezahlt, und Geldbewilligungen daraus in der folgenden Reihenfolge gemacht werden sollen: Erstens, um die Zinsen der Staatsschuld zu bezahlen; zweitens für den Amortisationsfonds; drittens für öffentliche Volksschulen; viertens für die Kosten der Steuereinschätzung und Eintreibung; fünftens für Gehälter der Staatsbehörden und Beamten; sechstens für die Unterstützung der staatlichen Wohlthätigkeitsanstalten; siebentens für die Diäten der Abgeordneten, und solche andere Zwecke, die nötig erscheinen und nicht verfassungswidrig sind. Keine Bewilligung bleibt länger als zwei Jahre in Gültigkeit, nach Ablauf derselben mufs eine Neubewilligung eintreten. Kein Mitglied der gesetzgebenden Gewalt darf an einem Vertrage mit dem Staate beteiligt sein. Kein Geld darf aus dem Staatsschatze für Veranstaltungen sektiererischen Charakters oder für irgend eine milde Stiftung oder ein Erziehungsinstitut angewiesen werden, sofern diese nicht unter direkter Staatsaufsicht stehen.

Die Tendenz, unbedachtsamem Wirtschaften der Abgeordneten entgegenzutreten, wird fernerhin dadurch beleuchtet, dafs viele Verfassungen es verhindern, dafs Anträge eingebracht werden, durch die Geld an Private oder an Korporationen [1]) bewilligt werde, oder dafs Ansprüche gegen den Staat befriedigt werden, die nicht auf gesetzlich bindenden Kontrakten beruhen,[2]) oder dafs endlich Forderungen aufgegeben werden, die der Staat an Eisenbahnen oder an anderen Gesellschaften hat.[3])

In 31 Staaten, zu denen alle mit neueren Verfassungen gehören, darf die gesetzgebende Macht den Staatskredit nicht gewähren, noch Private oder Gesellschaften finanziell unterstützen. In 19 darf der Staat nicht Aktionär von Gesellschaften sein oder sich sonst an gewinnbringenden Unternehmungen beteiligen.[4])

Viertens. Um die Macht sorglos wirtschaftender Legislaturen

---

[1]) Georgia, Louisiana, Missouri, Nebraska, New Jersey, Texas.

[2]) Alabama, Californien, Illinois, Louisiana, Missouri, Texas, West Virginia.

[3]) Arkansas, Californien, Colorado, Illinois, Louisiana, Maryland, Missouri, Texas, Utah, Virginien.

[4]) „Es hört sich an, wenn man diese vielförmigen Bestimmungen liest, als wenn die gesetzgebende Gewalt gleichsam ein Kaninchen wäre, das einen Ausgang aus seiner Höhle sucht, um sich irgendwo auf die Ernte zu stürzen, und als wenn die Bevölkerung des Staates genötigt wäre, jeden Ausgang zu schliefsen, da sie anders nicht des Tieres angeborenen Hang zu schaden, in Schranken halten könnte."

in der Verausgabung öffentlicher Gelder so wirksam und weitgehend als möglich zu beschränken, begrenzen einige Staaten deren Befugnis, Steuern einzutreiben. Nach einigen Verfassungen wird die Höhe der Steuersumme, die für Staatszwecke jährlich zu erheben ist, so innerhalb einer bestimmten Grenze gehalten, dafs man die Steuer entweder auf so und soviel Mills [1]) auf den Dollar oder auf einen bestimmten Prozentsatz des eingeschätzten Wertes alles steuerbaren Vermögens bestimmt. Eine Liste steuerfähiger Artikel ist in anderen Verfassungen niedergelegt, und indem man so nur gewisse Objekte zur Besteuerung heranziehen kann, sind der gesetzgebenden Macht einige Quellen möglichen Staatseinkommens verschlossen und ihre Gewalt zur Besteuerung insoweit beschnitten. Bisweilen finden wir die Weisungen, dafs die zu erhebenden Staatseinkünfte nicht gröfser sein dürfen, als es die laufenden Bedürfnisse verlangen, oder dafs die Geldbewilligungen den Betrag des auf dem Wege der Besteuerung während des Jahres erhobenen Staatseinkommens nicht überschreiten dürfen. Die gesetzgebende Macht beobachtet indessen nicht immer diese Bestimmung in den Staaten, wo die Höhe der Steuer verfassungsgemäfs beschränkt ist. Selten giebt es grofse Überschüsse, (die doch in dem bundesstaatlichem Haushalte ganz gewöhnlich waren,) die zum Mifsbrauch der politischen Macht der gesetzgebenden Körper führen könnten.

Endlich ist die wirksamste Methode, die Macht und finanzielle Unabhängigkeit der Staaten zu beschränken, die, dafs man entweder durchaus verbietet, sich auf Bauten, welche grofse Summen erfordern, einzulassen oder für den Staat eine Grenze der Schuldenhöhe festzusetzen. Die erste Methode hat nur in wenigen Staaten Anwendung gefunden. Alabama, Kansas, Michigan, Minnesota, South Dakota und Wisconsin dürfen sich auf Anlagen für innere Verbesserung nicht einlassen; Wyoming mufs erst durch ein $^2/_3$-Votum des ganzen Volkes dazu ermächtigt werden. Wenn man die Verfassungsbestimmungen, welche den zu machenden Belauf der Schulden festsetzen, betrachtet, so zerfallen die Staaten in folgende Klassen:

1. Diejenigen, welche ihren Legislaturen keine finanziellen oder industriellen Beschränkungen auferlegen; es sind die fünf Staaten mit den ältesten Verfassungen, die alle von vor 1832 datieren, nämlich Connecticut, Delaware, Massachusetts, New Hampshire und Vermont.

2. Diejenigen Staaten, und das sind die meisten, welche zeitweilige Anleihen machen dürfen, höchstens bis zu $ 1 000 000, einem

[1]) Siehe Teil III S. 181.

Betrage, der gewöhnlich sehr klein bemessen ist im Verhältnis zu der Bevölkerung und den Hilfsquellen des Staates. So setzen Rhode Island. Michigan. Maryland und Oregon ihr Maximum auf $ 50 000 fest: von dieser Summe an schwankt es aufwärts bis zu $ 1 000 000, eine Summe, die in New York, Kansas, Pennsylvanien festgesetzt ist. Schulden für Unterdrückung von Aufständen oder das Zurückschlagen eines Angriffes, sind von diesen Beschränkungen ausgenommen. Schulden können auch für andere Zwecke gemacht werden, wenn das zu solchen Anleihen ermächtigende Gesetz dem Volke in einem Referendum unterbreitet und genehmigt worden ist.

Dies ist der Fall in Californien, Colorado, Idaho, Illinois, Jowa, Kansas, Kentucky, Maryland, Montana, New Jersey, New York, North Carolina, North Dakota, Rhode Island, Washington und Wyoming. In Arkansas, Missouri und South Carolina ist ein $\frac{2}{3}$-Votum erforderlich, um eine solche Bill zu legalisieren.

Aufser den in der Tabelle erwähnten, können noch Schulden gemacht werden in Colorado und Florida (in Colorado nicht über $ 50 000) für öffentliche Bauten. In Kansas für öffentliche Verbesserungen, aber nicht über $ 1 000 000. In Maine ermächtigt die Verfassung zu einer speziellen Kriegsschuld von $ 3 500 000.

Ausser den Beschränkungen, die wir aufgezählt haben, erlassen viele Staaten in ihren Verfassungen Vorschriften für die Tilgung jeglicher Schulden. Die einfachste Methode zur Erreichung dieses Zweckes ist die Bestimmung in dem Gesetz, durch welches eine Anleihe aufgenommen wird, eine Amortisationssteuer zu erheben, bis die Hauptschuld getilgt ist. Bestimmungen dieser Art finden sich in folgenden Staaten:

In Alabama kann keine neue Anleihe gemacht werden, bis die alte bezahlt ist.

Ein Gesetz, das zu zeitweisen Anleihen ermächtigt, mufs jährliche Steuern festsetzen, die hinreichend sind, um Kapital und Zinsen abzutragen: in Wisconsin in 5 Jahren, in Minnesota in 10 Jahren, in Kansas, wenn sie fällig ist, in Missouri in zwei Jahren. In Nebraska müssen Steuern zur Bezahlung der Zinsen erhoben werden. Solche Bestimmungen sind, mit Ausnahme von Missouri, für unwiderruflich erklärt worden.

Ferner ist erforderlich, dafs Vorsorge für die Abzahlung von anderen Schulden, Kapital und Zinsen, getroffen werden sollte: am Fälligkeitstermin in Jowa, Minnesota, Kansas und Nebraska; in 13 Jahren in Maine, Minnesota und Missouri, in 15 Jahren in Mary-

land, Missouri und Colorado, in 18 Jahren in New York, in 20 Jahren
in Californien. Idaho, Nevada, Utah und Washington, in 30 Jahren
in Kentucky und North Dakota, in 35 Jahren in New Jersey, in
40 Jahren in South Carolina. In Illinois, North Carolina und South
Carolina ist vorgeschrieben, dafs die Zinszahlung am Fälligkeitstermin
erfolgt. Georgia weist $ 100 000 der Errichtung eines Amortisations-
fonds zu. Ohio fordert die Einsetzung eines Amortisationsfonds, der
$ 100 000 vom Kapital ihrer Schuld jedes Jahr abzahlen soll. Florida
erhebt eine Steuer, „die hinreicht, um Zinsen der bestehenden Verschuldung zu bezahlen". Die Verfassung von Virginia verlangt nur
die Einsetzung eines Amortisationsfonds.

Die Verfassungen von Arkansas, Georgia, North Carolina, Missouri,
Mississippi, South Carolina und Virginia sorgen ferner für die Tilgung
gewisser Schulden, meistens solcher, die sie sich im Bürgerkrieg zugezogen haben.

Nach dem Wesen dieser konstitutionellen Beschränkungen scheint
die Annahme verbreitet zu sein, dafs die gesetzgebenden Häuser
hoffnungslos unverbesserlich sind, und dafs man ihnen nicht überlassen
darf, sich mehr mit Gesetzgebung zu befassen, als unbedingt nötig
ist, und dieses Minimum noch dazu unter höchst einschränkenden Bestimmungen. Anstatt, dafs man danach trachtet, die Gesetzgeber noch
mehr für ihr Thun verantwortlich zu machen, verringerte man die
Macht und die Verantwortlichkeit der gesetzgebenden Körperschaften,
und indem man ihnen jene entzieht, raubt man ihnen jedes Gefühl
für diese. Mag diese Tendenz auch nicht gerade ganz neuen Datums
sein, so war sie doch nicht vorhanden, oder nicht nachweisbar, als die
erste Staatsverfassung entstand. In dieser ersten Periode vertraute
man der gesetzgebenden Gewalt die Aufgabe an zu verhindern, dafs
die vollziehende zu grosse Macht ausübe. Erst nach den unheilvollen
Finanzexperimenten der Legislaturen im vierten und fünften Jahrzehnt
setzte die Bewegung ein, die dahin zielte, die Befugnis der gesetzgebenden Gewalt in allen Geldangelegenheiten zu beschränken. Die
Abnahme der Bedeutung und Macht der gesetzgebenden Gewalt datiert
seit dieser Zeit und ist theoretisch äufserst wichtig und vielsagend.
Welchen Umfang dieser Wechsel angenommen hat, läfst sich jetzt an
dem Vertrauen beobachten, das man in das Veto des Gouverneurs
setzt, weil es uns vor einer vergeudenden und faulen Gesetzgebung
schützt. Man mifst dem gesetzgebenden Körper keine grofse Bedeutung zu, sondern hält es für wichtiger, einen tüchtigen Mann auf
den Gouverneurstuhl zu setzen.

Anmerkungen zu Tabelle VII.

× Bedeutet, dafs es solche Bestimmungen giebt. * Die Bestimmungen sind den Verfassungen direkt entnommen.
¹) Die Sessionen finden jährlich statt. ² Zweijährlich. ³) Nur die vertagten Sessionen sind in ihrer Dauer beschränkt. ⁴· Bills, die Steuern auferlegen oder Schulden aufnehmen. ⁵) Fünfzig Tage. ⁶· Fünfundzwanzig Tage. ⁷) Der Staat darf nicht innere Verbesserungen unternehmen, noch darf er Aktionär in einem Bankgeschäft werden. ⁸· Der Staat darf nicht Arbeiten für innere Verbesserungen unternehmen. ⁹· Aufser für Erziehungs- oder Wohlthätigkeitszwecke. ¹⁰) Nur wenn die Bill, die dazu ermächtigt, dreimal gelesen wird. ¹¹) Aufser durch das Votum einer Mehrheit des Volkes. ¹²) Der Staat darf die Schulden der Unterverbande nicht übernehmen, es sei denn, dafs sie für Kriegszwecke aufgenommen sind. ¹³) Nur wenn sich das Volk ausdrücklich dafür erklärt. ¹⁴. Nur durch eine Zweidrittel-Mehrheit des Volkes bei einer allgemeinen Wahl. ¹⁵· Durch eine Zweidrittel-Mehrheit in beiden Häusern. ⁹) Summe nicht beschränkt. ¹⁶) Nur die Zinsen. ¹⁷· Ausgenommen Schulden zur Deckung eines zufälligen Defizits. ¹⁸ Ausgenommen Schulden, die gemacht werden, um einen Angriff zurückzustofsen und einen Aufstand zu unterdrücken. ²⁰) Diese Vorkehrung tritt aufser Kraft, sobald die Staatsobligationen al pari stehen. ²¹) Wenn die Staatsschuld mehr als $ 250 000 beträgt. ²²) Mit Ausschlufs der Schuld, die zur Zeit der Annahme der Staatsverfassung vorhanden war. ²³) Beschränkt auf Schulden zur Deckung von zufälligen Defizits. ²⁴· Darf keine Schuld machen, solange vorhandene Staatsobligationen unter pari stehen, es sei denn, dafs die Bill, welche die Schuld macht, auch eine angemessene Steuer zur Zurückzahlung verordnet. ²⁶) Zur Fundierung vorhandener Schulden. ²⁶) Prozent des steuerbaren Vermögens im Staate. ²⁷) Höhe der Anleihe, die in einem Jahre aufgenommen werden kann; sie mufs innerhalb zweier Jahre zurückbezahlt werden. ²⁸· Ausgenommen für Staatsanstalten und -Schuld (Verfassungsamendement vom 20. Febr. 1860). ²⁹) Verboten. ³⁰) Beschränkt auf gegenwärtige Schuld. ³¹) Nur durch Gesetz, nicht durch die Verfassung, festgesetzt.

Anmerkungen zu Tabelle VIII.

× Bedeutet, dafs es solche Bestimmungen giebt. * Die Tabelle beruht auf den Angaben bei Ely, „Taxation in American States and Cities", S. 395, für Bestimmungen bis zu dem Jahre 1886. Alle Bestimmungen aus den seit 1886 angenommenen Staatsverfassungen sind ihnen selbst entnommen.
¹) Nur Volksvertretung. ²) Aufser im Falle grofser öffentlicher Not. ³) Aufser durch einen Beschlufs mit Zweidrittel-Mehrheit in beiden Häusern. ⁴) Besonders das Recht, Korporationen zu besteuern. ⁵) Diese Art Vermögen darf durch Gesetz von Steuern befreit werden. ⁶) Nur für Wohlthätigkeitszwecke. ⁷) Nur solche Kirchhöfe u. s. w., die nicht von Einzelnen oder Korporationen zu Erwerbszwecken errichtet waren. ⁸) d. h. in derselben Kategorie von Objekten. ⁹) Keine Vermögensgattung darf höher besteuert werden als eine andere Gattung desselben Wertes. ¹⁰) Der Barwert. ¹¹) Und Pfarrhäuser. ¹²· Nur die Zinsen. ¹³) Kreise und Städte dürfen auch Kopfsteuern derselben Höhe auferlegen. ¹⁴) Kreise und Städte dürfen auch eine Kopfsteuer von 50 Cents auferlegen. ¹⁵) Derjenige Teil, der vom Staate erhoben wird. ¹⁶) Im Alter vom 21. bis 50. Jahre. ¹⁷) Für Erziehungszwecke; nicht mehr als ein Viertel für Arme. ¹⁸· Einkommen über $ 600. ¹⁹) Aber nicht Einkommen aus schon besteuerten Vermögensquellen. ²⁰) Nur Hausierer. ²¹) Eine progressive Gewerbesteuer darf auferlegt werden.

Staaten.	1	2	3	4	5	6	7	8	9	10	11	12	13	14	15	16	17	18
Alabama	1819	1875	2	4	2	X	50	X	X	X	X		X	X	5	abs. Mehrh.	X	
Arkansas	1836	1874	2	4	2	X	60	X	X	XX	XX	X,X²)	XX	XX	5	abs. Mehrh.		X
California	1850	1879	4	4	2	X	100	X	X	XX	XX	X³)	XX	XX	10	²⁄₃		
Colorado	1876	1876	2	4	2	X	90	X	X	X	X	X⁶)	X	X	10	²⁄₃		X
Connecticut	1788	1818	2	2	2										3	abs. Mehrh.	X	
Delaware	1787	1831	4	4	2							kein Vetorecht.						
Florida	1845	1885	4	4	2		60	XX	XX	XX	XX		X	XX	5	²⁄₃	XX	
Georgia	1788	1877	4	4	2		40	XX	XX	XX	XX			XX	5	²⁄₃		
Idaho	1890	1889	2	2	2		60			XX	XX			XX	5	²⁄₃		XX
Illinois	1818	1870	4	4	2			XXX	X	XX	XX			XX	10	²⁄₃		XX
Indiana	1816	1851	4	4	2		61			XX	XX			XX	3	abs. Mehrh.		
Jowa	1846	1857	2	4	2					X	X			X	3	²⁄₃	X	
Kansas	1861	1859	2	4	2		50			X	X			X	3	²⁄₃		
Kentucky	1792	1891	4	4	2		60	XX	XX	XX	XX			XX	10	abs. Mehrh.		XX
Louisiana	1812	1868	4	4	4		60	XX	XX	XX	XX				5	²⁄₃		
Maine	1820	1820	2	2	2										5	²⁄₃		
Maryland	1788	1867	4	4	2		90	X	X	X	X	X	X		6	³⁄₅		
Massachusetts	1788	1780	1	1	1			X	X	X	X			X	5	³⁄₅		
Michigan	1837	1850	2	2	2			X		X	X	X⁵)	X		10	²⁄₃		
Minnesota	1858	1857	2	2	2		60	X		XX	XX			XXXX	3	²⁄₃	X	
Mississippi	1817	1890	4	4	4		90³			XX	XX			XX	5	²⁄₃		X
Missouri	1821	1875	4	4	2		70	XX	XX	XX	XX			XX	10	²⁄₃		
Montana	1889	1889	4	4	2		60			XX	XX	X		XXX	5	²⁄₃		
Nebraska	1867	1875	2	2	2		40	XXXX		XXX	XX			XXXX	5	²⁄₃		XX
Nevada	1864	1864	4	4	2		60			XX	XX			XXX	5	²⁄₄		
New Hampshire	1788	1792	2	2	2		60		X	X	X			X	5	²⁄₃	X	
New Jersey	1787	1844	3	3	1			X		X	X			X	5	abs. Mehrh.		
New York	1788	1846	2	2	1		60		X	XX	XX			X	10	²⁄₃	X	
North Carolina	1789	1876	2	2	2		60	XXX		XXX	XX	X	X	k. Veto.	3	³⁄₅		X
North Dakota	1889	1889	2	2	2					X	X			k. Veto.	3	²⁄₃		
Ohio	1802	1851	2	2	2			XXXX		XXX	XX	X			5	²⁄₃		X
Oregon	1859	1857	4	2	2		40	XXXX	X	XXX	XX			XX	5	²⁄₃		X
Pennsylvania	1787	1873	4	4	2		150		X	XX	XX			XX	10	²⁄₃	X	
Rhode Island	1790	1842	1	1	1									k. Veto.				
South Carolina	1788	1865	2	4	2			X		X	X			X	3	²⁄₄		X
South Dakota	1889	1889	2	2	2	X	60			X	X		X	X	3	²⁄₃		X
Tennessee	1796	1870	2	2	2	X	75	X		X				X	5	abs. Mehrh.	X	
Texas	1845	1876	2	4	2		60	XX	X	XX		X		XX	6	²⁄₃		XX
Utah	1895	1895	4	4	2		60			X					5	²⁄₃		XX
Vermont	1791	1793	2	2	2										5	abs. Mehrh.	X	
Virginia	1788	1870	4	4	2		90	XX	X	X			X	XX	5	²⁄₃	X	
Washington	1889	1889	4	4	2		60	XX		X			X	XX	10	²⁄₃		XX
West Virginia	1863	1872	4	4	2		45	XX		X			X	XX	5	abs. Mh.	X	
Wisconsin	1848	1848	2	2	2			X		XX	X		X		3	²⁄₃		XX
Wyoming	1890	1889	4	2	2		40			X	X			X	3	²⁄₃		X

Die Anmerkungen zu dieser Tabelle siehe S. 37.

9	21	22	23	24	25	26	27	28	29	30	31	32	33	34	35
	Kein Geld wird aus dem Staatsschatz ausgezahlt, wenn es nicht durch einen Antrag bewilligt worden ist.	Kein Staatsgeld darf für sektiererische oder nichtstaatliche Anstalten bewilligt werden.	Der Staat darf nicht innere Verbesserungen unternehmen.	Der Staat darf eine temporäre Anleihen aufnehmen, die aber einschliefslich aller anderen Staatsschulden nicht gröfser sein darf als ... Dollars.	Der Staat darf keine Aktien einer Aktiengesellschaft u. s. w. besitzen.	Die Legislatur darf keine Korporationen weder seinen Kredit noch eine Unterstützung gewähren.	Andere Schulden dürfen aufgenommen werden.	um die Staatsschulden zu bezahlen.	für andere Zwecke, wenn sie in der Bill klar spezifiziert und vom Volke für ein Geschäft gebilligt wird, und Vorsorge für Zurückzahlung getroffen wird.	Eine Schuld darf nur aufgenommen werden durch ein Gesetz, das zur selben Zeit Zurückzahlung verlangt.	Das in der letzten Spalte erwähnte Gesetz darf nicht vor Zahlung der Schuld aufgehoben werden.	Vorkehrungen für einen Schuldentilgungsfonds werden getroffen.	Ein Antrag, der eine Staatsschuld gestattet (ausgenommen die in Spalte 26 erwähnten Schulden, mufs vom Volke bei einer allgemeinen Wahl gewilligt werden.	Der Steuersatz für Staatszwecke darf nicht gröfser sein als	Länge der Zeit, für welche Geld bewilligt wird, und nach welcher es wieder in den allgemeinen Fonds zurückfliefst.
	×	×	×	×	×	8 100 000	×[15]	×						3½ ₘ₀[26]	Zwei Jahre.
	×	×	×	×	×	[16] 300 000	×	×	×		×		×[14]	1 ₘ₀[26]	Zwei Jahre für die allgem. Appropriationsbill; keine Grenze für andere Geldbewillig.[14]
	×	×	×	×	×	100 000	×	×	×		×			4 mills	Eine Streitfrage; zwei Jahre in der Praxis.[17]
						00. [18] 6₀									Zwei Jahre.[28]
××	××	×	××	××	××	200 000	××	××				××			Sechs Monate nach Ablauf des Fiskaljahrs.[24]
××	××	×	××	××	×	1 ₘ₀[27] 250 000 [19]	××	××	××	××	××		××	10 mills	Zwei Jahre. Die Zeit mufs in den Bills selbst angegeben werden.[26]
××	××	×	×	××	×	250 000 1 000 000	××	××	××	××	××		××	2 mills[31]	Zwei Jahre.[31] Zwei Jahre.
××××	××	×	××××	××××	×	500 000 [27] 300 000 50 000 [18]	××	×	×	××	×	××	×	1,5 mills[10] 6 mills 3 mills[30] 1.775 mills[30]	Keine Grenze.[30] Zwei Jahre.
××	××	×	××	×	×	50 000	××	×	×	××	×	××			Zwei Jahre.[31] Sechs Monate nach Ablauf des in der Bill festgesetzten Termins.[30]
××××	××	×	××××	××××	×°	250 000	×			×	×			2½ mills	Zwei Jahre.[30] Zwei Jahre.
	×	×	××××	××××	×°	250 000 300 000 100 000 300 000	××	×	×[11][19]	×	×	×[14]		5 mills	Zwei Jahre. Zwei Jahre. Bis 31. Dez. des folgenden Jahres.[31]
						[18] 100 000	××	×	×	×	×		×		Keine Grenze.[32] Bis Ende des Fiskaljahrs.[32]
××××	×		××[11]	××	×[19]	1 000 000 [26] 200 000[28] 750 000 50 000 1 000 000 50 000 [26]	××	××[15] ×	××	××[20]	×	×	×	4 mills 7,7 mills[31] 4 mills[31] 1,8 mills[31]	Zwei Jahre. Zwei Jahre.[31] Zwei Jahre. Zwei Jahre.[31]
×	×		×	×	×[19]	100 000 [11]	×	×		×	×		×[14]	2 mills	Bis das betreff. Gesetz abgeschafft ist.[35] Sechzig Tage nach Ablauf des Fiskaljahrs.[31] Bis zu der nächsten ordentlichen Session der Legislatur.[31]
××	×		×	××	×	200 000 200 000 [18] [14]	××	××		×				3,5 mills 8 mills	Zwei Jahre. Keine Grenze.[34] Bis zu der nächsten ordentlichen Session der Legislatur.[34]
××××	××	××	×	××	×°	[11] 400 000 [21] 700 000 1 ₀ ₀[35]	××××	××××	×	×	×	×	×	3 mills[32] 4 mills[31] 4 mills	Zwei Jahre.[31] Zwei Jahre.[32]

	1	2	3	4	5	6	7	8	9	10	11	12	13
	Allgemeine Grundsätze						Steuerbares						

Staaten.	Jedesfalls der Gesellschaft muss vorbehalten sein; ihr Reichtum darf niemand einem einzigen Reichtum oder seine Zustimmung oder ohne gesetzmäßige Autorisation genommen werden.	Keine Steuer darf erhoben werden, es sei denn in Verfolg eines Gesetzes.	Keine Steuer darf erhoben werden, es sei denn mit Zustimmung des Volkes oder der Volksvertretung.	Die Legislatur hat nicht die Macht, von Staats- oder Lokalsteuern zu befreien.	Das Besteuerungsrecht wird nicht aufgehoben noch suspendiert durch irgendeine Handlung seitens der Legislatur.	Das Besteuerungsrecht kann nicht an Individuen oder Privatgesellschaften übertragen werden.	Alles Vermögen, bewegliches, unbewegliches und gemischt, ist steuerbar.	Das Vermögen von Korporationen ist steuerbar in derselben Weise wie das von Privatpersonen.	Von den Korporationen wird nur eine Ertragssteuer erhoben. Keine Grundsteuer.	Kirchhöfe.	Öffentliche Schulhäuser.	Schulgebäude und Inventar.	Bibliotheken und der für Schulzwecke benutzte Grund und Boden.
Alabama		×				×	×	×		×		×	×
Arkansas				×	×)		×			×	×		×
California				×	×)	×	×			×)	×		×
Colorado													
Connecticut													
Delaware		×					×	×					
Florida		×						×					
Georgia					×)	×	×			×)	×)	×) ×)	
Idaho								×		×)			
Illinois													
Indiana							×						
Iowa		×											
Kansas							×						
Kentucky				×	×)		×			×) ×)	×	×)	
Louisiana				×)	×)								
Maine			×										
Maryland			×										
Massachusetts													
Michigan													
Minnesota							×			×	×		
Mississippi		×)								×			
Missouri				×)	×)					×)			
Montana				×					×				
Nebraska													
Nevada							×						
New Hampshire									×				
New Jersey													
New York													
North Carolina		×					×			×)	×)		
North Dakota							×			×)	×)		
Ohio													
Oregon				×)						×)			
Pennsylvania													
Rhode Island										×			
South Carolina		×								×	×	×	
South Dakota													
Tennessee													
Texas				×) ×)	×)		×			×) ×)		×)	
Utah													
Vermont													
Virginia					×)								
Washington													
West Virginia							×			×)			
Wisconsin							×		×				
Wyoming													

Die Anmerkungen zu dieser Tabelle siehe S. 37.

22	23	24	25	26	27	28	29	30	31	32	33	34	35	36	37	38	39	40	41	42	43
Steuerfreies				Steuern gleich		Ein- schätzung	Besteuerungszwecke					Einkomm.- Steuern	Kopfsteuer					Licenzsteuer			
Eigentum von Landwirtschaftss- und Bankge- bäudegesellschaften	Grund und Boden im Besitz der Bundesregierung	Alles Vermögen im Besitz des Staates	Alles Vermögen im Besitz von Städten	Steuern müssen nach gleichförmiger verteilt werden innerhalb des Staates oder der Gemeinde, wo sie erhoben werden	Der Grund und Boden der auswärts Wohnenden darf nicht höher besteuert werden als der der Einwohner	Die Steuern müssen in genauem Verhältnis zum Wert des Ver- mögens stehen.	Für die ordentlichen Ausgaben des Staates und seiner Anstalten.	Um das Defizit des vergangenen Jahres zu decken.	Um das Kapital und die Zinsen der Staats- schuld abzutragen.	Für Erziehungszwecke	Um einen Aufstand zu unterdrücken, einen Angriff zurückzuschlagen, den Staat im Kriegszeit zu verteidigen.	Einkom- meusteuern dürfen er- hoben wer- den.	Eine Kopfsteuer darf erhoben werden, aber nicht höher als — (in Dollars)	Eine Kopfsteuer darf erhoben werden, aber nicht weniger als — (in Dollars)	Kopfsteuer wird von allen männlichen Ein- wohnern im Alter von 21—60 Jahren erhoben.	Kopfsteuer wird von allen männlichen Ein- wohnern alter als 21 Jahre erhoben.	Sie soll ausschließlich für den öffentlichen Schulfonds verwendet werden.	Hausierer und Budenbesitzer.	Makler, Kommissionäre, Kunstreiter und Getränkehändler.	Fähren.	Alle Korporationen oder Individuen, die Kon- zessionen oder Privilegien ausbeuten.
×		×	×	×[8]		·×·	×		×	×[9]	×	×	$1,50	$		×	××	×		×	×
				×[9]					××	××	×			$2		×	×××				
×[9]	×	××	××	×[9]	×	××××	××		××	××	×	×	$1 $1			×			×	×	×	×
	×			×× ×	×	×× ×[10] ×[14]	×××		×	×	××	×	$1,50 $1,50	$1		×	×	×	×		×
××	××	××	××	×[9]		×× ×[24] ×[25]	×××	×		×	×	×	$4	$2	×			×	×		×
	×	××	××	×[9]	×	× ×× ×[23]	×××	×				×[18]	$2[13] $1,50		×[15] ×[16]	××[17]		×	×		×
×	×	××	××	×××[9]	×	×[20] ×[10]	××××	××	××	×[15]		×[14] $1			×	×	××	×	×[21]
	×	×	××	×××[9]		×[10]	××××	××	×××	×	×	×[19] $1	$0,50[22] $1		×	×	×	×[26]		×[31]
××	×	×[5]×[1]	×[9]			×× ×[10]	××××	×××	×××	×	×	×[16] $1		×[16]	×× ××[13]	×	×		×
××	×		×[8]×[9]	×		×	××××	××	×		×	× $2	$2	×[36]	××	×	×		×

II. Teil.

Das legislative und exekutive Verfahren bei der Aufstellung der Budgets.

Um ein möglichst vollständiges Bild der Finanzverhältnisse der Einzelstaaten in der nordamerikanischen Union zu gewinnen, sollen hier die allgemeinen Grundzüge des Budgetrechts dargestellt werden. Diese Seite ist bis jetzt stets vernachlässigt worden, und es giebt, meines Wissens, gar keine umfassende Darstellung dieses Gegenstandes. Desto mehr schien es am Platze, dies hier einzufügen, da es zu einem richtigen Verständnis der Finanzverhältnisse der Einzelstaaten von grofser Wichtigkeit ist. [1]

Es ist vielleicht am besten, den Gang der Finanzgesetzgebung in den Staaten so aufzuzeichnen, dafs wir demselben in einem von ihnen nachgehen und dann darlegen, worin die anderen Staaten von diesem einen typischen Beispiel abweichen oder mit ihm übereinstimmen. Ich habe zu diesem Typus den Staat New York auserwählt vor allem auch deshalb, weil die Gröfse seines Haushaltsplanes besondere Beachtung verdient.

---

[1] Der gröfste Teil der in den folgenden Seiten dargelegten Ausführungen stammen direkt aus den Verfassungen, Gesetzbüchern und Finanzberichten der Staaten. Auskunft über einige Punkte, über die ich mir anderweitig keine Kenntnis verschaffen konnte, verdanke ich schriftlichen Mitteilungen der Finanzbehörden von dreifsig Staaten, sowie auch persönlichen Mitteilungen von Mitgliedern der New Yorker Legislatur und anderen.

Seiten 42—58 dieses Abschnitts sind im Englischen schon erschienen, unter dem Titel „Financial Procedure in the State Legislatures". No. 181 der Abhandlungen von The American Academy of Political and Social Science. Philadelphia. Sept. 1896.

Im Staate New York erstreckt sich das Etatsjahr vom
1. Oktober bis 30. September.[2]) Schon der Umstand, dafs die
Staaten in dieser einen Beziehung so wenig miteinander übercin-
stimmen, läfst zur Genüge die Abweichungen und den Mangel an
einem einheitlichen System in fast allen Etats-Angelegenheiten ahnen.
Noch elf Staaten schliefsen ihre Jahresrechnungen mit dem 30. Sept.;
in fünfzehn fällt das Finanzjahr mit dem Kalenderjahr zusammen.
Neun sind dem Beispiel der Bundesregierung gefolgt, indem sie mit
dem 30. Juni abschliefsen; vier am 30. Nov. und drei am 31. Okt.,
während endlich die übrigen sechs Staaten ihre Unabhängigkeit dadurch kundthun, dafs sie Daten wählten, welche von den oben erwähnten und voneinander gänzlich abweichen. Aber im Grunde
genommen besteht eine so weitgehende Verschiedenheit nur in un-
wichtigen Punkten; in den wesentlichen werden wir ziemlich grofse
Gleichförmigkeit entdecken.

Anfang Oktober überreicht der Controller[2]) seinen Jahresbericht
der Legislatur. Er ist verpflichtet, in diesem aufzustellen „eine vollständige Übersicht über die Staatsschulden, die Einkünfte und die
öffentlichen Ausgaben während des verflossenen Jahres und einen
detaillierten Voranschlag der Ausgaben, die vom Staatsschatz im
kommenden Jahr zu bestreiten sind. Er mufs dabei jede Ausgabe
spezifizieren und einen Unterschied machen zwischen solchen, welche
für fortlaufende oder zeitweilige Verwendungen aufgestellt werden,
und solchen, welche auf dem Wege der Gesetzgebung festgesetzt
werden müssen. Endlich mufs er die Mittel nachweisen, mit denen
diese Ausgaben bestritten werden sollen".[3])

Das Material für diesen Bericht liefern dem Controller die Vor-
steher der verschiedenen Ministerien und Staatsanstalten, die Vorstände des Kanalamts, des Ausschusses für öffentliche Anlagen und
anderer Ämter, die verschiedenen Behörden, Banken, Korporationen
u. s. w.[4]) Die einzelnen Posten werden in bestimmten Kapiteln
untergebracht, gewöhnlich Fonds (funds) genannt, so der Allgemeine

---

[1] Das Etatsjahr in Preufsen erstreckt sich vom 1. April bis 31. März.

[2] Der Controller ist der Oberaufseher der Finanzen und hat teilweise dieselben Pflichten wie die Oberrechnungskammer in Preufsen. Wie sie, mufs er
eine „Allgemeine Rechnung über den Staatshaushalt jeden Jahres" machen.
(Preus. Verf. Art. 104.)

[3] New York Revised Statutes, 1895.

[4] In Preufsen haben die einzelnen Ministerien dem Finanzminister ihre
jährlichen Voranschläge zum Etat einzureichen.

Fonds, der Kanalfonds. der Schulfonds u. s. w. Da der Controller auch
die Pflicht „Vorschläge für die Verbesserung und Verwaltung des
Staatseinkommens zu machen" hat, so geht der ziffermäfsigen Aufstellung ein geschriebener Bericht und eine Erläuterung zu einigen
der wichtigsten Posten vorher. Oft enthält diese Einleitung aus-
gezeichnete Ratschläge und Belehrungen, welche den Ausschüssen
bei der Einbringung neuer Gesetzesvorschläge äufsert dienlich sein
können. Ob diese Ratschläge befolgt werden, hängt ganz und gar
von der gesetzgebenden Gewalt ab; denn wir haben in ihnen nichts
weiter als Anempfehlungen zu sehen. Nicht selten kommt es nun
in einigen Staaten vor, dafs der Controller und die Legislatur verschiedenen politischen Richtungen angehören. Dann wird seitens der
Legislatur eher angenommen, dafs diese Mahnungen dem Bestreben
der Exekutive entspringen, in die Thätigkeit der Gesetzgeber störend
einzugreifen, als dafs sie ehrliche Vorschläge sind, die mit dem
Wunsche gegeben wurden, dafs man sie befolge. Der Regel nach
hat der Controller die Legislatur um gröfsere Sparsamkeit zu bitten;
selten dafs er auf mehr Liberalität dringt. Nicht alle Berichte indessen enthalten solche einleitenden oder erläuternden Bemerkungen;
viele begnügen sich mit der blofsen Rechnungslegung.

Das Amt des Controllers existiert unter diesem Namen nur in
11 Staaten, aber in den meisten anderen erstattet ein entsprechender
Beamte, der Auditor oder Rechnungsrevisor, ähnliche Berichte. In
Oregon und Wisconsin erfüllt der Staatssekretär diese Pflicht. In
18 Staaten enthält der Bericht des Controllers nur eine Darlegung
der Ausgaben und Einnahmen des vergangenen Jahres und überläfst
es den Ausschüssen der Legislatur, auf Grund dieser Angaben die
Anschläge für das kommende Jahr vorzunehmen. Ungefähr in der
Hälfte der Staaten wird der Bericht an den Gouverneur erstattet
und erst von diesen der Legislatur übermittelt, während in den anderen er direkt an diese gerichtet ist. In Delaware wird er einem
gemischten Finanzausschuss vorgelegt, in Vermont dem „Committee
on Ways and Means" (Ausschufs über Mittel und Wege). In 8
Staaten werden nur alle zwei Jahre Berichte ausgegeben; während
sie in 2 Staaten alle drei Monate nach einer Verfassungsbestimmung
abgegeben werden müssen. [1]

Diese Voranschläge werden in der Versammlung der Abgeordneten

---

[1] In Preufsen mufs der Etat jährlich aufgestellt werden (Preufs. Verf.
Art. 99).

nicht vorgelesen, obgleich jedes Mitglied auf seinen Wunsch ein Exemplar des Berichtes zum Studium der Bedürfnisse und Mittel des Staates erhalten kann. Gesetzesentwürfe für die allgemeine Geldbewilligung und für Ergänzungen (general appropriation and supply bills), welche auf den im Bericht gemachten Anschlägen beruhen, bleibt dem „Committee on Ways and Mans" im Repräsentantenhaus überlassen. [1]

Die gesetzgebenden Körperschaften in den meisten Staaten treten jedes zweite Jahr zu einer Session von vierzig Tagen bis sechs Monaten zusammen. Die Länge der Sessionen ist in manchen Staaten verfassungsgemäfs beschränkt: dieser gesetzliche Termin schwankt von 40 Tagen in Georgia, Ubraska, Oregon und Wyoming bis zu 150 Tagen in Pennsylvanien. In Mississippi ist eine um die andere der alle zwei Jahre stattfindenden Sessionen auf die Zeit von 30 Tagen beschränkt; die anderen vierjährlichen Sessionen erfahren in Bezug auf ihre Länge keine Einschränkung. Zwölf Staaten begrenzen die Dauer aller Sessionen; so wird in Louisiana jede Gesetzgebung nach einem bestimmten Termin für null und nichtig erklärt. In 5 Staaten, z. B. in Georgia, ist ein Zeitpunkt vorhergesehen, über den hinaus die gesetzgebende Thätigkeit nur auf Grund einer Votierung von $^2/_3$ oder $^3/_5$ Mehrheit der Stimmen oder falls Anfechtungen vorliegen, ausgedehnt werden kann. In Virginia darf in solchen Fällen die Dauer von dreifsig Tagen nicht überschritten werden. Missouri und Texas setzen nach einer bestimmten Länge der Session die Diäten [2] der Abgeordneten herab (z. B. in Texas werden sie nach sechzig Tagen von $ 5 bis auf $ 3 herabgesetzt), während sieben andere Staaten, wie Californien, die Auszahlung der Diäten ganz einstellen. So die Verfassung von Oregon gewährt den Abgeordneten $ 3 täglich, mit der Bestimmung aber, dafs sie nicht mehr als $ 120 im ganzen erhalten dürfen, wodurch die Dauer der Session faktisch auf vierzig Tage beschränkt bleibt.

„Die ersten paar Tage einer Session gehen hin mit der Wahl

----

[1] Seinen Befugnissen und Pflichten nach entspricht dieser Ausschufs etwa der Budgetkommission im Preufsischen Landtag.

[2] Die Diäten der Mitglieder der Legislaturen schwanken zwischen $ 150 (Maine) und $ 1500 (New York), wo eine festgesetzte Summe pro Jahr gewährt wird; der Durchschnitt ist $ 500. In den meisten Staaten aber werden die Abgeordneten pro Tag während der Dauer der Session bezahlt; diese Summe schwankt zwischen $ 1 (Rhode Island) und $ 8 (California und Nevada) pro Tag; $ 5 scheint der Durchschnitt zu sein.

des Sprechers (Speaker) und mit dem mehr oder minder schimpf-
lichen Haschen der Abgeordneten nach Aufnahme in die Ausschüsse
im Interesse machtvoller Korporationen oder politischer Verbände." [1])
Der bei weitem wichtigste Ausschufs ist der „Committee on Ways
and Means" [2]) im Repräsentantenhaus; zum Vorsitzenden dieses aus
11 Mitgliedern bestehenden Ausschusses wird stets der bei der Wahl
für die Würde des Sprechers durchgefallene Kandidat ernannt. Es
ist durchaus nicht ungewöhnlich, dafs jemand sich um diese Würde
bewirbt, obwohl er weifs, dafs seine Wahl ausgeschlossen ist, nur in
der Hoffnung, genügend Stimmen zu erhalten, um eine Berechtigung
auf den wichtigen Vorsitz in diesem Ausschufs zu erlangen. Diese
Stellung macht ihn zugleich zu dem anerkannten Führer seiner Partei
im Hause. Den nächst wichtigsten Platz in diesem Ausschufs nimmt
der Führer der Minorität im Hause ein; er gehört natürlich in Bezug auf die Partei des Vorsitzenden der Oppositionspartei an.

Der Ausschufs bemüht sich stets, seine Gesetzesvorschläge schon
bei Beginn der Session einzubringen, aber gewöhnlich schleppen sie
bis auf die letzte Minute hin. Geht indessen der Vorsitzende energisch,
vielleicht sogar etwas willkürlich, vor. so liegen sie oft schon in ein
paar Wochen bereit. Es wird meistens durch eine Resolution oder
eine Vorschrift, wenn nicht durch eine Verfassungsbestimmung dafür
gesorgt, dafs sie bald der Legislatur unterbreitet werden; so die neun-
zehnte Verordnung in den gemeinsamen Verordnungen des legislativen
Handbuchs für das Jahr 1895: „Die Gesetzesvorschläge für die jährlichen Geldbewilligungen und Ergänzungen (the annual appropriation
and supply bills) sollen um den 15. März vorgelegt, und sofort darauf
gedruckt werden. Am 25. März oder einen früheren Tag sollen sie
gleich nach der Lesung des Journals zur Beratung gebracht werden."

Einige Staaten verbieten in ihren Verfassungen Anträge zur Bewilligung von Geldern einzubringen, nachdem eine gewisse Zeit der
Session vergangen ist; viele gestatten ihre Einbringung nicht inner-

---

[1]) Simon Sterne. „Defect. and Corrupt Legislation".

[2]) Diesen Namen finden wir in Anwendung in der Hälfte aller Staaten in
Bezug auf einen Ausschufs, der ähnliche Aufgaben hat wie der „Committee on
Ways and Means" in New York. In den meisten anderen ist der entsprechende
Ausschufs unter dem Namen des „Ausschusses für Geldbewilligungen" (Committee
on Appropriations) bekannt, ein Name, der viel treffender die Aufgaben desselben
kennzeichnet. Der volle Name dieses Ausschusses lautet: „Der Ausschufs über
die Mittel und Wege zur Beschaffung der bewilligten Gelder", der aber immer
wie oben verkürzt wird. Wir werden uns stets dieser Verkürzung bedienen.

halb einer gewissen Zeit vor Schlufs der Session. In New York ist dies dem Einvernehmen der Legislatur überlassen. Die in die Verfassung von 1894 aufgenommene Vorkehrung,[1]) welche besagt, dafs jeder Gesetzesvorschlag mindestens drei Tage, bevor er zum Beschlufs erhoben wird, den Mitgliedern der Legislatur gedruckt vorliegen mufs, soll dieselbe Wirkung haben, nämlich zu verhindern, dafs Geldbewilligungsanträge, über deren Einzelposten keiner eine noch so geringe Kenntnis besitzt, in den letzten Tagen durchgepeitscht werden. Diese Vorkehrung „stellt Übel ab, die bis dahin in den Schlufstagen jeder Session zu Tage traten. Die ordentliche und würdevolle Abwickelung der Geschäfte bei Schlufs der Legislaturperiode von 1895 [u. 1896] bezeugte, wenn man sie mit der früherer Jahre vergleicht, die Wirksamkeit und Vernünftigkeit dieser Verfassungsänderung und zeigt, welche Vorteile die Einführung von Ordnung und Methode und ein genau systematisiertes Verfahren in der Gesetzgebung im Gefolge haben".[2])

Sobald der Committee on Ways and Means (Ausschufs für Mittel und Wege) schliefslich gewählt ist, macht er sich gewöhnlich energisch ans Werk, um sich einen Namen zu machen. Ausschufssitzungen werden oft abgehalten, der Controller und die Vorstände der Ministerien, der Bureaux und der Staatsanstalten werden eingeladen, den Sitzungen beizuwohnen und ihre Gesuche um gröfsere und ungewohntere Geldbewilligungen zu begründen. Gewöhnlich werden dieselben vermindert, da ja der Ausschufs den begreiflichen Wunsch hat, bei seinen Wählern den Ruf der Sparsamkeit zu gewinnen.

Die Beziehungen zwischen den Ausschüssen und den Vorsitzenden der Ministerien und anderen Vollziehungs- und Verwaltungsbeamten sind keiner Regel unterworfen; aber die verschiedenen Staatsbeamten geben von selbst Auskunft, wo sie es für nötig erachten oder wenn sie eine Veränderung in den früheren Geldbewilligungen erwünschen, oder wenn sie ersucht werden, vor dem Ausschufs zu erscheinen, um in dunklen Punkten Aufklärung zu geben. In manchen Staaten sind die gesetzgebenden Ausschüsse durch die Verfassung mit der ganzen Gewalt einer Gerichtsbehörde versehen, so dafs sie Zeugnis fordern und Zeugen verhören können. Die Verfassung von New York aber enthält keine derartige Bestimmung. Die Staatsbeamten erscheinen natürlich nicht bei den Debatten in der Kammer selbst, sondern sie

[1]) New Yorker Verfassung, Art. III, sect. 15.
[2]) Report of the Committee to Recommend Improved Methods of Legislation, etc., S. 8.

beschränken ihre Erklärungen auf Mitteilungen in den Ausschufssitzungen.

Die Ausschüsse sind zugleich Einflüssen anderer Art von seiten
aller interessierten Personen ausgesetzt. Ein Krebsschaden der gesetzgebenden Körperschaften nicht nur der bedeutenderen Staaten,
sondern sogar des Bundeskongresses, sind die „lobbyists", d. h.
Personen, die die Vorzimmer („lobby") eines gesetzgebenden
Körpers besuchen, um für sich oder andere durch ihren Einfluß
Vorteile zu gewinnen. Sie erscheinen bei den Sitzungen der Ausschüsse, die mehr oder weniger die gehörige Form vermissen lassen,
und wo sie am besten ihre Wünsche und ihren Einfluß geltend
machen können. In der That ist zwischen den Vorgängen in den
Ausschufsräumen der Legislatur in Albany und denen im Kongress
zu Washington kein grofser Unterschied. Der Umstand, dafs in
beiden die Ausschüsse aufserhalb Stehenden zugänglich sind, öffnet
Bestechungseinflüssen Thor und Thür.

Die Voranschläge der Ausschüsse sind zwar keineswegs end-
gültige, aber sie sind so, wie sie in den Anträgen niedergelegt sind,
doch mafsgebend in Bezug auf den Umfang der Bewilligungen, welche
für die einzelnen in ihnen namhaft gemachten Gegenstände aufgestellt
sind. Man folgt darin dem Vorgang der englischen und der amerikanischen Bundesregierung. „Da die Kammern der Staatslegislaturen
so weit von der Exekutive getrennt sind, dafs sie deren Führung
gänzlich enthoben sind, so hängen sie von ständigen Ausschüssen ab,
welche die Voruntersuchung, Durcharbeitung und Vorbereitung ihrer
Geschäfte besorgen. Sie gestehen diesen Ausschüssen ein fast un-
beschränktes Recht zu, über Dauer und Schlufs der Legislatur zu
verfügen. Da die Kammern an Umfang zugenommen haben, sind sie
in immer gröfsere Abhängigkeit von ihren ratgebenden Abteilungen,
d. h. den Ausschüssen, geraten." [1]) Ein Tadel, der dem Bundes-
kongresse gemacht werden kann, trifft auch die Legislaturen der
Einzelstaaten, nämlich der, dafs viel Zeit von den Ausschüssen mit
der Vorbereitung der Entwürfe und Voranschläge vergeudet wird,
welche besser angewendet wäre, wenn man während derselben die
Entwürfe im Plenum beriete. Das scheint indessen ein Übel zu sein,
an dem das gegenwärtige System kurzer Sessionen und häufigen
Personenwechsels schuld ist. Jährlich kommt ein grofser Prozentsatz der Mitglieder des Repräsentantenhauses zu den Sessionen, ohne

---

[1]) W. Wilson, „The State" p. 506.

irgend welche Erfahrung in den Arbeiten der Gesetzgebung oder
genauere Kenntnisse von den Bedürfnissen und Mitteln des Staates
zu besitzen; alle zwei Jahre gilt dasselbe vom Senat. Bei Beginn
jeder Sitzung geht viel Zeit damit verloren, dafs diese neuen Mitglieder erst über ihre Pflichten unterrichtet werden müssen, und
finanzielle Mafsnahmen, welche innerhalb ein paar Wochen nach Eröffnung der Session gesetzgeberisch vorzunehmen wären, werden vielfach bis ans Ende verschoben. Dieses Übel wird noch vermehrt,
wenn statt der jährlichen Sessionen nur zweijährliche eintreten; so in
allen Staaten aufser fünf.

In einigen Staaten bestehen verfassungs- oder satzungsgemäfs
Bestimmungen, dafs die vorberatenden Ausschüsse über Anträge
innerhalb einer bestimmten Zeit berichten müssen. In New York
sollte die Bestimmung 15 des Hausstatuts diesen Punkt regeln. Sie
besagt, dafs es Pflicht jedes Ausschusses sei, ohne unnötigen Zeit-
verlust über die entsprechenden Anträge und über Angelegenheiten,
die ihm vom Hause übertragen seien, zu berichten. Auch nach der
60. Bestimmung werden vor einer bestimmten Zeit Berichte über alle
Anträge eingefordert. Indessen werden diese Bestimmungen nicht
inne gehalten.

In fast allen Staaten ist es üblich, dafs Anträge auf Verwendung von Staatsgeldern aus dem Unterhaus hervorgehen, obwohl aus-
drückliche dahingehende Bestimmungen nur in den Verfassungen von
vier Staaten vorhanden sind, in Georgia, Louisiana, Nebraska und
New Hampshire. In Georgia sind die Worte „oder zur Bewilligung
von Geld" der Vorkehrung, dafs Anträge mit Bezug auf Staatseinnahmen im Unterhaus gestellt werden sollen, beigefügt; in Massachusetts und New Hampshire ist vorgeschrieben, dafs alle „Finanz-
anträge" (money-bills) im Unterhaus entstehen müssen, ein Ausdruck
übrigens, der weit genug zu sein scheint, um die Beschaffung und
Verwendung von Staatsmitteln zu umfassen. Eine neuere Entschei-
dung des Obergerichts (Supreme Court) von Massachusetts bestimmt
jedoch für diesen Staat, dafs Gesetzesvorschläge auf Verwendung von
Staatsgeldern aus jedem der beiden Kammern hervorgehen dürfen.

Der Regel nach bereitet ein Ausschufs eine Bill nicht blofs vor,
sondern entwirft auch ihren Wortlaut, ohne Unterstützung von
Juristen; der Vorsitzende befafst sich gewöhnlich damit oder auch
ein Mitglied, das in der Gesetzesphraseologie bewandert ist.[1] Nur

---

[1] Einer meiner Freunde, der eine Zeit lang ein hervorragendes Mitglied der
Staatslegislatur war, erzählte mir, während seines Aufenthalts in Albany habe

in Massachusetts, ein Staat, der in fiskalischen wie in vielen anderen
Beziehungen als Muster dienen kann, werden diese Anträge von einem
besonders darauf eingeübten Mann vorbereitet — in diesem Fall von
dem ersten Sekretär des Committee on Ways and Means (des Ausschusses über Mittel und Wege), der für diesen Zweck erwählt ist.
Die unscharfe und oft gefährliche Abfassung vieler der Gesetze, die
durch die Staatslegislaturen angenommen sind, ist lange Zeit ein
schreiendes Übel gewesen. Sie wirkt ebenso verderblich in der Finanzgesetzgebung wie in allgemeineren Gesetzen. Es sollte dafür gesorgt
werden, daſs alle Anträge einem tüchtigen Rechtsgelehrten [1] oder
einem sorgfältig ausgewählten Ausschuſs vor der dritten Lesung vorgelegt werden. Denn dann ist immer noch Zeit für Verbesserungen
vorhanden, die den Zweck haben, Inkonsequenzen oder nicht wünschens-
werte Posten zu entfernen, die sich während der Abfassung ein-
geschlichen haben könnten. Dieser Plan ist schon zur That um-
gesetzt worden durch die Gesetzgebung im Staate New York in der
Form nämlich des Ausschusses zur Revision (Committee on Revision).
Nach Regel 16 der Hausordnung ist dieser Ausschuſs damit beauf-
tragt, alle Anträge vor der dritten Lesung zu prüfen und zu verbessern, „zu dem Zwecke, Wiederholungen und mit der Verfassung
nicht übereinstimmende Vorkehrungen zu vermeiden, Genauigkeit im
Text und den Verweisungen und endlich Gleichmäſsigkeit mit der
Sprache der bestehenden Gesetze zu sichern". Diese Bestimmung
wurde erst 1890 angenommen; sie hat seitdem sehr viel Gutes bewirkt. Aber um noch bessere Erfolge zu erzielen, müſste ein ähnlicher Ausschuſs für den Senat ernannt werden, und beiden sollte
stets ein erfahrener und befähigter Rat zur Verfügung stehen. Jetzt
ist der Generalstaatsanwalt (Attorney General) die einzige gesetzliche
Autorität im Staatsdienste, dessen Rat oder Belehrung die gesetzgebenden Ausschüsse einholen könnten aber die Aufgaben seines

einer seiner Kollegen seine natürliche Veranlagung zur Aufstellung von gesetzlichen Urkunden so zu einer Quelle materiellen Vorteils für sich gemacht. Mitglieder nämlich, welche auf eigene Faust Anträge einbringen wollten, pflegten
seine Hilfe bei ihrer Abfassung zu erbitten. Seine Einnahmen daraus übertrafen
aller Wahrscheinlichkeit nach seine Abgeordnetendiäten. Anträge, die einem
Spezialinteresse ihre Entstehung verdanken, werden gewöhnlich auſserhalb von
eigens dazu arbeitenden Rechtskundigen aufgestellt und der Legislatur von Leuten
vorgelegt, die oft über den Inhalt derselben ganz im Dunklen sind.

[1] Diesen Vorschlag machte die Kommission, welche 1895 von Gov. Morton
ernannt wurde, „um Änderungen in der Methode der Gesetzgebung zu em-
pfehlen". Siehe deren Bericht, S. 15.

eigenes Amtes nehmen seine Zeit zu sehr in Anspruch, als dafs er auch nur einen Teil derselben jenem Zwecke widmen könnte. Es ist selbstverständlich, dafs ein derartiger Ausschufs nicht blofs finanzielle Mafsnahmen in Betracht zieht, sondern alle Gesetzesvorschläge, die dem Hause vorgelegt werden. Wir sahen, dafs in New York der Ausschufs über Mittel und Wege (Committee on Ways and Means) zwei Anträge vorbereitet: die jährliche Geldbewilligungsbill und die Ergänzungsbill.[1]) Die erstere begreift in sich die „dauernden" Geldverwendungen, wie die Gehälter für Staatsbeamte oder solche für Staatseinrichtungen u. s. w. Die Ergänzungsbill schliefst die unbestimmten und wechselnden Ausgabeposten ein, solche für Verbesserung und Instandhaltung der Kanäle, neue Staatsbauten u. s. w. Die Bewilligungen auf Grund der ersten Bill dürfen vor dem folgenden Oktober nicht gezahlt werden, während die auf Grund der Ergänzungsbill sofort, nachdem sie durchgegangen ist, abgehoben werden dürfen. Wie wir schon oben bemerkte, wird der allgemeine Geldbewilligungsantrag gegen Anfang oder Mitte der Session zur Annahme gebracht, oder wenigstens um die Zeit zur Diskussion gestellt. Der Ergänzungsantrag wird gewöhnlich gegen Ende der Session gedruckt, gerade noch zur rechten Zeit, um den Bestimmungen in der Verfassung zu genügen, um dann ohne gebührende Prüfung oder Debatte durchgepeitscht zu werden. Es ist daher niemals möglich, genau anzugeben, welche Höhe die Geldbewilligungen durch die Legislatur erreicht haben, bevor nicht die Session ihren vollen Abschlufs gefunden hat; und auch dann noch nicht, weil viele Gesetzentwürfe, welche Geld aus dem Staatsschatz bewilligen, nach Vertagung der Legislatur in den Händen des Gouverneurs bleiben, um von ihm unterzeichnet zu werden. Erst wenn auch diese Bills erledigt sind, kann die Höhe der Jahresbewilligung genau bestimmt werden. Für alle praktischen Zwecke genügt indessen die Berechnung, welche gegen Ende der Session aufgestellt wird.

Es giebt einige Staatsausgaben, die von der jährlichen Bewilligung durch die Abgeordneten unabhängig sind, indem ihnen gesetzlich ein Fortlaufen ohne zeitliche Grenze zugestanden ist. Die Zahl derartiger Staatsausgaben und Einnahmen, welche nicht einer jährlichen gesetzlichen Bestätigung bedürfen, ist in den einzelnen Staaten ganz verschieden. Anscheinend herrscht keine bestimmte Regel hierfür, und

---

[1]) Die jährliche Geldbewilligungsbill entspricht dem Ordinarium, und die Ergänzungsbill dem Extraordinarium im Preufsischen Budget.

weder Alter noch geographische Lage der Staaten wirkt hier bestimmend, es sei denn, dafs die älteren ihre Ausgaben, die neueren ihre Einnahmen mehr durch fortdauernde Gesetze als durch laufende Bestimmungen festsetzen.

„Bei den Finanzgeschäften einer Regierung ist es gewöhnlich Sitte, das Budget so aufzustellen, dafs es alle Staatseinnahmen enthält, und dafs dann diese Einnahmen durch parlamentarische Bewilligung auf bestimmt festgesetzte Ausgabeposten verteilt werden. Nicht so in den Staaten der nordamerikanischen Union. In den meisten Staaten und Territorien giebt es keine derartige Verteilung der Staatseinnahmen zu bestimmten Zwecken. Im Gegenteil werden dieselben unter einer Anzahl getrennter Rechnungen geführt, die Fonds (funds) genannt werden, und die Ausgaben für die verschiedenen Zwecke werden je aus den Einnahmen dieser verschiedenen Fonds bestritten; jede dieser Rechnungen wird von den anderen getrennt geführt. In der That also stellen die Fonds nur eine eigenartige Methode der Buchführung dar." [1]

„Die Anzahl der Fonds[2] ist ganz willkürlich; sie schwankt zwischen 2 und 29. Bisweilen werden neue Fonds durch jede Legislatur hinzugefügt, wenn sie wünscht, gewisse Einnahmeposten aus dem allgemeinen disponiblen Staatseinkommen herauszunehmen und sie unter bestimmte Kategorien zu bringen, um sie so launischen Einfällen der Gesetzgeber zu entziehen."

„Der General-Fonds[2] (General Fund) findet sich in allen Staaten und entspricht dem Budget der meisten Regierungen. Er besteht aus allen gewöhnlichen Einnahmen, die nicht den anderen Fonds zugewiesen sind und dient so als eine Art Schleppnetz für die Staatsfinanzen." Man kann so leicht erkennen, dafs die Legislatur nur über den General-Fond unbeschränkte Kontrolle ausüben kann, und in demselben Mafse wie der Betrag der Staatseinkünfte, die in diesen Fonds fliefsen, durch stetige Abschreibungen an andere Fonds vermindert wird, nimmt die Kontrolle der Legislatur über das Finanzwesen ab. Das gilt besonders für die Staaten, wo die Höhe des Vermögenssteuersatzes durch Gesetze oder Bestimmungen in der Verfassung beschränkt ist; denn in ihnen liegt der Betrag der Staatseinnahmen fest und kann nur wachsen, wenn das steuerbare Vermögen im Staate an Wert zunimmt oder neue Einnahmequellen aufgedeckt werden.

[1] Seligmann, „Finance Statistics", p. 5.
[2] Do. p. 6. Vergl. p. 140.
Do. p. 7.

Die Haupteinnahmequelle für Staatszwecke liegt in der allgemeinen Vermögenssteuer.[1] Gewöhnlich wird ein bestimmter Prozentsatz der allgemeinen Steuer oder eine besondere Staatssteuer für die Unterstützung der freien Staatsschulen verwandt. In einigen Staaten wird eine Kopfsteuer von geringem Betrage für diesen oder einen ähnlichen Zweck erhoben. In derselben Weise werden oft die Erträge anderer Steuern oder Einnahmequellen für bestimmte Sonderzwecke angesetzt und so der Macht der Legislatur gänzlich entzogen. So kommt es, dafs diese Körperschaft dem Namen nach zwar über grofse Summen verfügt und dieselben zu verschiedenen Zwecken bewilligt, in Wahrheit aber ihre wirkliche Autorität ziemlich eng umgrenzt ist. Das haben wir besonders da, wo ein beträchtlicher Teil des Einkommens aus Anlagefonds herrührt und besonders, wenn die Erträge dieser Fonds gesetzgemäfs zu einem Sonderzweck bestimmt sind. Die Verwendung der Gelder wird, wo solche Bestimmungen existieren, bei Anlafs der jährlichen Geldbewilligungsvorschläge beantragt und fällt in den Machtbereich der Finanzausschüsse, die indessen keine wesentlichen Änderungen eintreten lassen können. Sie können sich höchstens auf der Leiter einer bestimmten Zahl von Geldbewilligungen auf- und abbewegen — einer Leiter, die in jedem Falle innegehalten werden mufs.

Wenn die Geldbewilligungsbill und die Ergänzungsbill dem Hause vorgelegt werden, was gewöhnlich zu einer vorher bestimmten Zeit geschieht, bildet sich das Haus sofort zu einem Ausschufs des ganzen Hauses (Committee of the Whole). Die Anträge werden nun Posten für Posten, Kapitel für Kapitel durchgegangen, von den Mitgliedern des Hauses Ausstellungen sehr freimütig gemacht und Winke erteilt. Die Anträge vertritt der Vorsitzende des Ausschusses über Mittel und Wege (Chairman of the Committee on Ways and Means); er giebt Erläuterungen zu neuen Geldbewilligungen oder zu Änderungen in den alten. Das Bemühen dieses Ausschusses geht immer darauf hinaus, ihre Anträge mit möglichst geringen Änderungen durchzubringen und diesem Zwecke widmen die Mitglieder ihre gesamte Thatkraft. Es geht daraus hervor, dafs sie sich nicht nur des Vertrauens der Kammern erfreuen, sondern auch dafs sie mit ihren Wählern Fühlung haben und deren Bedürfnisse kennen, und darin suchen sie ihren besonderen Stolz.

Hierin nähern sie sich am meisten dem englischen Ministerium;

---

[1] Vergl. Teil III.

denn von der Annahme ihrer Budgets hängt es ab, ob sie im Amte verbleiben. Es handelt sich aber bei unserem Ausschufs über Mittel und Wege (Committee on Ways and Means) weniger um Verantwortlichkeit, als um den Wunsch politisches Kapital daraus zu schlagen; es handelt sich um die Möglichkeit, wenn der Gouverneurposten bei nächstem Termin wieder besetzt werden soll, auf die hervorragenden Leistungen hinweisen zu können, die man als Vorsitzender jenes Ausschusses erreicht hat.

Das Haus wird beständig von seiten der einzelnen Mitglieder mit Verbesserungs- oder Geldbewilligungsanträgen überschwemmt. [1]) Mitglieder mit kleinen Lieblingsanträgen bemühen sich um ihre Annahme durch den Ausschufs über Mittel und Wege (Committee on Ways and Means) und um ihre Einfügung in die Ergänzungsbill; denn so ist begründetere Hoffnung vorhanden, sie durchzubringen, als wenn sie allein und ohne Unterstützung dem Feuer der Kritik des Hauses ausgesetzt sind. Manche Staaten haben dagegen Vorkehrungen getroffen; sie verbieten die Aufnahme von Geldbewilligungsanträgen in den allgemeinen Gesetzentwurf für Verwendung von Staatsgeldern, ausgenommen von denen „für die gewöhnlichen Ausgaben für die gesetzgebenden, vollziehenden und gerichtlichen Behörden des Staates, ferner für die Verziusung der Staatsschulden und für die öffentlichen Staatsschulen. Für alle übrigen Verwendungszwecke müssen besondere Anträge formuliert, von denen jeder nur einen Gegenstand begreifen darf." [2]) Diese Vorschrift verhindert auch die Hinzufügung von Zusätzen („riders") zu dem allgemeinen Geldbewilligungsantrag. Wir finden eine solche Bestimmung in den Verfassungen von Alabama, Arkansas, California, Colorado, Georgia, Illinois, Missouri, Montana, North Dakota, Pennsylvania, South Dakota, West Virginia und Wyoming. Ein neuer Abschnitt, der diesen Mifsbrauch verhindern soll, wurde in die revidierte Verfassung des Staates New York 1894 eingefügt. Er lautet folgendermafsen: „Keine Vorkehrung oder Verfügung darf in den jährlichen Geldbewilligungs- oder Ergänzungsantrag aufgenommen werden; es sei denn, dafs sie sich im besonderen auf eine in dem Antrag namhaft gemachte Geldverwendung bezieht;

---

[1]) In Preufsen bestimmt § 27 der Geschäftsordnung des Abgeordnetenhauses 1896), dafs alle Anträge zur Bewilligung von Staatsgeldern, die von einzelnen Mitgliedern eingebracht werden, einer besonderen Kommission überwiesen werden müssen; es mufs ferner von ihr darüber berichtet werden, ehe abgestimmt werden kann.

[2]) New York Revised Statutes 1895.

jede solche Vorkehrung oder Verfügung soll in ihrer Wirkung auf jene besondere Verwendung beschränkt sein." [1]) Obgleich in Übereinstimmung mit einem lange bestehenden Vorgang Gesetzentwürfe betreffend Verwendung öffentlicher Gelder aus dem Unterhause hervorgehen sollen, hat sich der Senat stets das Recht vorbehalten, zu diesen und anderen Anträgen Verbesserungsvorschläge zu machen. [2]) Er unterläfst es nicht, solche Anträge zu stellen, selbst wenn es aus keinem anderen Grunde geschieht, als um sein Recht dazu zu bekunden und die volkstümliche Auffassung zu rechtfertigen, dafs der Senat eine kompetentere Kammer ist als das Haus. Jene grofse Meinungsverschiedenheit der beiden Kammern, welche bei der Annahme von Geldbewilligungsanträgen durch den nationalen Kongrefs hervortritt, existiert indessen nicht in Bezug auf den gehörigen Umfang der Geldbewilligungen in den Legislaturen der Einzelstaaten. Bei ihnen ist es zweifelhaft, welche freigebig und welche sparsam zu nennen sei, obwohl im grofsen und ganzen der Senat wohl konservativer ist. Wie wir oben bemerkten, haben nur vier Staaten in ihren Verfassungen Bestimmungen darüber, an welchem Orte allein Entwürfe zu Geldbewilligungen aufzustellen seien. Wenn solche Anträge von dem Unterhaus dem Senat zugeschickt worden sind, gelangen sie in den Finanzausschufs (Comittee on Finance) und werden von ihm an den Senat referiert. Ihre Behandlung im Senat gleicht der in der zweiten Kammer: nachdem sie durch den Senat gegangen sind, kehren sie, zum Teil verändert und mit Verbesserungsvorschlägen versehen, in das Unterhaus zurück. Falls diese umgestalteten Anträge von dem Hause nicht angenommen werden, wird ein Verhandlungsausschufs (Conference Committee) aus Mitgliedern beider Häuser ernannt, um die Differenzen zu begleichen. Sie kommen selten zu keiner Übereinstimmung, und es kommt häufiger vor, dafs sie die Bill so annehmen, wie sie aus dem Unterhaus hervorging. Fast niemals werden Ergänzungen wegen mangelnder Übereinstimmung zurückgewiesen. In allen Staaten folgt das Verfahren diesem Modus.

In den Staatslegislaturen kennt man nicht die chronische Klage über zu geringe Geldbewilligungen, die beim Kongrefs berechtigt ist, wo sich regelmäfsig nach Eröffnung der jährlichen Session ein Defizitantrag (Deficiency Bill) einstellt. In der That liegt eine gröfsere Ge-

---

[1] New Yorker Verfassung, Art. III, sect. 22.

[2]) In Preufsen ist der Staatshaushalts-Etat zuerst der zweiten Kammer vorzulegen und vom Herrenhaus im ganzen (en bloc) anzunehmen oder abzulehnen. (Preufs. Verf. Art. 62.)

fahr in der Bewilligung zu grofser als zu kleiner Geldmittel. [1]) Gegen Schlufs der Session wird indessen noch oft ein besonderer Ergänzungs-antrag (Supplementary Supply Bill) eingebracht, um Ausfällen bei den anderen Bewilligungen vorzubeugen, oder um für neue Verwendungs-posten zu sorgen.

Das ist in kurzem die Methode, nach der allgemeine Geld-bewilligungsanträge bei der Legislatur im Staate New York behandelt werden. Ganz anders wird mit den Einzelanträgen dieser Gattung verfahren, die von Mitgliedern des Hauses vorgelegt werden. Sobald die Ausschüsse zusammengesetzt sind, kann jedes Mitglied Anträge einbringen, und dieses Recht wird in der Praxis bis gegen Ende der Session unbeschränkt ausgeübt. Es hört dann nur auf, weil die Aus-schüsse dann ja physisch nicht mehr imstande sind, neue Anträge zu berücksichtigen, und weil die praktische Erfahrung lehrt, dafs sie „erstickt" werden, wenn man sie überweist. Die von Mitgliedern ein-gebrachten Geldbewilligungsanträge brauchen nicht dem Ausschuſs über Mittel und Wege (Committee on Ways and Means) übermittelt zu werden, wie man erwarten dürfte, sondern dem Kanal-, Stadt- oder sonst einem Ausschuſs, zu dessen Ressort die beabsichtigte Geld-verwendung gehört. Angenommen, ein Mitglied stellt den Antrag, Gelder für Vertiefung des Eriekanals an irgend einer Stelle zu be-willigen, so würde dieser Antrag an den Ausschuſs für das Kanal-wesen überwiesen und erst von diesem dem Hause vorgelegt werden. Da solch ein Ausschufs aus Männern zusammengesetzt ist, die an den Ufern des Kanals wohnen, und die ihren Wählern gegenüber ver-pflichtet sind, für den Kanal Geld zur Verfügung zu stellen, so ist die Möglichkeit ungünstiger Berichterstattung über den betreffenden Entwurf an die Legislatur sehr gering. Hauptsächlich bei Gelegen-heit solcher Anträge findet das „Klotzrollen" („log-rolling") statt, wie man dieses gegenseitige politische Vorschubleisten genannt hat („Du rollst meinen Klotz, und ich werde deinen rollen" oder „Du stimmst für meinen Antrag, und ich werde für den einigen stimmen"). Natür-lich sind die Beratungszimmer dieser Ausschüsse der Hauptschauplatz für solche Thätigkeit. In nur vier Staaten erkennen die Verfassungen

---

[1] Vor kurzem wurde ein Mitglied der Legislatur im Staate New York ge-fragt, ob er für oder gegen einen gewissen ziemlich anfechtbaren Antrag stimmen würde, durch den eine beträchtliche Summe öffentlichen Geldes zu rein lokalen Zwecken bewilligt werden sollte. Er antwortete, er habe noch nie während seines Mandates gegen einen Geldbewilligungsantrag gestimmt, und so wolle er es auch bei diesem halten. Und dieser stand nicht allein in seiner Anschauung.

das Vorhandensein dieses Übels an und versuchen, es durch gesetzliche Verfügungen zu verhindern. In Mississippi ist „log-rolling" als ein Verbrechen definiert, das mit Gefängnis von ein bis zu zehn Jahren bestraft wird. In Montana, North Dakota und Wyoming faßt man es als Bestechung auf und demnach als strafbar.

Interessierten Parteien gewährt man bei vorgeschlagenen Gesetzentwürfen keineswegs formelle Audienzen, und oft ist es möglich, den Vorsitzenden eines Ausschusses zu beeinflussen, günstig zu berichten. Er ist selten abgeneigt, über Geldbewilligungsanträge dementsprechend auszusagen. Wenn von dem Ausschuß ein Tag bestimmt ist zum mündlichen Verhör über einen beantragten Entwurf, so werden die Vertreter der Bill benachrichtigt, und wenn durch irgend einen glücklichen Zufall [1]) Gegner des Antrags erfahren, daß eine Maßregel bevorsteht, gegen die sie zu opponieren wünschen, so haben sie auch Gelegenheit, gehört zu werden. Es wird niemals versucht, Beweise anzutreten, und die Behandlung der Bills bei diesen Besprechungen ist alles andere als gerichtsmäßig. Stehen größere Interessen auf dem Spiele, so wird die Hauptsache von erfahrenen „Vorhallenpolitikern" („lobbyists") gethan. Selbst wenn ein Antrag schon der Legislatur vorgelegt ist, kann sein Weitergang durch solche Bearbeitung der Abgeordneten, „lobbying", genannt, beeinflußt werden, und gewöhnlich wird er es auch. Dieses Übel ist in einigen Staaten so groß geworden, daß in dreien von ihnen — California, Georgia und Oregon — „lobbying" als Verbrechen erklärt worden ist. In New York ist es im Saale der Legislatur verboten!

Die Zeitdauer, für welche Gelder bewilligt werden und während deren die betreffenden Gesetze Giltigkeit haben, schwankt in den verschiedenen Staaten. In New York und in 8 anderen Staaten besagt die Verfassung, daß Auszahlungen auf Grund einer spezifischen Geldbewilligung innerhalb zweier Jahre nach Erlaß des betreffenden Gesetzes geschehen müssen. Alle Reste, die dann noch nicht verausgabt sind,

---

[1]) Ein Herr, der durch sein Geschäft genötigt ist, sich über die verschiedenen Maßnahmen, ehe sie zur Beratung in der Legislatur gelangen, auf dem Laufenden zu erhalten, teilt mir mit, daß er jahrelang ein beträchtliches Geld einem Manne in Albany gegeben habe, dessen einzige Thätigkeit darin besteht, alle Anträge zu verfolgen, die zur Beratung kommen, und seinen Klienten zu benachrichtigen, sobald irgend einer, den er als den Interessen des letzteren zuwider ansieht, vor die Ausschüsse gebracht wird. Dieser Mann hat sehr viel solcher Klienten, die eine Arbeit bezahlen, die eigentlich die Legislatur leisten sollte. Er hat einen großen Stab von vielbeschäftigten Schreibern und zieht aus seiner Thätigkeit ein bedeutendes Einkommen.

kehren in den Allgemeinfonds zurück, wenn sie nicht von neuem wieder bewilligt werden. In 16 ferneren Staaten ist diese Dauer durch gesetzliche Verfügung auf zwei Jahre beschränkt oder auf eine ähnliche Periode, die nach Eröffnung der nächsten Session der Legislatur abläuft. In 6 Staaten bleiben die Geldbewilligungen in Kraft, bis die Summen erschöpft sind, oder bis das Gesetz, das sie schuf, aufgehoben ist. Bei den verbleibenden Staaten konnte ich keine Erwähnung dieses Punktes finden, weder in ihren Verfassungen noch in ihren Gesetzen. Wir können daraus schliefsen, dafs bei ihnen die Gültigkeit derartiger Erlasse zeitlich unbeschränkt ist.[1]

II. Anträge zur Erhebung von Geld.

Soweit über Geldbewilligungsanträge. Die Behandlung von Mafsregeln, die die Staatseinnahmen betreffen, ist ganz anders. Es gehört mit zu den Eigentümlichkeiten in der Finanzgesetzgebung der amerikanischen Staaten, dafs die Aufgabe, Geld zu erheben und seine Verwendung zu bestimmen, verschiedenen Ausschüssen anvertraut ist, dafs also Aufgaben, welche von Natur untrennbar erscheinen möchten, Körperschaften zugewiesen sind, zwischen denen kein einziges Band besteht. Nur in etwa einem Drittel der Staaten hat derselbe Ausschufs Funktionen auszuüben, die sonst zwei Ausschüssen, nämlich dem für Besteuerung und dem für Verwendung der Gelder, zukommen.

Neben den Ausschüssen, welche wir als diejenigen erwähnten, die sich mit dem Finanzwesen im Staate New York befassen, giebt es noch im Senat und dem Repräsentantenhaus je einen Ausschufs für Besteuerung und Ersparnisse (Committee on Taxation and Retrenchment). Diese Ausschüsse werden aufgefordert, über alle Anträge zu berichten, welche die Frage der Besteuerung betreffen, und welche ihnen von den Vorsitzenden der beiden Häuser überwiesen werden. Die gröfste Anzahl der Anträge, dir diesen Ausschüssen zulaufen, beziehen sich auf die verschiedenen Methoden der Steuererhebung. Jeder der beiden Ausschüsse darf durch einen Antrag über jeden Gegenstand der Besteuerung berichten, der ihm der Erwägung bedürftig

---

[1] Die gemeinschaftlichen Ausgaben werden im Deutschen Reich in der Regel für ein Jahr bewilligt, können jedoch in besonderen Fällen auch für eine längere Dauer bewilligt werden. (Reichsverf. XII, Art. 71.)

erscheint. Der Unterhausausschuſs für Geldbewilligungen (Committee on Appropriations) und der Senatsausschuſs für öffentliche Ausgaben (Committee on Public Expenditure) sind in dem letzten Jahre abgeschafft worden. Der letztere hatte nichts zu thun und hatte lange Zeit vor seinem Verschwinden keine Sitzungen mehr abgehalten. Die Legislaturen in den Staaten zeichnen sich in dieser Hinsicht vor dem Kongreſs aus; denn sie reinigt sich von Zeit zu Zeit von derartigem unnützen Ballast, was der Kongreſs niemals thut. [1])

Die Voranschläge über die Staatseinnahmen werden in derselben Weise vorgenommen wie die über die Ausgaben. In 37 Staaten werden sie von dem Controller (oder dem gleichbedeutenden Beamten, dem Auditor) augestellt, und zwar gewöhnlich jährlich. Er legt sie in seinem Bericht an den Gouverneur oder die Legislatur dar. In zweien erfüllt der Staatssekretär diese Aufgabe. In allen übrigen werden überhaupt keine Voranschläge für das folgende Jahr gemacht; der Bericht enthält nur eine Aufstellung der Einnahmen während des verflossenen Etatsjahres. Alle weitere Berechnungen bleiben den Ausschüssen der Legislatur überlassen, welche dazu in den Berichten anderer Staatsbehörden, so der staatlichen Ausgleichungskommission (State Board of Equalization), und in privaten Mitteilungen seitens Staatsbeamter Unterstützung sucht. Ihre Aufgaben sind bedingt hauptsächlich durch den Charakter der Quellen, aus denen der Staat sein Einkommen schöpft, ob es nun hauptsächlich aus den Anlagefonds, aus der allgemeinen Vermögenssteuer, oder aus verschiedenen Einzelsteuern herrührt, deren Ertrag mehr oder weniger von Jahr zu Jahr schwankt.

Im allgemeinen ist der Gang rücksichtlich der Maſsnahmen, die zur Erhebung der Staatseinnahmen ergriffen werden, der folgende. Während der letzten Tage der Session wird der Betrag, den die Legislatur während der Session bewilligt hat, sowie die Höhe der Summe, die nötig ist, um diese Ausgaben zu begleichen, berechnet. Einige Staaten verbieten die Einbringung von Geldbewilligungsanträgen innerhalb einer bestimmten Zahl von Tagen vor Schluſs der Session. Sie sichern so in gewissem Maſse Genauigkeit der Rechnung. Umgekehrt wird im Staate New York eine groſse Menge von Geldbewilligungsanträgen, die während der Session eingelaufen sind, eilig in der letzten Woche abgefertigt und bleibt nach der Vertagung beim Gouverneur liegen. Da man nun nicht bestimmt wissen kann, gegen welche An-

---

[1]) W. Wilson, „Congressional Government“, S. 176, Anm

träge er sein Veto einlegen wird, so ist auch die Höhe, die die Geldbewilligungen erreicht haben, nicht ganz gewifs. Indessen wird eine
hinreichend grofse Summe zur Verfügung gestellt zur Deckung aller
solcher zufälliger Ausgaben. In den meisten Staaten wird eine Anzahl von Ausgaben aus permanenten Fonds oder aus ständigen Steuern
(Kopfsteuer, Abgaben von Korporationen u. s. w.) bestritten. Dann
bleibt aber immer noch ein Restbestand, der in den verschiedenen
Staaten bedeutend variiert, und der durch die allgemeine Vermögenssteuer befriedigt werden mufs. Die Höhe dieser Steuer wird auf der
Basis des Betrages des eingeschätzten steuerbaren Vermögens im
Staate entweder durch die Legislatur, die exekutiven Beamten (z. B.
den Controller) oder die staatliche Ausgleichungskommission festgesetzt. In New York ist die Hauptquelle der Staatseinkünfte die
Besteuerung des beweglichen und unbeweglichen Vermögens. Die
Festsetzung des Steuersatzes ist gewöhnlich das letzte, was die Legislatur vor der Vertagung *sine die* vornimmt. Der Antrag geht aus
dem Schofse des Unterhauses hervor; der Controller macht den fest-
gesetzten Steuersatz namhaft, nachdem er einen Überschlag über den
Betrag der bewilligten Gelder und auf Grund der Angaben der staatlichen Ausgleichungskommission über die Summe des steuerbaren
Vermögens gemacht hat. Der Antrag setzt nicht eine Summe in
Bausch und Bogen fest, die durch Besteuerung eingebracht werden
mufs, sondern bestimmt nur den Steuersatz an sich.[1] Der Betrag,
den die einzelnen Grafschaften (counties) aufbringen müssen, verteilt
der Controller verhältnismäfsig auf dieselben auf Grund jenes Steuersatzes und des in ihnen eingeschätzten Vermögens.

Ziel der Finanzgesetzgebung in den Staaten ist natürlich ein
möglichst vollkommenes Gleichgewicht in den jährlichen Einnahmen
und Ausgaben zu erhalten. Das Streben geht dahin, gerade so viel
einzunehmen, um laufende Ausgaben zu decken, und einen kleinen
Überschufs einzutreiben, um unvorhergesehene Defizits und Ausfälle
in den Einnahmen zu begleichen. In dieser Hinsicht folgt man mehr
dem englischen Finanzsystem als der Politik der amerikanischen
Bundesregierung, welche weniger darauf ausgeht. Einnahmen und

---

[1] In dem Etatsjahre 1895/96 war der Steuersatz in New York 3,24 mills
(Rechnungsmünze = $\frac{1}{10}$ cent) auf den Dollar; 1896/97. 2,69. Diese Abnahme
hatte ihren Grund in den Extraeinnahmen aus der Konzessionsbesteuerung auf
Grund der „Raine's Liquor Tax Bill", welche $ 3 564 015 betrugen. (Bericht des
Controllers. Albany 1897.)

Ausgaben auszugleichen. als die Industrie des Landes zu heben und zu unterstützen.

Noch ein anderer Umstand nötigt die Staatslegislaturen. auf ein möglichst genaues Gleichgewicht in den Budgets zu halten. In vielen Staaten nämlich setzen konstitutionelle und gesetzliche Bestimmungen der Höhe des Steuersatzes und dadurch dem Betrage der Staatseinkünfte. die für Staatszwecke eingezogen werden. eine bestimmte Grenze. Sie beschränken damit zugleich die Befugnis der Legislaturen öffentliche Gelder zu verausgaben. Auch die Bestimmungen. die den zu Staatszwecken zulässigen Betrag der Staatsschulden beschränken. entspringen derselben Absicht. In manchen Staaten ist durch Gesetz dafür gesorgt. dafs allen Anträgen auf Geldbewilligung eine Steuerklausel beigegeben ist (ausgenommen ist nur die jährliche allgemeine Geldbewilligungsbill). durch welche eine hinreichende Steuer erhoben wird. um der bezweckten Ausgabe zu genügen.

Reine und ausschliefsliche Steuergesetze werden nur selten durch die Legislaturen eingebracht und erlassen. da dieselben meist von der „Diffusionssteuertheorie" überzeugt sind — darnach ist keine Steuer so gut wie eine alte. da die Steuerzahler daran gewöhnt sind. Auf diesem Grundsatz fufsend. hüten sich die Politiker. die die Gesetze machen. wohl. vorhandene Steuergesetze zu ändern, es sei denn um Korporationen zu treffen. gegen die, so viel Fehler man auch bei ihnen entdecken mag, wie Theodore Roosevelt bemerkt. [1] „man sich mehr vergeht. als sie sich selbst vergehen". Dieselbe Kritik kann man an den die Staatseinkünfte betreffenden Mafsregeln ausüben, wie sie von der Legislatur bei Gelegenheit der Geldbewilligungsanträge getroffen werden; man vermifst da genaue sorgsame Vorbereitung, alles wird hastig und fast ohne Diskussion erledigt, und fast niemals finden Besprechungen mit Beamten oder anderen statt, die in derlei Dingen wohlerfahren sind. Diese Mafsregeln sind gewöhnlich aufserordentlich dilettantisch. Die folgende Kritik. die ein mit der Thätigkeit der Staatsverwaltungen gründlich vertrauter Mann geübt hat, dürfte in diesem Zusammenhang recht gut angebracht sein:

„Unsere Einschätzungs- und Steuergesetze sind stets die Frucht der Thätigkeit einiger arbeitsreicher Tage am Schlusse der Session.

---

[1] „Essays on Practical Politics". Mr. Roosevelt erwähnt in diesem Zusammenhange die nicht seltene Gewohnheit korrumpierter Gesetzgeber. einen „strike" zu vollführen. d. h. einen den Interessen der Kapitalisten feindlichen Antrag zu stellen, in der Erwartung, eine Abfindungssumme zu erhalten. um ihn zurückzuziehen.

und das Ergebnis ist, dafs nicht immer Klarheit und Verständlichkeit eins ihrer hervorragenden Kennzeichen ist. Die Gesetze betreffend die Staatseinnahmen sind zu gierig, und das hat den Erfolg, dafs die Einkünfte sich vermindern, anstatt sich zu vermehren. Sobald beide Häuser der Legislatur sich organisiert haben, sollte für die Einschätzungs- und Steuergesetzgebung ein gemischter engerer Ausschufs geschaffen werden, der aus, sagen wir, zwei Senatoren und drei Repräsentanten bestände. Ihre einzige Aufgabe wäre, ein Einschätzungs- und Steuergesetz zustande zu bringen. Sie sollten angewiesen werden, eine Anzahl von Sitzungen festzusetzen, wo Repräsentanten aller Klassen von Steuerzahlern erscheinen dürfen, um ihre Interessen zu vertreten, wenn sie wollen. Ferner müfste vorgeschrieben, dafs sowohl dem Senat wie dem Hause, wenigstens 14 Tage vor der Vertagung, das Einschätzungs- und das Steuergesetz überwiesen werden". [1] Mr. Harris schliefst mit den Worten: „Es ist höchste Zeit, dafs diese Angelegenheiten von den Legislaturen sorgfältiger erwogen werden".

Anträge zur Erhebung neuer Steuern werden nicht immer dem Ausschufs für Besteuerung und Ersparnisse (Committee on Taxation and Retrenchment) anheimgestellt. Es verhält sich mit diesen Mafsregeln genau so wie mit den Anträgen zur Verwendung der Staatseinkünfte. Sie werden nicht einem Einzelausschufs für das Steuerwesen überwiesen, sondern irgend einem Ausschufs, der zur Erledigung der in dem Antrage berührten Gegenstände geeignet erscheinen mag, ohne Rücksicht darauf, dafs sie in das Gebiet des Steuerwesens schlagen. Häufiger noch entscheidet die Beantwortung der Frage: welcher Ausschufs wird am günstigsten mit ihnen umgehen? über ihre Zuweisung an einen der Ausschüsse. In diesem Falle giebt die Gesinnung des Ausschusses, nicht aber sein Arbeitsgebiet den letzten Prüfstein ab.

Gesetzesentwürfe können durch Beschlufs des Hauses einem Ausschufs entzogen und einem anderen zugewiesen werden. Solche eine Überweisung ist dann nicht ungewöhnlich, wenn man glaubt, ein Entwurf erfahre im Schofse des Ausschusses, der sich zur Zeit mit ihm beschäftigt, keine günstige Behandlung, und wenn man annimmt, dafs eine anderweitige Übertragung die Aussichten auf günstigere Berichterstattung vermehre. Ebenso kann eine Bill zu jeder Zeit vor ihrer

---

[1] Biennial Report of the Controller of Tennessee. Jas. A. Harris. 1894. S. XIX.

schliefslichen **Annahme** einem Ausschusse von neuem zur Untersuchung überwiesen werden, aber eine solche nochmalige Überweisung bewirkt, dafs die Bill zu einer früheren Lesung zurückgesetzt wird — war sie für eine dritte Lesung angesetzt, mufs sie nochmals zu einer zweiten vorgelegt werden. Jede Bill mufs dreimal gelesen werden, ehe über sie abgestimmt werden kann.

In den Verfassungen von 20 Staaten sind Bestimmungen dafür getroffen worden, dafs Anträge, die auf die Erhebung der Staatseinkünfte Bezug haben, im Abgeordnetenhause entstehen sollen, dafs aber der Senat **Verbesserungsanträge** zu ihnen machen darf wie bei anderen Anträgen. Die Verfassungen von Delaware, Maine, Louisiana, Vermont und Kentucky bestimmen ferner ausdrücklich, der Senat dürfe nicht unter dem Deckmantel der Amendements irgend einen neuen Gegenstand einfügen, der mit der Erhebung der Staatseinkünfte nichts zu thun habe. Durch die Bestimmung, dafs nur das Unterhaus die Macht haben solle, Staatseinnahmenbills vorzulegen, folgen die Einzelstaaten dem Beispiel der Bundesregierung der Vereinigten Staaten und des britischen Parlaments, doch ohne denselben triftigen Grund. Die verschiedene Art und Weise, wie die Mitglieder der beiden Häuser des Kongresses gewählt werden, giebt der Annahme, dafs das direkt aus dem Volke hervorgegangene Haus in inniger Berührung mit demselben stehe und deshalb besser allgemein befriedigende Steuergesetze aufstellen könne, einige Berechtigung. Bei den Legislaturen der Einzelstaaten indessen, wo b e i d e Häuser aus direkten Wahlen hervorgehen, ist kein Grund vorhanden, jene Befugnis dem einen Hause einzuräumen und dem anderen vorzuenthalten. Es wirft das ein interessantes Licht auf den Einflufs von Vorbildern. Ein Blick auf Tabelle VII lehrt, dafs eine derartige Bestimmung hauptsächlich in den älteren Staaten existiert, die bei der Aufstellung ihrer Verfassungen stärker durch die Bundeskonstitution beeinflufst worden waren.

In der Mehrzahl der Staaten werden bei Beginn der regelmäfsigen Sessionen der Legislaturen Ausschüsse zur Rechnungsprüfung ernannt. Es sind das meistens gemischte Ausschüsse, die die Pflicht haben, die Rechnungen des Schatzmeisters (Treasurer) und des Rechnungsprüfers Auditor) zu prüfen und das Ergebnis der Legislatur mitzuteilen. Bisweilen werden solche Ausschüsse nur dann ernannt, wenn, bei einer Anklage gegen die in Frage kommenden Beamten, eine besondere Untersuchung gewünscht wird. Es gilt als Regel, dafs der Rechnungsprüfer mit der Aufgabe betraut ist, die

Rechnungen aller anderen Staatsbeamten. Behörden und Departementschefs in Empfang zu nehmen und zu prüfen; die Prüfungsausschüsse haben deshalb gewöhnlich nur die Pflicht, seinen Bericht durchzusehen. In New Hampshire ist diese Aufgabe einem Ausschuſs übertragen, der aus zwei Mitgliedern des Kabinetsrates (Executive Council) und einem Rechnungsführer besteht. In Vermont hat ein Finanzinspektor (Inspector of Finance), der vom Gouverneur ernannt wird, die Rechnungen des Schatzmeisters und des Rechnungsprüfer zu prüfen. Wiederum in einigen anderen Staaten sind regelmäſsige ständige Ausschüsse damit betraut, wie der gemeinsame, ständige Finanzausschuſs (Joint Standing Committee on Finance) in Georgia.

III. Die Pflichten und Rechte des Gouverneurs.

Die Thätigkeit des Gouverneurs bei der Finanzgesetzgebung und seine Behandlung der Anträge betreffs Erhebung und Verwendung von Staatsgeldern ist durchaus keine andere als wie bei der sonstigen Gesetzgebung. In einigen wenigen Staaten hat der Gouverneur die Pflicht bei Beginn jeder Session der Legislatur „Anschläge über die Höhe der Geldsummen, die für alle Staatszwecke durch Besteuerung erhoben werden muſs" [1]) vorzulegen, obgleich gewöhnlich die einzigen Anhaltspunkte hierfür aus den Berichten des Controllers und Schatzmeisters fliefsen.

Dieselben Bestimmungen, die bei den sonstigen Anträgen herrschen, gelten auch da, wo es sich um die Unterzeichnung von Finanzanträgen, um ihre Rückweisung an die Legislatur, ihr Durchgehen trotz eines Vetos und die Verfügung über dieselben im Falle der Vertagung handelt. Eine recht bedeutsame Neuerung, die man in allen neueren Verfassungen findet, hat sich indessen Platz gemacht. Diese besteht in einer dahingehenden Verfügung, dafs der Gouverneur gegen einzelne Posten in den Geldbewilligungsanträgen sein Veto einlegen darf, während er die ihm gut dünkenden genehmigt. Das offenbart „den ausgesprochenen Zweck, der exekutiven Gewalt das Recht zu verleihen, die Bewilligung solcher Gelder zu sichern, die zur Bestreitung von Verwaltungsausgaben nötig sind, ohne dafs sie Gefahr läuft, dafs diese Bewilligung durch übermäfsige und unbedachtsame Ausgaben verkümmert oder gar unmöglich gemacht

---

[1] Colorado Constitution, Art. IV, S. 8.

wird". [1]) Das geschieht auch, um zu verhindern, dafs den Geldbewilligungsanträgen noch Zusätze („riders") beigefügt werden. Einem
solchen Paragraphen begegnen wir in 26 Staaten und 3 Territorien. [2])
Sonst übt die exekutive Gewalt ihr Einspruchsrecht genau so
aus wie bei der sonstigen Gesetzgebung. Es herrscht da kein Unterschied in der Behandlung von Steuergesetzen, noch von Geldverwendungsanträgen, aufser in dem oben angeführten Falle. In vier Staaten
— Delaware, North Carolina, Ohio und Rhode Island — besitzt der
Gouverneur überhaupt kein Vetorecht.

Bevor der Gouverneur eine Bill unterzeichnet oder sein Veto
gegen dieselbe erhebt, darf er über dieselbe Audienzen gestatten.
Das findet gewöhnlich auch statt, wenn interessierte Parteien oder
solche, deren Interesse durch die beabsichtigte Gesetzgebung wahrscheinlich berührt werden wird, eine Anfrage ihretwegen stellen.
Geschieht dies nicht, so können diejenigen, die es wünschen, kurze
Darlegungen oder Mitteilungen der fraglichen Bill zur Information
des Gouverneurs beigeben lassen. Das ist der gewöhnliche Weg am
Ende der Session oder nach der Vertagung, wenn der Gouverneur
mit einer Unmenge von Anträgen zur sofortigen Erwägung überhäuft
ist, die er dem Staatssekretär (Secretary of State) innerhalb einer
bestimmten Zeit — im Staate New York 30 Tage — übermitteln mufs.

Die Neigung der gesetzgebenden Körperschaften, immer gröfsere
Sorglosigkeit mit Rücksicht auf den Charakter der Gesetze, die sie
annehmen, walten zu lassen, und ihr Streben, die Verantwortlichkeit
für ihre Annahme auf die exekutive Gewalt und ihre Auslegung auf
die Gerichtshöfe abzuwälzen, nimmt anscheinend von Jahr zu Jahr
zu. Das gilt besonders, wenn eine beträchtliche Anzahl der durch-
gegangenen Gesetze in den letzten Tagen der Session überstürzt
worden sind. Es konnte über dieselben gar keine Diskussion statt-
finden, und die Abgeordneten hätten über ihre Mängel und Vorzüge
gar nicht ins Klare kommen können. Von den 1045 Gesetzen, die
in New York während der Gesetzgebungsperiode von 1895 angenommen wurden, gingen 448 in den letzten zehn Tagen durch. In
der Session von 1896 geschah es in derselben Zeit mit 774 von
einer etwas gröfseren Gesamtsumme; von diesen waren 118 Anträge
zur Verwendung von Staatsgeldern und Anträge auf Entschädigungen
(claim bills), die Hunderttausende von Dollars verausgabten. Über

---

[1]) Mill's Constitutional Annotations, Art. IV, sect. 8.
[2]) siehe Tabelle VII, Spalte 14.

diese alle mufste innerhalb 30 Tagen eine Verfügung getroffen sein.
Wie gewissenhaft auch der Gouverneur sein mag, es ist klar, dafs
er auf die gröfsere Anzahl dieser Gesetzesentwürfe nur einen ober-
flächlichen und flüchtigen Blick werfen konnte. Bei keiner Gattung
von Gesetzen ist eine sorgsamere Untersuchung erforderlich als bei
diesen Anträgen, die kurz vor Schliefsung der Session die Legislatur
beschäftigen. Viele von ihnen wimmeln von Eigennützigkeit und
werden zu so später Stunde nur durchgepeitscht, um Debatten und
folglich Aussetzungen zu hintertreiben. Gewisse Posten in der Ergänzungsbill (supply bill), die gewöhnlich bis auf diese Zeit auf-
geschoben wird, sind besonders verdächtig. [1])

[1]) Der folgende Auszug aus dem „New York Herald" vom 19. Mai 1896,
der über den Schlufs der letzten Session berichtet, wird zur Erhellung dieser
Punkte beitragen:

„Niemals wieder wird der Senat des Staates New York zulassen, dafs
eine Ergänzungsnachschlufsbill (supplementary supply bill) so überstürzt durch-
gehe, wie die des Jahres 1896. Bis in die letzten Tage der Session in dem
Unterhaus zurückbehalten, gelangte sie in das Oberhaus gerade zu der Zeit, als
die Senatoren nach Hut und Überrock griffen und sich zur Heimkehr rüsteten.
Das Ergebnis des eiligen Durchgehens der Bill — denn natürlich sollte sie durchgehen — war, dafs jetzt viele Posten in der Bill dem Gouverneur vorliegen, die
wahrscheinlich nicht dort stehen würden, wenn die Senatoren Gelegenheit ge-
habt hätten, sie durchzusehen.

Gouverneur Morton wird, wie man sagt, gegen verschiedene Posten in der
Bill sein Veto einlegen, bevor er diesem Antrag Gesetzeskraft zukommen läfst.
Ein Posten ist wie folgt:

„Für den Oberaufseher der öffentlichen Arbeiten (Superintendent of Public
Works) die Summe von $ 2500, zahlbar in monatlichen Raten anstatt späterer
Liquidationen, für alle von ihm gemachten Reise- und sonstige Ausgaben".

Leute, die seit mehreren Jahren auf Grund der Ergänzungsbill Studien über
die Staatsausgaben gemacht haben, behaupten, dafs, wenn dieser Posten bewilligt
werden würde, dadurch das Gehalt des Oberaufsehers der öffentlichen Arbeiten
von $ 6000 auf $ 8500 stiege. Ferner sagt man, wohl jeder Staatsbeamter habe
versucht, durch Geldbewilligungen in der Ergänzungsbill für sich Geld zu gewinnen und sein Gehalt in die Höhe zu schrauben. Nehmen wir den Posten für
den Oberaufseher der öffentlichen Arbeiten als Beispiel, so würde es schwer sein,
sich vorzustellen, wo $ 2500 Ausgaben für Reisen gemacht werden konnten.
Vergleichsweise wollen wir die Ausgaben des Vorgängers des jetzigen Oberaufsehers anführen: sie betrugen in den letzten Jahren wie folgt: Für das mit dem
30. Sept. 1893 schliefsende Rechnungsjahr $ 67; für das nächste Rechnungsjahr
$ 39.43; vom 1. Okt. 1894 bis 1. Febr. 1895 $ 15.50.

Der Gouverneur erwägt gerade sorgfältig alle Posten in der Bill, und er
ist wegen mancher Dinge, die er bei seinen Nachforschungen entdeckt hat, nicht
recht damit zufrieden. Er geht mit sich zu Rate, ob er aufser dem schon erwähnten Posten noch den folgenden unterzeichnen soll oder nicht: „Für den

IV. Abweichungen unter den Staaten und Territorien.

Es ist fast unmöglich, die Staaten und Territorien in Bezug auf die bei der Finanzgesetzgebung angewandten Methode in klar gesonderte Gruppen zu bringen. Der Versuch etwa, sie in die Neu-Englandstaaten und in die Gruppen der mittleren, südlichen und westlichen Staaten zu trennen und ihre Abweichungen auf dem Gebiete der Gesetzgebung von ihrer geographischen Lage abhängig zu machen, wird sicherlich fehlschlagen. Zugleich aber kann man sich nicht der Erkenntnis verschliefsen, dafs die östlichen Staaten viel konservativer sind, weniger Beschränkungen ihren Kammern aufgelegt haben und untereinander gröfsere Übereinstimmung zeigen gegenüber den westlichen Staaten und den anderen Gruppen. Andererseits schufen sich die westlichen Staaten ihre Konstitutionen zwar nach dem Vorbild der östlichen und fügten einfach ganze Paragraphen aus den letzteren den ihrigen ein; indessen haben die östlichen Staaten ihre Konstitutionen soweit ergänzt, dafs die heutigen umfangreichen Verfassungen nur noch geringe Ähnlichkeit mit den alten Entwürfen haben.

Wenn man aber doch versuchen wollte, die Staaten und Territorien für den vorliegenden Zweck in Kategorien zu bringen, so glaube ich, würde eine chronologische Einteilung nach dem Datum der Annahme ihrer jetzigen Verfassung der Wahrheit näher kommen. Wir finden meistens in diesen Grundurkunden einen Abglanz der zur Zeit ihrer Annahme herrschenden Volksstimmung, dieselbe machte sich dahin geltend, entweder die Macht der gesetzgebenden Gewalt zu beschränken oder dem Gouverneur einen freieren Spielraum in der Ausübung seiner Macht zu gewähren. Eine Gruppierung nach diesem Gesichtspunkt würde die Thatsachen besser ans Licht bringen als eine solche nach rein geographischer Lage. Zugleich dürfen wir aber diesen Einteilungsgrund nicht auf die Spitze treiben, wenn auch beispielsweise die Verfassungen von New York und Utah, die beiden, die zuletzt angenommen worden sind, nicht so verschieden sind, wie es ihre geographische Entfernung voneinander vermuten läfst.

Der Prüfstein für unsere Angelegenheit wird in dem Grade zu

Staatsingenieur und Geometer für weitere Untersuchungen auf die Schaffung eines beantragten Dammes am Mount Morris und auf die besten Mittel zum Transport von Material zur dortigen Stelle, für detaillierte Pläne, die Summe von $ 10000."

Dies ist derselbe Posten, gegen den der Gouverneur schon im Vorjahre Einspruch erhoben hatte."

5*

suchen sein, wie sich die Mittel des Staates, seine Bevölkerung, seine Industrie und sein Wohlstand entwickelte. Die Gesetzgebung folgt gewöhnlich dem Wachstum der Industrie eines Volkes, sie geht ihr nicht voran, noch schafft sie dieselbe. Die folgenden fünf Staaten — Massachusetts, North Dacota, Tennessee, Oregon und das Indianer Territorium — die geographisch weit voneinander getrennt liegen, werden dazu dienen, uns die Abweichungen in Methode und Verfahren aufzuzeigen. Es wird daraus erhellen, wie grofse Verschiedenheiten bei der Finanzgesetzgebung in so vielen der Staaten vorhanden sind.

Massachusetts.

Überschläge über Einnahmen und Ausgaben werden jährlich von dem Auditor gemacht und in der ersten Januarwoche der Legislatur eingereicht. Diese Anschläge begründen sich auf Berichte, die dem Auditor von jedem Staatsbeamten und jeder Behörde in allen Departements und Anstalten, die mit öffentlichen Geldern unterstützt sind, geliefert werden.

Nachdem diese Übersicht den Kammern überreicht ist, wird sie dem „Committee on Ways and Means" überwiesen, das damit gemäfs den Anschlägen verfährt, welche von den verschiedenen Departements aufgestellt sind. Fast stets wird der veranschlagte Betrag genehmigt oder von dem Ausschufs durch eine Geldbewilligungsbill anempfohlen. Das „Committee on Ways and Means" des Unterhauses hat von diesem den direkten Auftrag, der Kammer die Geldbewilligungsanträge vorzulegen, welche die Bedürfnisse des Staatsdienstes von Zeit zu Zeit erfordern. Er ist der einzige Ausschufs mit der Befugnis, solche Anträge einzubringen. Sie werden von Fall zu Fall von einem Sekretär in jenem Ausschusse vorbereitet. Er wird eigens zu diesem Zwecke gewählt und ist der erste Sekretär dieser Behörde. Anträge zur Beibringung von Geld durch andere Steuern als die Staatssteuer sind dem gemischten Ausschufs für Besteuerung (Joint Committee on Taxation) zugewiesen. Wenn er eine Bill einbringt, durch welche das Staatseinkommen auf dem Wege der Besteuerung erhöht wird, so mufs er über dieselbe im Hause referieren, da nach der Verfassung alle Geldanträge — und das würde ja auch eine solche sein — aus dem Hause hervorgehen müssen. Es giebt hier keinen Ausschufs etwa für Geldbewilligungen, und das „Committee on Taxation" und das „Committee on Ways and Means" vereinigen sich nie zu einem einzigen Ausschufs. Das Auftreiben und Verausgaben der Gelder liegt ge-

wöhnlich in den Händen des „Committee on Ways and Means", da
Geld nur jährlich durch direkte Staatssteuer erhoben wird, die kurz
vor Vertagung der Kammern beschlossen wird. Sobald der Ausschufs
über den Betrag der bestätigten Ausgaben und auf Grund der Au-
gaben des Auditors über die Höhe der wahrscheinlichen Einnahmen
mit Einschlufs des vorhandenen Barbestandes im Reinen ist, wird
die Differenz durch die allgemeine Vermögenssteuer eingetrieben.

Steueranträge werden nur selten in dem Hause eingebracht; der
letzte betraf die kollaterale Erbschaftssteuer (Collateral Inheritance
Tax). Er ging vor etwa drei Jahren durch.

Die Sitzungen dieser Ausschüsse werden öfters täglich abgehalten.
Interessierten Parteien gewähren sie dann förmlich Audienz, und sie
lassen sich auch Personen kommen, um sich über gewisse Punkte
Aufklärung zu verschaffen. Ihre vollziehenden Sitzungen, in denen sie
nach jenen Audienzen in die Beratung der Bill treten, sind geheim.
Falls die beiden Häuser über Finanzangelegenheiten verschiedener
Meinung sind, wird meistens ein Beratungsausschufs zur Begleichung
der Differenzen ernannt. Ausschüsse der gesetzgebenden Gewalt haben
nicht die Aufgabe, die Rechnungen der verschiedenen Departements
zu prüfen; das ist die Pflicht des Oberrechnungsprüfers (Auditor of
Account).

Geldbewilligungen gelten für das Jahr, in dem sie gemacht wurden,
und das folgende.

Auf eine Anfrage nach irgend welchen Besonderheiten in der
Finanzgesetzgebung des Staates Massachusetts antwortete der Auditor
wie folgt:

„Ich weifs von keiner Besonderheit bei der Finanzgesetzgebung in
den Kammern unseres Staates, ausgenommen, dafs alles sehr glatt von
statten geht. Ich kann hierbei anführen, dafs wir ein System indirekter
Besteuerung haben. Das wird durch eine Steuer auf das Stammkapital von Korporationen, auf Staatsbanken, Sparkassen, kollaterale
Erbschaften, auf Konzessionen zum Vertrieb von Getränken, Versicherungsgesellschaften und andere Konzessionen bewerkstelligt. Diese
Steuer macht einen beträchtlichen Teil (ungefähr $\frac{2}{3}$) unserer Einnahmen aus. Dazu kommt das vorhandene Bargeld. Die Differenz
zwischen diesen wahrscheinlichen Einnahmen und den bewilligten Aus-
gaben macht die Höhe unserer Staatsvermögensteuer aus, die 1895
$1\frac{1}{2}$ Million Dollar betrug und 1896 wahrscheinlich noch steigen wird.
Wir haben es unmittelbar mit den Städten zu thun, nicht mit den
Kreisen. Wenn wir unsere Steuer eintreiben, lassen wir jede Stadt

den auf ihr entfallenden Teil der Steuer wissen. Sie wird ferner aufgefordert, ihn bis 10. Dezember zu zahlen. Sie bringen das Geld durch eine Art Kopfsteuer auf. Unser System ist sehr einfach und ändert sich nicht von Jahr zu Jahr."

North Dakota.

Keine regelmäfsigen Schätzungen der Staatsausgaben und Einnahmen werden gemacht, aber die Kammer verlangt gewöhnlich von dem Auditor einen Überschlag über das wahrscheinliche Staatseinkommen.

Anträge zur Verwendung öffentlicher Gelder gehen der Regel nach von Abgeordneten aus, werden aber dann einem Ausschufs für Geldbewilligungen (Committee on Appropriation) zur Berichterstattung überwiesen. Die Sitzungen des Ausschusses sind öffentlich, und zwar kann sich jeder auf eigenen Wunsch über die beabsichtigten Mafsnahmen hören lassen. Keine Bill zur Verwendung öffentlicher Gelder kann nach dem 40. Tage der Session eingebracht werden.

Mit Rücksicht auf die Eintreibung der Staatsgelder hat die gesetzgebende Gewalt nur wenig Macht zum Erlafs von Mafsregeln, da ja alle Steuern kraft verfassungsgemäfser Bestimmung oder bestehender Gesetze erhoben werden. Die Vorbereitung der Gesetzentwürfe, die das Staatseinkommen betreffen, beschäftigt deshalb die Kammern nicht. Der Betrag der erforderlichen Staatseinnahmen wird nach den Geldbewilligungen während der Session bestimmt; die Steuern werden von der staatlichen Ausgleichungskommission erhoben. Der Gouverneur kann sein Vetorecht gegen die Vornahmen dieser Behörde nicht ausüben, so dafs er in Wirklichkeit überhaupt keinen Einspruch gegen Steuergesetze einlegen kann. Es giebt einen ständigen Ausschufs im Unterhaus zur Prüfung der Rechnungen in den Geschäftszimmern des Auditors. Er wird bei Beginn jeder regelmäfsigen Session ernannt.

Geldbewilligungen bleiben meistens nur zwei Jahre in Kraft, darnach kehren die nicht verausgabten Beträge in den Generalfonds wieder zurück.

Die Höhe der Steuer für Staatszwecke wird durch die Verfassung auf 4 Mills auf den Dollar beschränkt;[1]) ausgeschlossen sind die Zinsen für die Staatsschuld.

Die Staatsschuld ist auf die Summe von 200000 Dollars beschränkt, um gelegentlichen Ausfällen vorzubeugen. Ein Schuldentilgungsfonds

[1] Art. XI. § 174.

mufs zur selben Zeit angelegt werden, um die Staatsschuld in 30 Jahren
zu amortisieren. Schulden, die für Verteidigungszwecke gemacht
werden, ist keine Grenze gesetzt.[1]

Eine Anfrage, ob Besonderheiten in der Finanzgesetzgebung in
diesem Staate existieren, fand von seiten des Auditors folgende Beantwortung:

„Es giebt keine, ausgenommen eine gewisse Laxheit bei Geldbewilligungen. Die Verfassung unseres Staates beschränkt den Steuersatz auf 4 Mills auf den Dollar für Staatszwecke, aufser den Zinsen
für fundierte Schulden. Die erforderlichen Steuern werden von der
staatlichen Ausgleichungskommission angeordnet auf Grund der Überschläge, die der Staatsauditor über die notwendige Summe zur Begleichung der von der Kammer bewilligten Gelder gemacht hat. Dieses
System würde wahrscheinlich gute Dienste leisten, wenn die Kammern
bei den Geldbewilligungen die gezogene Grenze nicht überschritten.
Wenn aber die gesetzgebenden Körperschaften und die Staatsverwaltung
in ihren politischen Anschauungen auseinandergehen, erweist sich das
System als unheilvoll. Das war der Fall in den Jahren 1893 und 1894.“

Oregon.

Eine Übersicht über die Staatsausgaben wird von dem Staatssekretär gemacht und der gesetzgebenden Versammlung in ihren zweijährlichen Sessionen in einem zwei Jahre umfassenden Bericht unterbreitet. Sie bildet die Grundlage für die Geldbewilligungsbill. Über
die Einnahmen werden keine Voranschläge gemacht, da ja das Staatseinkommen ganz allein aus der allgemeinen Vermögenssteuer fliefst.
Die Höhe dieser Steuer hängt von dem Mafse der bewilligten Gelder
ab. Der Staatssekretär entwirft auch in seinem Referat „Pläne für
die Verbesserung und Ausgestaltung des öffentlichen Einkommens“.

Gesetzentwürfe zur Verwendung bewilligter Gelder dürfen in jedem
der beiden Häuser eingebracht werden, aber die allgemeine Geldbewilligungsbill geht gewöhnlich aus dem Unterhause hervor. Die
Pflicht, sie zu entwerfen und vorzulegen, steht dem „Joint Committee
on Ways and Means“ zu. Nach der Verfassung[2] müssen Gesetzentwürfe betreffs Eintreibung der Staatseinkünfte ihren Ursprung im
Hause der Abgeordneten nehmen; sie würden wahrscheinlich an den
ständigen Ausschufs für Besteuerung und Staatseinkommen (Committee
on Taxation and Revenue) oder an das gemischte „Committee on

---

[1] Const. Art. XII, § 182.
[2] Art. IV, sec. 18.

Ways and Means" überwiesen werden. In der Praxis bewilligt die Kammer das zur Befriedigung der Staatsausgaben nötige Geld, während ein Steuererhebungsamt (State Board of Levy), bestehend aus dem Gouverneur, dem Staatssekretär und dem Schatzmeister, die jährliche Eintreibung einer Summe festsetzt, die hinreicht, um diesen Ausgaben zu begegnen. Sie wird auf die einzelnen Kreise nach Maſsgabe des vorhandenen steuerbaren Eigentums verteilt.

Ehe der Steuersatz festgesetzt wird, werden alle baren Überschüsse oder möglichen Einnahmen aus anderen Quellen von dem einzutreibenden Betrage abgezogen.

Obwohl die Sitzungen der Finanzausschüsse gewöhnlich geheim sind, leiht man interessierten Parteien über jeden besonderen Gegenstand doch stets Gehör.

Bei Meinungsverschiedenheit zwischen den beiden Häusern greift man gewöhnlich zu dem Aushilfsmittel des Konferenzausschusses. Die Funktionen eines Geldbewilligungs- und eines Steuerausschusses sind gewöhnlich nicht einer einzigen Kommission übertragen: das gemischte „Committee on Ways and Means" ist meist mit den Geldbewilligungsbills betraut, während Angelegenheiten, die mit der Einschätzung und Besteuerung zusammenhängen, gewöhnlich dem ständigen eigens für diesen Zweck in jedem der beiden Häuser ernannten Ausschusse zugewiesen sind.

Es werden keine Ausschüsse ernannt, um die Rechenschaftsberichte der Verwaltungsbehörden zu prüfen, weil der Staatssekretär der Prüfer aller öffentlichen Rechnungen ist, es auch nicht anzunehmen ist, daſs die gesetzgebende Macht sich in seine Geschäfte mischt.

Sind Gelder für einen zwei Jahre umfassenden Zeitraum bewilligt worden, so dürfen damit irgend welche Ausgaben bestritten werden, die in jenen Zeitraum fielen, sobald Rechnungen dafür in jenem oder dem folgenden zweijährigen Zeitraum vorgelegt werden. Ist derselbe abgelaufen, so kehrt das Geld in den Generalfonds zurück und bedarf neuer Bewilligung.

Der Steuersatz wird von der Steuerbehörde festgesetzt, wie oben beschrieben; als Maſsstab dient die Höhe der von der Kammer bewilligten Summen. Für 1896 war der Satz 4,8 Mills.

Von dem Schatzmeister bekam ich folgenden Bescheid:

„Die einzige Besonderheit in der Finanzgesetzgebung unserer Legislatur besteht darin, daſs sie unseren Staat glücklich von allen Schulden frei gemacht hat, während unsere Staatsbauten alle auf Heller und Pfennig bezahlt sind."

Das ist ein Erfolg, der eher, scheint es, der Wirksamkeit der Verwaltungsbeamten und der Rechtschaffenheit der Gesetzgeber, als irgend einer Vortrefflichkeit an dem System selbst zuzuschreiben ist. Wie in Californien und Georgia, so ist auch in Oregon jenes „Vorzimmerpolitiktreiben" („lobbying") als ein Verbrechen definiert, das mit Gefängnis von 3 Monaten bis zu einem Jahre oder mit einer Geldbufse von 50 bis 500 Dollar bestraft wird.

Tennessee.

Schätzungen der Staatsausgaben werden halbjährlich von den gesetzgebenden Ausschüssen vorgenommen, die in den zweijährlichen Sitzungen der Legislatur mit der Vorbereitung finanzieller Mafsnahmen betraut werden.

Voranschläge über die Staatseinnahmen werden von dem Controller in seinem jährlichen Bericht an den Gouverneur und auf Ansuchen von dem Schatzmeister gemacht und dann der gesetzgebenden Macht überwiesen.

Die Vorbereitung und Einbringung sowohl von Geldbewilligungs- wie Staatseinkommensanträgen liegt in der Hand des „Committee on Ways and Means" der Kammer und des „Committee on Finance" des Staates. Zu allen Finanzmafsregeln geht die Initiative von einem dieser Ausschüsse aus, oder sie werden einem von ihnen anheimgestellt. Beide Arten von Gesetzentwürfen dürfen in jedem der beiden Häuser eingebracht werden.[1]) Die Anwesenheit von ²/₃ der Mitglieder ist zu einer beschlufsfähigen Versammlung nötig; bei allen Anträgen auf Geldbewilligung ist persönliche Abstimmung erforderlich, dieselbe mufs in das Tagebuch eingetragen werden.

Die folgende Resolution, die vom Senat bei Beginn seiner letzten Sitzung[2]) angenommen wurde, läfst einen Fehler erraten, der den gesetzgebenden Gewalten der meisten Staaten eigen ist, und führt auch zugleich zu einem möglichen Heilmittel: „In Anbetracht davon, dafs aus früheren Erfahrungen in der Gesetzgebung erhellt, wie thöricht es ist, Verhandlungen über eine allgemeine Einkommenbill bis nahe an den Schlufs der Session einer gesetzgebenden Versammlung zu verlegen, da ferner ein solcher Aufschub oft eine überstürzte und unbedachtsame Gesetzgebung und Ungleichmäfsigkeit bei der Auferlegung von Privilegsteuern zur Folge hatte, so beschliefst der Senat.

---

1) Const. Art. II, § 17.
2) 11. Jan. 1895.

dafs eine Kommission, die künftig zu ernennen und mit der Aufgabe
zu betrauen ist, eine allgemeine Einkommenbill vorzubereiten und dem
Senate darüber zu referieren, aufgefordert werde und hierdurch auf-
gefordert wird, einen solchen Gesetzentwurf auszuarbeiten und dem
Senat vorzulegen, doch nicht später als am 35. Tage der gegenwärtigen
Sitzung der Senatsabteilung der Legislatur. Und das dazu, damit der
Senat Zeit habe, eine so wichtige Mafsregel gehörig und eingehend
zu erwägen.“

Wie in allen anderen Staaten werden strittige Punkte in den
Finanzentwürfen durch einen Unterhandlungsausschufs beider Häuser
erledigt. Die Sitzungen der verschiedenen Ausschüsse sind öffentlich,
wer es wünscht, darf zu Gehör kommen. Prüfungsausschüsse werden
bei Beginn der zweijährigen Session der Legislatur ernannt, um die
Rechenschaftsberichte der Verwaltungsbeamten zu prüfen und den
beiden Abteilungen der gesetzgebenden Gewalt das Ergebnis mitzuteilen.

Jede Geldbewilligung erlischt am Ende von 2 Jahren vom Datum
der Annahme ab. Keine Legislatur darf über Staatsgelder verfügen,
sofern dadurch Ausgaben beglichen werden sollen, die jenseits des
Termines liegen, da sie gesetzlich in Funktion stand.

Der Steuersatz der allgemeinen Vermögenssteuer, welcher ungefähr
ein Drittel der gesamten Staatseinnahmen einbringt, wird in jeder
Session gesetzmäfsig bestimmt.

Indian-Territory.

Überschläge über die Einnahmen und Ausgaben des Territoriums
werden von den Vorsitzenden der Departements und Anstalten gemacht und der gesetzgebenden Gewalt vorgelegt, sobald es nötig erscheint. Sie werden der Regel nach nicht jährlich gegeben, da ja die
Verwaltungskosten durch ständige Geldbewilligungen hinreichend gedeckt werden. Aufserdem hat der Sekretär jedes Territoriums die
Pflicht, über die gesetzlichen Ausgaben detaillierte Anschläge zu
machen, die dem Bundesfinanzminister an oder vor dem 1. Oktober
jeden Jahres vorgelegt werden müssen. Ein bestimmter Betrag wird
dann jährlich vom Kongrefs bewilligt für zufällige und Gesetzgebungs-
ausgaben der Territorien, eine Summe, die die gesetzgebende Gewalt
nicht überschreiten darf. Geldbewilligungsanträge entstehen im Schofse
des Senats, und jeder Senator darf Anträge einbringen, durch die über
die Verwendung von Staatsgeldern verfügt werden, sobald er die Einstimmung der Körperschaft dazu hat. Geldbewilligungsausschüsse

werden bisweilen vom Vorsitzenden ernannt; sie gewähren jedem auf
Wunsch Gehör. Es giebt keine Steuerausschüsse, an die über Staats-
einkommenentwürfe referiert werden mufs. Wenn aber eine neue Einnahmequelle empfohlen wird, so mufs die Anregung dazu vom Staate
ausgehen.

Wie in den anderen Staaten wird ein Verhandlungsausschufs ernannt, um bei Meinungsverschiedenheit zwischen den beiden Häusern
über Finanzangelegenheiten Erkenntnisse abzugeben. Zur Prüfung der
Rechnungen der verschiedenen Verwaltungsbehörden werden in den
regelmäfsigen Sessionen Ausschüsse ernannt.

Keine Bestimmung begrenzt die Dauer der Giltigkeit von Geldbewilligungen. „Einige derselben", schreibt mir der Auditor, „sind
jetzt 25 Jahre in Kraft, und es stellt sich keine Notwendigkeit heraus,
eine Änderung eintreten zu lassen. Andere wechseln jährlich oder
entsprechend notwendigen Bedürfnissen."

Keine direkte Steuer wird in dem Territorium erhoben; das
Staatseinkommen fliefst allein aus Gewerbe-, Bergwerks- und Eisenbahnsteuern. solchen aus Holzpachtungen und aus den Zinsen der
Depots in Washington. Die letzteren belaufen sich auf ungefähr
80 000 Dollars jährlich; sie werden halbjährlich an das Territorium
ausgezahlt.

Die gesetzgebenden Körperschaften dürfen nicht Schulden eingehen. die 1 %„ des eingeschätzten Wertes steuerbaren Eigentums in
dem Territorium überschreiten. [1])

V. Vergleich zwischen dem Verfahren im Bunde und in den Einzel-staaten. [2])

Es ist schwierig, einen Vergleich zwischen der Methode in Finanzangelegenheiten bei der Bundesregierung einerseits und den einzelnen
Staaten andererseits zu ziehen. weil eben die Staaten selbst in dieser
Beziehung voneinander abweichen. Wir können indessen doch im
allgemeinen einige Ähnlichkeiten und Verschiedenheiten zwischen den
gesetzgebenden Körperschaften der Zentralregierung und denen der

[1]) Revised Statutes of U. S. chap, 818, sec. 3.

[2]) Die Belehrung über die vom Kongrefs befolgten Methoden, wie über viele
der obigen Gedanken. verdanke ich einer ausgezeichneten Monographie des
Professors Woodrow Wilson: „Congressional Government." 11. Aufl., Boston 1895.

subordinierten Staaten finden. Die Ähnlichkeit ist übrigens auch gröfser als die Verschiedenheit.

Die Vorbereitung von Anschlägen über die Staatsbedürfnisse und die wahrscheinlichen Einnahmequellen ist genau dieselbe für den Kongrefs, wie für die Legislaturen der Staaten. Der jährliche „Brief" des Finanzministers (Secretary of the Treasury), der dem Kongrefs die Anschläge über Verwendung von Staatsgeldern, die für das mit dem 30. Juni schliefsende Etatsjahr erforderlich sind, übermittelt, entspricht der Übersicht, die der Controller oder Auditor anstellt, und die er in seinem Bericht den Legislaturen unterbreitet. Die Darlegungen des Finanzministeriums über den Stand der Staatseinkünfte und der Staatsschulden vergleicht sich mit dem sonstigen Inhalte des Berichtes des Auditors. Es ist natürlich, dafs für die kleinere Körperschaft ein einziges Schriftstück genügt, wo mehrere nötig sind, um die gröfseren zu unterweisen und anzuleiten.

Die Beziehungen der Verwaltungsbeamten zu den gesetzgebenden Körperschaften sind sehr ähnlich. Weder hier noch dort sind sie einer Vorschrift unterworfen, auch haben die Minister oder die sonstigen Vorsitzenden des Verwaltungsdepartements keinen Sitz im Hause, den doch die englischen Minister haben. Sie können ihre Forderungen und Voranschläge nur schriftlich oder durch persönliches Erscheinen vor einem Ausschufs verteidigen und erläutern. Werden die Forderungn der Minister oder anderer Beamten verworfen, so führt das weder hier noch dort zu ihrer Amtsenthebung. Ihr Verharren im Amte wird von der Behandlung, welche ihre Anschläge erfahren, ganz und garnicht berührt. Hierin weicht die bundes- und einzelstaatliche Übung von der Gewohnheit englischer Minister ab, welche sofort demissionieren würden, wenn ihre Gesamtforderungen vom Hause abgeschlagen werden.

Die Behandlung der Voranschläge durch die Ausschüsse ist im Kongrefs und in den Legislaturen der Staaten und Territorien die gleiche. Sie sind im besten Falle nur Wegweiser in der Richtung, wo Geldbewilligungen not thun; aber man kann von ihnen nicht sagen, dafs sie die Gesetzgeber sehr in ihren schliefslichen Entscheidungen beeinflussen. Vielleicht gilt das weniger vom Kongrefs als von den gesetzgebenden Kammern der Staaten.

Gewöhnlich gehen alle Geldanträge aus dem Unterhaus hervor, hier wie dort. Im Kongrefs entstehen nach einem durch Alter geheiligten Brauche alle Geldbewilligungsentwürfe im Hause der Abgeordneten; die Verfassung verlangt dasselbe bei Staatseinkommenmaſsnahmen. Das erstere gilt nur in beschränktem Grade von den Staaten.

In Bezug auf die Einbringung von Anträgen betreffs Staatseinkommens herrscht gröſsere Ähnlichkeit. 20 Staaten verlangen durch ihre Verfassungen, daſs solche erst im Unterhause vorgelegt werden müſsten. Viele von den anderen Staaten folgen diesem Beispiele wenigstens in der Praxis.

Die Ausschüsse, denen Finanzentwürfe überwiesen werden, sind notwendigerweise im Kongreſs viel zahlreicher als in den Kammern der Staaten. Im Kongreſs sind ungefähr 25 Kommissionen mit der finanziellen Verwaltung des Landes betraut, während kein Staat mehr als sechs zu diesem Zwecke hat. Beide haben aber denselben Fehler gemeinsam, nämlich den, daſs die Eintreibung und Verausgabung des Geldes in den Händen verschiedener Ausschüsse liegt. Einige wenige Staaten vertrauen alle finanziellen Maſsnahmen einem einzigen Ausschusse in jedem Hause an, aber sie sind nicht zahlreich genug, um die allgemeine Regel in das Gegenteil zu verkehren.

In den Vereinigten Staaten ist es allgemein Sitte, daſs die Ausschüsse den Finanzplan aufstellen und vollenden. Sie besitzen deshalb eine bedeutende Macht. Das gilt für den Kongreſs wie für die Kammern. In den Ausschuſsräumen wird in Wahrheit die eigentliche Gesetzgebung getrieben. Die Kommissionen müssen deshalb häufige Sitzungen abhalten. Alle, die an den dem Ausschuſs vorliegenden Maſsregeln interessiert sind, haben das Recht, zu erscheinen und ihre Interessen zu vertreten. In den gesetzgebenden Häusern des Bundes sowohl wie der Staaten führt das zu „lobbying" und „log-rolling";[1]) besonders in den Sitzungsräumen der Geldbewilligungsausschüsse geht das vor sich. Gewöhnlich sind die Versammlungen der Ausschüsse öffentlich, allerdings sind sie auch oft geheim.

Ein oder zwei bedeutende Unterschiede lassen sich bei der Behandlung von Staatseinkommens- und Geldverwendungsanträgen in der Bundes- und der Staatsgesetzgebung nachweisen. Der Kongreſs hat unabänderlich die Gewohnheit, für die Bedürfnisse der verschiedenen Verwaltungszweige stets zu wenig Geld anzuweisen; das Repräsentantenhaus ist hauptsächlich dafür verantwortlich, und Grund dafür ist sein inniges Bestreben, sparsam zu sein. Sobald daher der Kongreſs zu einer Session zusammentritt, muſs stets eine Defizitbill beraten werden. Die gesetzgebenden Körperschaften der Staaten hingegen

---

[1]) s. S. 48 u. 56.

bemühen sich in jeder Session, ein genaues Gleichgewicht zwischen Einnahmen und Ausgaben herzustellen. Sie finden nur selten von einer früheren Verwaltung her ein Defizit vor. Der Kongrefs bezieht schon seit Jahren ein beträchtliches Einkommen, das nicht nach dem Mafse der erwarteten und aus ihm zu bestreitenden Forderungen erhoben wird. Die jährlichen Geldbewilligungen haben keine notwendige Beziehung zu der Höhe der Staatseinkünfte. Letztere waren reichlich genug, um den Ausschüssen jede Besorgnis vor einem Defizit in ihren Geldbewilligungen zu benehmen. Andererseits geht die Thätigkeit der Gesetzgebung in den Staaten dahin, — wie es ja auch bei dem englischen Finanzminister (Chaucellor of the Exchequer) der Fall ist —, die Staatseinkünfte den Ausgaben anzugleichen.

Sollen finanzielle Mafsregeln erwogen werden, so ist in den gesetzgebenden Körperschaften des Bundes und der Staaten Sitte, dafs sie sich zu einem Gesamtausschufs (Committee of the Whole) erklären. Hier werden solche Anträge, wie anzunehmen ist, eingehender und freier diskutiert, als irgend welche anderen, die zur Beratung gelangen. In diesem Falle sind die beiden Abteilungen der gesetzgebenden Gewalt in den Staaten bei Mafsnahmen betreffs der Staatseinkünfte oder der Geldbewilligungen weniger zu Mifshelligkeiten geneigt als die beiden Häuser des Kongresses. Sollten beide Häuser zu keiner Einigung gelangen, so nimmt man meistens seine Zuflucht zu einem Unterhandlungsausschufs, der aus Mitgliedern beider Abteilungen besteht. Sie legen die Punkte bei, über die Meinungsverschiedenheit herrscht, ihr Bericht wird gewöhnlich ohne weitere Debatte von beiden Häusern angenommen.

Die Behandlung von Finanzmafsregeln seitens der vollziehenden Gewalt, nachdem sie in den gesetzgebenden Körperschaften durchgegangen und von den Präsidenten beider Häuser unterzeichnet sind, ist in den Staaten und beim Bunde sehr ähnlich. Der Hauptunterschied liegt in der Ausübung des Vetorechts bei Anträgen auf Verwendung öffentlicher Gelder: während der Bundespräsident seinen Einspruch nur gegen eine Bill als ganze erheben darf, kann der Gouverneur in 29 Staaten und Territorien gegen irgend einen Posten oder einzelne Posten sein Veto einlegen, während er alle übrigen genehmigt. In vier Staaten indessen besitzt der Gouverneur überhaupt kein Vetorecht. Nur in drei Staaten — Maine, Massachusetts und New Hampshire — giebt es einen Kabinetsrat, der dem Gouverneur beratend zur Seite steht. Er entspricht dem „Cabinet" des Präsidenten der Bundesregierung. Die Gouverneure der Staaten und Territorien sind, wie ja natürlich ist, bei derartigen Gelegenheiten Rat und Beeinflussung zugänglicher als der Bundespräsident. Sie gewähren oft Audienz über Gesetzentwürfe und gestatten, dafs Einsprüche schriftlich begründet werden. In der Regel macht der Präsident von seinem Vetorecht weniger Gebrauch als der Gouverneur. Es scheint die Tendenz zu herrschen, dem letzteren auf Kosten der Legislatur gröfsere Macht einzuräumen und seine Verantwortlichkeit für ihre angemessene Ausübung zu verschärfen.

Sowohl im Kongrefs, wie in den Staatslegislaturen können Finanzentwürfe trotz eines von der vollziehenden Gewalt erhobenen Vetos gesetzeskräftig werden. Hier wie dort verfährt man dabei ganz gleich. Nur darin finden sich Unterschiede, dafs die Staaten die Anzahl der Stimmen, die nötig ist, um das Veto des Gouverneurs nichtig zu machen, verschieden bestimmen.[1] Bald ist absolute Majorität erforderlich, bald sind ²⁄₃ der Stimmen dazu nötig; diese Anzahl verlangt auch der Kongrefs.

Von 30 Staaten beschränken 11 durch die Verfassung, die übrigen durch Gesetze die Gültigkeitsdauer von Geldbewilligungen der gesetzgebenden Körperschaften auf eine Zeit, die zwei Jahre nicht überschreiten darf. Diese Vorkehrung ist in den meisten Staaten seit 1870 eingeführt. Um jene Zeit wurde die Periode, während der bundesstaatliche Kredite Giltigkeit haben sollten, ohne einer neuerlichen Zustimmung zu bedürfen, vom Kongrefs auf 2 Jahre beschränkt. In dieser Bestimmung herrscht zwischen dem Kongrefs und der Mehrzahl der Legislaturen der Staaten Übereinstimmung.

In den Staatshaushaltsplänen des Bundes wie der Einzelstaaten giebt es einige jährliche Ausgabeposten, die nicht von der wiederkehrenden Zustimmung der betreffenden Kammern abhängen. Das sind die permanenten Geldbewilligungen. Im Kongrefs machen sie mehr als ein Drittel der jährlichen Staatsausgaben aus. Man findet sie auch in der Mehrzahl der Staaten, wo ihr Betrag von Staat zu Staat schwankt. Hier und dort dienen sie zur Begleichung ähnlicher Staatsverpflichtungen, wie die Bezahlung der Staatsschulden, der Unterhalt der verschiedenen Staatsbehörden, Kosten für das öffentliche Erziehungswesen und für milde Stiftungen u. s. w.

Weniger als die Hälfte der Staaten folgen dem Beispiel des Kongresses darin, dafs sie die Rechnungen der verschiedenen Behörden durch Kammerausschüsse umständlich prüfen lassen. Dafs

---

[1] Siehe Tabelle VII, Spalte 16.

das nur so wenige thun, erklärt sich wohl mit aus der Kleinheit der
Finanzen der meisten Staaten. Denn die Gelegenheit und der Anreiz
zu Unterschleifen, denen wir sogar in den gröfsten Staaten begegnen,
fällt hier fort, während der Kongrefs sie wohl bietet. In den meisten
Staaten und Territorien werden die Rechnungen des Schatzamtes
nicht durch Kammerausschüsse, sondern durch Verwaltungsbeamte
geprüft.

In einem besonders weicht die Bundesregierung von vielen Staaten
ab, nämlich darin, dafs in die letzteren die Macht, die Steuern zu
erheben, und Schulden einzugehen, durch die Verfassung oder Gesetze
beschränkt ist. Diese Beschränkungen haben notwendigerweise Einflufs auf das Verfahren, wie die Gesetzgebung Geld erhebt, und auf
die Summe, die sie erhebt, und das endlich wieder auf die Methode
bei der Verausgabung von Staatsgeldern. Der Kongrefs kennt natürlich keine derartige Einschränkung in Bezug auf die Aufbringung und
Verausgabung der Beträge, obgleich allerdings auch hier gewisse Einnahmequellen verworfen werden. [1]

Im grofsen und ganzen ist der Gang der gesetzgebenden und
vollziehenden Gewalt in der Erhebung und Verausgabung der Staatsgelder bei der Regierung des Bundes und der der Einzelstaaten wenig
abweichend. Die Verschiedenheiten liegen gröfstenteils in Nebensäch-
lichem, dagegen herrscht in allen Hauptstücken im wesentlichen Übereinstimmung. Der Schlufs also, auf den man wahrscheinlich a priori
gekommen wäre, dafs nämlich der Kongrefs das Muster für die gesetzgebenden Körperschaften der meisten Staaten abgegeben habe, und
dafs seine Methoden von diesen nachgeahmt seien, scheint sich bei
näherem Studium der Thatsachen zu bestätigen. Das Hauptergebnis
eines solchen Studiums liegt darin, dafs man die interessanten Verschiedenheiten in der Methode, die in den verschiedenen Staaten und
Territorien befolgt wird, in ein helleres Licht rückt. Die Ursachen
dieser Verschiedenheiten und der Prozefs der Differenzierung, der jetzt
im Fortschreiten begriffen ist, bieten ein anziehendes Feld für Nachforschungen demjenigen dar, der sich mit dem Studium der Staats-
wissenschaften beschäftigt.

---

[1] Siehe Bundesverfassung Art. I, sect. 9.

III. Teil.

Die Budgets der Einzelstaaten.

Die Finanzen der amerikanischen Staaten machen im ganzen einen sehr vorteilhaften Eindruck. Ihre Verschuldung ist gering und nimmt beständig ab. Die Staatsregierungen wirtschaften in der Regel sparsam, und selten wird ein Defizit am Ende des Fiskaljahres von den staatlichen öffentlichen Behörden vermerkt. Während der Jahre 1880—1890 zeigen nur vier von 38 Staaten [1]) ein Defizit. Die Gesamteinnahme dieser 38 Staaten während dieser Zeit beläuft sich auf $ 665 228 240 aufser den Beträgen, welche die Staaten erhoben und kleineren Verbänden für Schulen u. s. w., anwiesen: die Gesamtausgabe während derselben Zeit betrugen $ 583 979 014; also ein Überschufs von $ 81 249 226. [2]) Dieser Überschufs wurde teils zur Tilgung der Staatsschuld benutzt, teils diente er dazu, die Bilanz der verschiedenen Fonds zu erhöhen, oder er wurde produktiv angelegt. Die vier Staaten, welche das Dezennium mit Defizits schlossen, waren Indiana ($ 2 916 258), Kentucky ($ 758 409), Mississippi ($ 621 995), und North Carolina ($ 52 903). Diese Defizits wurden gedeckt durch Anleihen, Verkauf von Staatseigentum und Übertragung von Bilanzen. In keinem gab es ernstliche Verlegenheit, obgleich in Mississippi und North Carolina die Schuld wegen der zu geringen Besteuerung und der ungenügenden Einkünfte immer zunahm.

Ehe wir näher auf eine Prüfung der Staatsbudgets eingehen, ist es nötig, erst einige Worte der Erklärung und Informierung vorauf-

---

[1]) Staaten, die nach 1880 in die Union eintraten, und Territorien sind nicht einbegriffen.

[2]) Census v. 1890. Bd. VIII. Teil II. S. 476.

gehen zu lassen. Selbst die allgemeinste Darstellung der Statistik
setzt eine Kenntnis der Gesetze und gegenwärtigen Lage voraus,
worauf wir uns in diesem Aufsatz nicht näher einlassen können.
Der Zweck z. B., für den die verschiedenen Staatsfonds bestimmt
sind, ist überhaupt nicht aus ihren Namen zu ersehen, noch ist der
Inhalt der gleich benannten Steuern in den verschiedenen Staaten
immer derselbe. Ich habe mich jedoch bemüht, diese Schwierig-
keiten und Unterschiede im Zusammenhang zu erklären. Die zahl-
reichen Staatsfonds [1]) sind nicht im einzelnen behandelt, da sie für
die meisten Leser kein Interesse haben dürfte; besonders aber, weil
sie zum gröfsten Teil in Tabelle XIII wiedererscheinen, zusammengefafst unter dem betreffenden Gegenstand, für den sie erhoben und
verausgabt wurden.

Einen triftigen Grund der Verwirrung und Verhinderung einer
korrekten Darstellung der Statistik der Staatsfinanzen zu Vergleichs-
zwecken giebt Professor Seligman an. [2]) Eine solche Verwirrung ist
nämlich der Thatsache zuzuschreiben, dafs in vielen Fällen die Staats-
regierung einfach die Rolle eines Übermittlers spielt, indem sie
Steuern von den Lokalsteuerzahlern erhebt, um sie dann den Lokal-
verwaltungen wieder zuzuführen. Die so zusammengebrachten und
verausgabten Summen werden dann sowohl als Einnahme, als auch
als Ausgabe verrechnet. Und doch gehören diese Summen genau
genommen zu den Lokalfinanzen und sollten nur in den Budgets der
Lokalabteilungen figurieren, nicht in denen der Staaten. „Das ge-
wöhnlichste Beispiel ist das: der Fonds zu Schulzwecken wird durch
eine Vermögenssteuer in den Kreisen erhoben, dann den Staaten
überwiesen, und dann wieder an die Kreise verteilt." So wird z. B.
in New Jersey der ganze Belauf der allgemeinen Vermögenssteuer
für Schulzwecke durch den Staat aufgebracht, darauf wird er den
Kreisen zur Verausgabung wiedergegeben, 90 °₀ des Betrages den
Kreisen überwiesen, die ihn bezahlt haben, und die bleibenden 10 °₀
an die Kreise auf eine pro rata Basis nach der Zahl der Schul-
kinder verteilt. Diese Summen figurieren sowohl als Ausgabe dieses
Staates, obgleich sie nur in das Kreisbudget gehören: „Wo die
Schulausgaben von einer Kopfsteuer bestritten werden, sammeln
mehrere Staaten die Kopfsteuer und verteilen sie an die Kreise,
während andere die Kopfsteuer in eine Kreissteuer verwandeln.

---

[1]) Siehe Seligman, Finance Statistics S. 7—38, für Details.
[2]) Finance Statistics, S. 39.

welche direkt an den Schatzmeister des Kreises zu zahlen ist und daher nicht in den Kassenbestandbüchern der Staaten erscheint."

Wiederum „erscheint es häufig, dafs ein Teil der Korporationssteuern (besonders der Eisenbahnen) vom Staate an die kleineren politischen Verbände verteilt wird, während der so verteilte Betrag sowohl als Einnahme, wie als Ausgabe verrechnet wird."

Es ist mir wegen des zur Verfügung stehenden statistischen Materials nicht möglich gewesen, alle die Posten, die in den Staatsbudgets figurieren, zu unterscheiden und zu trennen, doch glaube ich, dafs die Tabellen XII und XIII in der Hauptsache ein genaues Bild der Staatsfinanzen geben, welche die folgenden Seiten durch Einzelheiten bezüglich der Einnahmen und Ausgaben ergänzen. Zu diesem Zweck ist es nötig, erst einige Worte über eine besondere Eigentümlichkeit der amerikanischen Staatsfinanzen zu sagen nämlich über die „Fonds".

I. Die Fonds.

Eine Eigentümlichkeit der amerikanischen Staatsfinanzen ist das Vorhandensein von Fonds. Von diesen giebt es, genau gesprochen, zwei Hauptklassen — Depositorien-(trust) Fonds und Staats-(state) Fonds. Die Depositorienfonds stellen nur gewisse abgeschlossene Beträge von Eigentum dar in Land, Wertpapieren oder Bar, deren Kapital als permanenter Fonds in den Händen der Schatzmeister als Kuratoren bleibt, damit das aus dem produktiven Fonds herrührende Einkommen für spezielle Zwecke verwendet werden kann. Diese Depositorien- oder in Verwahrung gehaltenen Fonds, noch besser „Anlagefonds", giebt es in den Finanzoperationen aller Regierungen, und sie thun dort einen guten Dienst.

Die Staatsfonds auf der anderen Seite sind den Vereinigten Staaten eigen und stellen etwas ganz anderes vor. Bei den Finanzgeschäften einer Regierung ist es gewöhnlich Sitte, das Budget so aufzustellen, dafs es alle Staatseinnahmen enthält, und dafs dann diese Einnahmen durch parlamentarische Bewilligung auf bestimmte festgesetzte Ausgabeposten verteilt werden. Nicht so in den Einzelstaaten der nordamerikanischen Union. In den meisten Staaten giebt es keine derartige Verteilung der Staatseinnahmen zu bestimmten Zwecken. Im Gegenteil werden dieselben unter einer Anzahl getrennter Rechnungen geführt, die Fonds genannt werden, auch die

6*

Ausgaben für die verschiedenen Zwecke werden je aus den Einnahmen
dieser verschiedenen Fonds bestritten. Der Schatzmeister muſs fort-
während ein getrenntes Rechnungsbuch für jeden Fonds haben; in
Wirklichkeit besteht daher für die Fonds nur eine sehr unbeholfene
Methode der Buchführung, welche nur dazu dienen kann, Unord-
nung und Unklarheit in das Finanzwesen der Staaten zu bringen.[1]
Die Anzahl der Fonds ist ganz willkürlich, da Zahl und Charakter
in jedem Staate verschieden sind. Bisweilen werden neue Fonds hinzugefügt von jeder Legislatur, wenn sie wünscht, gewisse Einnahmeposten dem allgemeinen, disponiblen Staatseinkommen zu entnehmen
und sie unter bestimmte Kategorien zu bringen, um sie so launischen
Einfällen der Gesetzgeber zu entziehen. In Missouri gab es früher
die erstaunliche Anzahl von 70 Fonds, für die der Schatzmeister je
ein eigenes Rechnungsbuch führen muſste. Von diesen wurden die
meisten von 1875—77 aufgehoben.[2]

Es giebt keine scharfe Grenze zwischen Depositorien-(trust) und
Staatsfonds, weder in den Finanzberichten der Staaten, noch in dem
Bericht des Census für 1890. In Tabelle IX habe ich unter Depositorienfonds alle diejenigen inbegriffen, welche aus einem Stammkapital bestehen, da dies das Merkzeichen ist, welches diese Fonds
von den Staatsfonds unterscheidet. In einigen Fällen besteht dieses
Kapital nur in einer Kassenbilanz, aber insofern die Fonds permanent waren, sind sie in den Depositorienfonds einbegriffen. In
Spalte 11 dieser Tabelle befinden sich die Kassenbilanzen der verschiedenen Staatsfonds. Die Staatspapiere, welche von den verschiedenen Depositorienfonds gehalten werden, sind nicht einbegriffen,
da dies nicht mehr oder weniger bedeutet, als eine Zuwendung von
allgemeinen Steuern zu diesem besonderen Zweck. Der Betrag
des Staatspapieres, der vom Staate für seine Fonds als Depositorium
gehalten wird, ist für die verschiedenen Staaten in den der Tabelle
angefügten Bemerkungen detailliert angegeben.

Die Anzahl der Fonds, sowohl Staats- wie Depositorienfonds,
die entweder aus Kapital oder einer Kassenbilanz bestanden, war
1890 folgendermaſsen:

Anzahl der Fonds.

Alabama	6	Arkansas	10
Arizona	—	California	31

[1] Seligman, Finance Statistics. S. 5.
[2] Derselbe. Finance Statistics. S. 6.

Colorado	29	New Hampshire	3
Connecticut	13	New Jersey	5
Delaware	4	New Mexico	—
Florida	11	New York	16
Georgia	2	North Carolina	2
Idaho	6	North Dakota	10
Illinois	8	Ohio	9
Indiana	14	Oregon	12
Jowa	3	Pennsylvania	2
Kansas	15	Rhode Island	4
Kentucky	3	South Carolina	4
Louisiana	15	South Dakota	5
Maine	1	Tennessee	4
Maryland	3	Texas	27
Massachusetts	19	Utah	—
Michigan	13	Vermont	2
Minnesota	17	Virginia	7
Mississippi	4	Washington	—
Missouri	10	West Virginia	3
Montana	5	Wisconsin	15
Nebraska	6	Wyoming	5
Nevada	10		

Der Generalfonds[1]) findet sich in allen Staaten und entspricht dem Budget der meisten Regierungen. Er besteht aus allen gewöhnlichen Einnahmen, die nicht den anderen Fonds zugewiesen sind, und dient so als eine Art Schleppnetz für die Staatsfinanzen. Er findet sich natürlich in allen Staaten. In nur fünf Fällen indessen — Delaware, Georgia, Jowa, Maryland und New Jersey — besitzt der Staat ein Kapital, dessen Einkommen zu allgemeinen Staatszwecken verwendet wird, diese werden deshalb als Anlagefonds aufgezählt. In allen anderen Staaten besteht der Generalfonds aus einem Teil der allgemeinen Steuern.

Der Amortisationsfonds, der sich in 22 Staaten findet, ist für die Abzahlung von Kapital und Zins der Staatsschuld bestimmt. In vielen Fällen sorgt die Verfassung für einen Amortisationsfonds, oder sorgt wenigstens in anderer Weise für die Abtragung der Schuld; so müssen in Georgia und Ohio jährlich $ 100 000 von dem Kapital abgezahlt werden.

In den übrigen Staaten findet sich dies nicht, weil in sieben [2])

---

[1]) Seligman. „Finance Statistics“. S. 7.

[2]) Oklahoma und das Indian Territory sind nicht einbegriffen, obgleich sie keine Schulden haben.

von ihnen, Illinois, Jowa, Oregon, Utah, Vermont, West Virginia
und Wisconsin, thatsächlich keine Schulden existieren, während in den
übrigen 18 Fällen derselbe Zweck durch regelmäfsige Anweisungen aus
dem Generalfonds erreicht wird.

Die Erziehungsfonds sind die einzigen von den übrigen,
welche Erwähnung verdienen. Diese figurieren unter verschiedenen
Namen in den verschiedenen Staaten, sind aber ohne Ausnahme
einem oder mehreren der folgenden Zwecke gewidmet: öffentlichen
Gemeindeschulen, staatlichen Universitäten, landwirtschaftlichen oder
mechanischen Hochschulen, staatlichen Seminarien und Akademien
und Staats-Normalschulen. Nur die Fonds sind hier notiert, welche
aus einem Kapital bestehen, aber Anweisungen machen alle Staaten
für die Schulen, in den meisten von ihnen werden für die anderen
Institutionen aus den Allgemeinsteuern Anweisungen gemacht. In
diesem Falle figurieren sie als Staatsfonds, da für jeden vom Schatzmeister ein besonderes Rechnungsbuch geführt wird. Gewöhnlich
wird ein gewisser Teil der Staatssteuern zu diesem Zweck erhoben
und verwendet. [2])

Die Tabelle IX (S. 88 89) zeigt den Betrag der verschiedenen
„Anlagefonds" im Jahre 1890:

Folgende Erläuterungen dienen zur näheren Aufklärung dieser
Tabelle.

Alabama: Der Schulfonds enthält Staatspapiere im Betrage
von $ 2 621 996; der Universitätsfonds $ 300 000; der landwirtschaftliche und mechanische Hochschulenfonds $ 253 500. Von den Staats-
fonds hat der Generalfonds eine Kassenbilanz von $ 272 103 und zwei
andere Fonds zusammen $ 55 578.

Arkansas: Der Schulfonds hat Staatspapiere im Betrage von
$ 490 000. Von den Staatsfonds hat der Generalfonds $ 135 594 in
Cassa und sieben andere zusammen $ 74 083.

California: Der Schulfonds enthält $ 1 541 500 Staatspapiere,
der Universitätsfonds $ 817 500, von den Staatsfonds enthält der
Generalfonds $ 1 727 358 in Bar und 27 andere $ 1 444 942.

Colorado: Der Schulfonds enthält Staatspapiere im Betrage
von $ 711 416; Universitätsfonds $ 22 645, Fonds für innere Verbesserungen $ 232 939 und 24 andere $ 428 855.

Connecticut: Von den Staatsfonds sind $ 897 674 im General-
fonds und $ 75 275 in zehn anderen.

---

[1]) Einzelheiten siehe unter „Steuersatz" S. 114 ff.

Delaware: Der Schulfonds enthält $ 156 750 Staatspapiere, der Universitätsfonds $ 83 000.

Florida: Der Amortisationsfonds enthält $ 242 500 Staatspapiere. der Schulfonds $ 443 800, der landwirtschaftliche Hochschulenfonds $ 135 800. Seminarfonds $ 93 900. Von Staatsfonds hat der Generalfonds $ 8 123 und sechs andere $ 51 153.

Georgia: Der Universitätsfonds enthält $ 90 202 Staatspapiere. Idaho: Der Generalfonds enthält $ 799 und 3 andere $ 612.

Illinois: Der Schulfonds enthält $ 948 955 Staatspapiere, der landwirtschaftliche Hochschulenfonds $ 135 800. Seminarfonds $ 59 839 ; von Staatsfonds enthält der Generalfonds $ 3 527 214 und drei andere $ 603 998.

Indiana: Der Universitätsfonds enthält Staatspapiere im Betrage von $ 484 000, von den Staatsfonds enthält der Generalfonds $ 811 735, zehn andere $ 154 908.

Jowa: Der Schulfonds enthält $ 245 435 Staatspapiere.

Kansas: Der Schulfonds enthält $ 536 000 Staatspapiere, der Universitätsfonds $ 9000. Von Staatsfonds hat der Generalfonds $ 287 719 und neun andere $ 93 623.

Kentucky: Der Schulfonds enthält Staatspapiere im Betrage von $ 1 705 947. der landwirtschaftliche Hochschulenfonds $ 165 000.

Louisiana: Der Schulfonds hat $ 1 930 868 Staatspapiere, der landwirtschaftliche Hochschulenfonds $ 182 313, Seminarfonds $ 136 000. Von Staatsfonds enthält der Generalfonds $ 32 383 und elf andere $ 868 868.

Maine: Der Schulfonds hat $ 242 758 Staatspapiere, der landwirtschaftliche Hochschulenfonds $ 218 300, Irrenanstaltsfonds $ 50 000 und verschiedene Fonds $ 279 350.

Maryland: Der Amortisationsfonds hat $ 1 187 485 Staatspapiere, der Schulfonds $ 8836.

Massachusetts: Der Amortisationsfonds hat $ 5 453 308 Staatspapiere. der Hafenersatzfonds $ 50 000, von Staatsfonds hat der Generalfonds $ 1 784 016 und sechs andere $ 133 696.

Michigan: Der Schulfonds hat $ 4 362 380 Staatspapiere, der Universitätsfonds $ 515 088, der landwirtschaftliche Hochschulenfonds $ 373 611, der Normalschulenfonds $ 63 960. Von Staatsfonds enthält der Generalfonds $ 903 421 und sieben andere $ 209 731.

Minnesota: Der Schulfonds hat $ 2 230 025 Staatspapiere, der Universitätsfonds $ 338 000 und der innere Verbesserungsfonds $ 100 000, von Staatsfonds hat der Generalfonds $ 370 722 und zwölf andere $ 968 103.

Mississippi: Der Schulfonds hat $ 1 649 253 Staatspapiere,

Tabelle IX. Depositorien-

1.	2.	3.	4.	5.
Staaten.	Amortisationsfonds.	Schulfonds.	Universitätsfonds.	Landwirtschaftliche und mechanische Hochschulenfonds.
Alabama		53 395 [1]	[1]	[1]
Arkansas	8 972 [2]	217 327 [6]		
California	199 425 [2]	1 774 896 [5]	246 000 [1]	
Colorado		145 733 [4]	41 416 [4]	15 113 [2]
Connecticut		2 020 074		135 000
Delaware	12 177 [2]	326 400 [4]		[1]
Florida	587 [1]	149 758 [5]		20 039 [4]
Georgia			[1]	
Idaho	20 775 [2]	11 678 [2]	[2]	[2]
Illinois		314 256 [4]		540 820 [4]
Indiana	2 556 [2]	3 910 859	835	
Jowa		4 078 912 [4]		291 165 [2]
Kansas	133 [2]	5 051 220 [24]	115 903 [4]	497 286
Kentucky	715 207	199 473 [1]		[1]
Louisiana		8 697 [1]		[1]
Maine		[1]		[1]
Maryland	748 684 [4]	303 314 [4]		
Massachusetts	15 562 628 [7]	2 709 725		
Michigan	38 738	[1]	[1]	[1]
Minnesota	2 125 518	6 725 895 [4]	577 974 [1]	
Mississippi		[1]		[1]
Missouri	453 168 [2]	853 [4]		
Montana		[2]	[1]	[2]
Nebraska	195 388 [2]	2 418 040 [1]	35 881	51 814
Nevada	52 474 [2]	855 045 [1]	92 175 [1]	
New Hampshire				[1]
New Jersey	573 658	3 590 809 [4]		[1]
New York	4 845 155 [9]	7 552 662 [10]	184 201 [11]	444 803 [12]
North Carolina		[1]		
North Dakota		[2]	[2]	[2]
Ohio	245 040 [2]	114 256 [4]	[14]	
Oregon		1 806 624	96 696	109 133
Pennsylvania	8 281 310			[1]
Rhode Island	860 017	273 330		
South Carolina	39 337 [2]			[1]
South Dakota		[2]	[2]	[2]
Tennessee		[1]	[1]	[1]
Texas		5 134 382 [4]	67 903 [4]	[1]
Vermont				[1]
Virginia	109 176 [1]	24 221 [22]	[1]	[1]
West Virginia		759 550 [1]		
Wisconsin		1 576 341 [4]	118 602 [4]	241 203 [4]
Wyoming		[2]	[2]	[2]
Arizona, New Mexico Utah, Washington				

oder Anlagefonds.

6. Seminarfonds.	7. Normalschulenfonds.	8. Öffentliche Gebäudefonds.	9. Innere Verbesserungsfonds.	10. Generalfonds.	11. Staatsfonds (in Bar).	12. Summa.
					327 682	381 077
					209 677	435 976
					3 172 300	5 392 651
		33 320 [17])	150 027 [4])		661 794	1 047 403
					972 931	3 028 005
				755 226		1 093 803
588 [4])					59 276	230 248
				2 323 092		2 323 092
		"				33 864
[1])					1 411	4 986 288
					4 131 212	
					966 643	4 880 893
				18 346		4 388 423
	122 315				381 342	6 168 196
					Defizit [5])	914 680
[1])					901 251	909 928
		(²³)			62 678 [5])	62 678
				5 397 894		6 450 092
	363 675 [18])		136 954 [19])		1 917 702	20 687 684
	[1])				1 113 152	1 151 890
			2 025 518 [1]) [26])		1 338 825	12 793 730
	[1])				550 584 [4])	550 584
	[1])				450 367	904 388
		"			187 181	187 181
	22 163				860 138 [5])	3 583 424
	[15])		")		180 246	1 179 940
		")			202 061 [5])	202 061
		49 124 [18])		430 696	71	3 595 234
					3 400 576	16 476 518
		³)			163 677 [5])	163 677
					104 792	104 792
			20.		6 782 [5])	366 078
					139 484	2 151 937
		45 794 [26])			2 197 431 [5])	10 478 741 [27])
		³)			179 168 [5])	1 358 307
					84 000	123 337
					10 053 [5])	10 053
		57 143 [21])			79 766 [5])	79 766
					947 185	6 206 613
					117 709 [5])	117 709
78 463 [23])			450 [2])		136 442 [5])	349 052
					127 532 [5])	887 082
	1 178 292 ¹		44 395 [29])		315 933	3 494 767
		[1])			[5])	[3])

Anmerkungen zur Tabelle IX.

* Eleventh Census (1890), Bd. VIII. Teil 1. S. 81—243.
¹) Das Kapital dieses Fonds besteht nur aus Staatspapieren. ²) Bar. ³) Besteht aus Landanweisungen: die Einkünfte aus deren Verkauf sind diesem Zweck gewidmet. ⁴) Hat aufserdem noch Staatspapiere. ⁵) Nur Generalfonds. ⁶) Einschliefslich permanenter Schul-, öffentlicher Gemeindeschul- und 16. Sektionfonds; sie haben aufserdem auch Staatspapiere. ⁷) Einschliefslich sieben spezielle Amortisationsfonds; diese haben auch Staatspapiere. ⁸) Fisk und Kimball Legate, zum Benefiz des staatlichen Irrenasyls; besteht aus Staatspapieren. ⁹) Kanalschuldentilgungs- und Kanalfonds; sie haben ebenfalls Staatspapiere. ¹⁰) Gemeindeschulen-und Vereinigten Staaten Depositenfonds. ¹¹) Litteraturfonds; hat aufserdem Staatspapiere. ¹²) Hochschulenfonds (college land scrip fund). ¹³) Militärarchiv- und Matrosenfonds. ¹⁴) Pfarrer-, Militärschulen-, Western Reserve Schul-, und Ohio Universitätsfonds; sie bestehen nur aus Staatspapieren. ¹⁵) Lehrerinstitutsfonds; besteht aus Staatspapieren. ¹⁶) Der Staat hat auch $ 28 258 285 unproduktive Aktiva. ¹⁷) Zuchthauslandfonds; bar. ¹⁸) Todd Normalschul-, Rogers Buch- und technischer Erziehungsfonds. ¹⁹) Hafencompensationsfonds; hat auch Staatspapiere. ²⁰) Sumpfland- Entschädigungsfonds; besteht aus Staatspapieren. ²¹) Blinden-, Taubstummen- und Irrenanstaltenfonds, und anheimgefallene Landgüter. ²²) Millers Handarbeitschulfonds; hat auch Staatspapiere. ²³) Literaturfonds; hat auch Staatspapiere. ²⁴) Exklusive Schulland-Kontrakte, die man 1890 auf $ 4 500 000 schätzte und die noch ausstanden; hat auch Staatspapiere. ²⁵) Irrenhospitalfonds; Staatspapiere. ²⁶) Sumpflandfonds: Staatspapiere. ²⁷) Der Staat hat ebenfalls $ 497 455 unproduktive Aktiva. ²⁸) Touro Jüdischer Synagogenfonds. ²⁹) Entwässerungsfonds.

der landwirtschaftliche Hochschulenfonds $ 227 150, der Seminarfonds $ 544 061, der Sumpflandfonds $ 163 425.

Missouri: Der Schulfonds hat $ 3 140 000 Staatspapiere, der Seminarfonds $ 540 000, von Staatsfonds hat der Generalfonds $ 180 997 und sechs andere $ 269 370.

Montana: Von den Staatsfonds enthält der Generalfonds $ 181 484 und drei andere $ 5687.

Nebraska: Der Schulfonds hat $ 326 267 Staatspapiere.

Nevada: Der Schulfonds hat $ 152 000 Staatspapiere, der Universitätsfonds $ 30 000, von den Staatsfonds enthält der Generalfonds $ 157 046 und sechs andere $ 23 200.

New Hampshire: Der landwirtschaftliche Hochschulenfonds hat $ 80 000 Staatspapiere, der Lehrerinstitutsfonds $ 53 584, der Städtische Irrenasylfonds (Fisk und Kimball-Legate) $ 33 132, verschiedene Fonds $ 3703.

New Jersey: Der Schulfonds hat $ 118 000, der landwirtschaftliche Hochschulenfonds $ 116 000 Staatspapiere, von den Staatsfonds enthält der Fonds der Staatlichen Assessorenversammlung nur $ 71.

New York: Der Kanalfonds hat s 400 000 Staatspapiere, der Schulfonds s 60 000 und der Ver. St. Depositenfond (für Schulzwecke) s 40 000; der Litteraturfonds (für Universitätszwecke) s 100 000, der College Land Scrip-Fonds (für landwirtschaftl. Hochschulen) s 28 600, von Staatsfonds hat der Generalfonds s 2 640 774 und sieben andere s 759 802.

North Carolina: Der Schulfonds hat s 99 250 Staatspapiere.

North Dakota: Von Staatsfonds enthält der Generalfonds s 29. 134 und neun andere s 75 658.

Ohio: Der Schulfonds hat s 3 323 644 Staatspapiere, fünf verschiedene Erziehungsfonds s 1 236 622. Sumpfland - Entschädigungsfonds s 23 915.

Pennsylvanien: Der landwirtschaftliche Hochschulenfonds hat 517 000 Staatspapiere.

South Carolina: Der landwirtschaftliche Hochschulenfonds hat s 191 800 Staatspapiere. Von den Staatsfonds enthält der Generalfonds s 77 944 und der Strafanstaltsfonds s 6056.

Tennessee: Der Schulfonds hat s 2 512 500 Staatspapiere, der Universitätsfonds s 405 000 und der landwirtschaftliche Hochschulenfonds s 396 000.

Texas: Der Schulfonds hat s 2 048 800 Staatspapiere, der Universitätsfonds s 549 340, der landwirtschaftliche Hochschulenfonds s 209 000, die Asylfonds s 210 000, von den Staatsfonds hat der Generalfonds s 618 623 und neunzehn andere Fonds s 348 562.

Vermont: Der landwirtschaftliche Hochschulenfonds hält s 135 500 Staatspapiere.

Virginia: Der Amortisationsfonds hält s 2 377 583 Staatspapiere, der Schulfonds s 1 044 868, fünfzehn verschiedene Erziehungsfonds, der Universitätsfonds einbegriffen, s 883 787, der landwirtschaftliche Hochschulenfonds s 344 312, Litteraturfonds s 1 179 127, diese Fonds halten auch s 114 000 andere verschiedene Staatspapiere. Nicht mit einbegriffen sind hier s 2 026 439 West Virginia Certifikate, welche dieser Staat sich weigert zu acceptieren und die daher wahrscheinlich wertlos sind. Der Litteraturfonds hat auch s 769 023 wertlose Bankaktien und andere Obligationen.

West Virginia: Der Schulfonds hat s 184 511 Staatspapiere.

Wisconsin: Der Schulfonds hat s 1 563 700 Staatspapiere, der Universitätsfonds s 111 000, der landwirtschaftliche Hochschulenfonds s 60 600. der Normalschulenfonds s 515 700, andere Fonds s 44 391, von den Staatsfonds enthält der Generalfonds s 211 543 und neun andere Fonds s 44 390.

II. Ausgaben der Staatsregierungen.

Wie man aus Tabelle II ersieht, sind die Ausgabebudgets der Staaten verhältnismäfsig gering im Vergleich zu denen der Bundesregierung oder denen der kleineren Verbände. Dies kommt daher, dafs die Hauptlast der Verwaltung nicht von den Staaten selbst getragen wird, sondern von den kleineren Verbänden, Kreisen und noch mehr von den Städten und Landgemeinden. Die Hauptausgaben eines Staates sind folgende: [1]

1. Die Kosten der Legislatur, Bezahlung der Gehälter der Verwaltungs- und Gerichtsbeamten, und die Ausgaben für das gerichtliche Verfahren, wie z. B. Bezahlung der Geschworenen, Zeugen u. s. w.

2. Die Ausgaben für die staatliche Freiwilligen-Miliz und Pensionen.

3. Erziehungszwecke, wie Einrichtung öffentlicher Gemeindeschulen, Staatsuniversitäten, landwirtschaftlicher und mechanischer Hochschulen u. s. w.

4. Wohlthätigkeits- oder andere öffentliche Institute, wie staatliche Irrenanstalten, Blinden-, Taubstummen- oder Waisenhäuser u. s. w.

5. Staatsgefängnisse und Besserungsanstalten; hierfür sind die Ausgaben des Staates verhältnismäfsig gering, da die Gefängnisse gewöhnlich vom Kreise unterhalten werden.

6. Staatliche Gebäude, wie das Staatslegislaturgebäude und öffentliche Bauten.

7. Zinszahlung von Staatsschulden.

Dafs diese Liste keineswegs alle Verwendungszwecke der Staaten umfafst, wird bewiesen durch die Anzahl getrennter Fonds in den verschiedenen Staaten, von denen ein jeder ein getrenntes und bestimmtes Verwendungsobjekt aufweist. Wegen der grofsen Verschiedenheit und geringeren Bedeutung der grofsen Überzahl solcher Fonds werden wir nicht in ihre Einzelheiten eingehen. Die hauptsächlichsten gemeinsamen Ausgaben der Staaten sind die eben erwähnten (siehe Tabelle XII).

Neuerdings kann man aus den Staatsausgaben ersehen, dafs diejenigen für staatliche Büreaus, Arbeitsstatistik, Schiedsgerichte, Fabrikinspektion und Arbeitsnachweisbüreaus im Steigen begriffen sind. In New York z. B. sind sie alle vorhanden.

Von der ganzen Einnahme, die in jedem Staat vermittels der

---

[1] Bryce P. II. chap. 43 p. 512.

staatlichen Steuergesetze erhoben wird, ist ein verhältnismäfsig kleiner Teil davon vom Staate selbst zurückbehalten und zu Staatszwecken verwendet. Im Jahre 1890 wurde die Summe von $ 569 252 634 von den vereinigten Staats- und Lokalregierungen verausgabt, welche auf die einzelnen Abteilungen wie folgt verteilt war:[1]

Die Staaten . . . . $ 77 105 911

„ Kreise . . . . „ 68 479 220

„ Munizipalitäten . . . . „ 212 779 056

„ Schulbezirke . . . . „ 139 065 537

„ Städte mit weniger als 4000 etc. . . . „ 71 802 910

A n m e r k u n g : Wesentlich für das Verständnis der Beziehung der Staaten zu den kleineren Verbänden ist die nähere Analysierung dieser Ausgaben. Dabei ist wohl zu merken, welche Pflichten jedem Teil obliegen. Die Hauptausgaben in den 1319 Kreisen waren für folgende Zwecke bestimmt:[2]

Gehälter, Honorarien, Kommissionsgebühren . $ 11 500 410

Gerichtshöfe . . . . „ 7 229 710

Gefängnisse und andere Strafanstalten . . . „ 3 151 651

Wohlthätigkeitsbeiträge . . . . „ 9 885 948

Bauten, Grundstücke und Verbesserungen . „ 5 102 596

Zinsen für die Kreisschulden . . . . . . „ 4 048 051

Wege und Brücken . . . . „ 12 029 432

Verschiedenes . . . . „ 15 531 422

$ 68 479 220

Die Munizipalitäten von einer Bevölkerung von 4000 oder mehr Einwohnern machten folgende Ausgaben:[3]

Öffentliche Gebäude, Anlagen, Baustellen und Parks . $ 45 027 323

Wasserwerke und andere Unternehmungen . . . . . . „ 3 710 437

Wohlthätigkeitsbeiträge . . . . „ 10 244 357

Polizei . . . . „ 22 585 261

Unterhaltung von Strafsen oder Brücken . . . . . . „ 34 955 928

„ „ Kanälen . . . . „ 7 576 325

Feuerlöschwesen . . . . „ 15 346 318

Hygiene . . . . „ 3 027 149

Beleuchtung . . . . „ 10 739 404

Schulen und Bibliotheken . . . . „ 38 295 864

Zinsen für städtische Schulden . . . . „ 24 731 634

$ 216 840 000

In neun Staaten werden die Berichte der Schatzämter nur alle zwei Jahre abgefasst, wobei die Geschäfte für zwei Jahre zusammen-

[1] Census v. 1890 Bd. VIII, Teil II, S. 411.

[2] Census v. 1890, Pt. II, p. 517.

[3] Census v. 1890, Pt. II, p. 557, 581.

gestellt werden. In solchen Fällen wird die Hälfte des Betrages für die beiden Jahre als Jahresdurchschnitt genommen. In allen Staaten. aufser fünf, hält die Legislatur nur einmal in zwei Jahren Sessionen ab, aber die meisten von ihnen halten auch kurze vertagte Sessionen in den dazwischenliegenden Jahren ab. Da die legislativen Ausgaben in den Jahren regelmäfsiger Sessionen sehr grofs sind, und sehr klein in den Jahren der besonderen Sessionen, so ist die Hälfte der legislativen Ausgaben für die beiden Jahre in jedem Falle als durchschnittliche legislative Ausgabe für das Jahr 1890 gerechnet worden. Dadurch sah ich mich gezwungen, von den Zahlen, die in dem U. S. Census unter dieser Rubrik angegeben sind, beträchtlich abzuweichen.

Die in Tabelle XII angegebenen Ausgaben der Staaten sind hinreichend detailliert, um verstanden werden zu können, aber etliche Posten in einigen Staaten, besonders diejenigen für Gerichts- und Gefängniswesen, welche sehr von dem allgemeinen Durchschnitt abweichen, verdienen vielleicht ein Wort der Erklärung. In Arkansas und Maine erscheinen die vom Staate für gerichtliche Zwecke gemachten Ausgaben gering im Vergleich zu ihren Ausgaben für andere Zwecke, während in Colorado dieser Posten überhaupt nicht im Staatsbudget erscheint. Der Grund liegt darin, dafs die Kreise in diesen Staaten den gröfseren Teil oder das Ganze der für diese Zwecke gemachten Ausgaben tragen; die Ausgaben der Kreise in diesen Staaten sind bezüglich: Arkansas $ 110 917, Colorado $ 214 766, Maine $ 147 216. Auf der anderen Seite erscheint dieser Posten aufserordentlich grofs in Kentucky und Vermont, weil die Kreise dieser Staaten diese Ausgaben nicht übernehmen. Die Ausgaben der Kreise waren: in Kentucky $ 4182 und in Vermont nur $ 1332. Dieselbe Erklärung reicht aus, um die aufserordentlich geringen Staatsausgaben für Gefängnisse in Arkansas und Florida zu erklären, sowie der Wegfall dieses Postens in Louisiana. In diesen Staaten wurden die Ausgaben für diese Institute von den Kreisen ganz oder teilweise angenommen, und zwar wie folgt: Arkansas $ 20 322, Florida $ 11 731, Louisiana $ 19 347. Es scheint, als ob Delaware in dieser Hinsicht als Muster dienen könnte, denn seine Gesamtausgaben für diesen Zweck betrugen nur $ 660. In California sind die Ausgaben für Wohlthätigkeitszwecke sehr gewachsen infolge Verausgabung einer ungeheueren Summe,[1]) die den Armen zugewiesen wurde, nach einem Gesetz von 1883. welches jeder alten Person, welche infolge bedürftiger Umstände sich

[1]) Vgl. Seligman p. 49.

in einer bestimmten Anstalt befindet, jährlich $ 100 zuweist. Die
Gerichtshöfe glaubten dieses Gesetz auch auf die Kreise anwenden zu
dürfen: infolgedessen ist der Staat schwer mit Ausgaben belastet,
welche eigentlich die Kreise tragen sollten. In Illinois schliefst dieser
Posten grofse Ausgaben für Irrsinnige und Taubstumme in sich und
in Ohio für Irrsinnige. In Montana werden die Erziehungsunkosten
von den Schulbezirken bestritten, so dafs dieser Posten nicht in dem
Staatsbudget erscheint. Trotz der ungeheueren Schuld Arkansas' von
über $ 8 000 000 giebt es in diesem Staate keine Ausgabe für Zins-
zahlung: der Grund dafür liegt darin, dafs dieser Staat für diesen
Zweck im Rückstande ist und im Jahre 1890 keine Zahlung geleistet
hat.[1] In Rhode Island giebt es kein Kreisfinanzsystem, so dafs die
vom Staate gemachten Ausgaben gegen Reichtum und Bevölkerung
dieses kleinsten Staates in der Union unverhältnismäfsig grofs sind.

Man mufs nun nicht glauben, dafs die in Tabelle XII verzeichneten
Ausgaben für Erziehung die einzigen wären, die in den Staaten für
diesen Zweck gemacht würden. Diese Zahlen zeigen nur die Ausgaben, die von den Staaten, nicht in den Staaten, gemacht wurden. Um
die Wichtigkeit dieses Postens genau zu zeigen und um des allgemeinen
Interesses wegen füge ich die Summen bei, welche vom Staat und von
den Lokalregierungen für öffentliche Gemeindeschulen im Jahre 1890
gemacht wurden. Jedoch enthalten die Staatsausgaben für Erziehung
auch die für Colleges, landwirtschaftliche und mechanische Hochschulen, staatliche Normalschulen etc.[2] (Siehe Tabelle X.)

Wenn man die Ausgaben für öffentliche Schulen in verschiedenen
Teilen des Landes vergleicht, mufs man die Besonderheiten der sozialen
Bestrebungen ins Auge fassen, da sie die aus der Statistik gezogenen
Schlüsse modifizieren. Im Norden und in den unabhängigen Distrikten
und Munizipalitäten des Südens ist es allgemein Sitte, Schulen zu bauen
und zu erhalten von einer Steuer, über welche in öffentlichen Berichten Auskunft gegeben wird. Im ländlichen Süden und in gewissem
Mafse auch in den Munizipalitäten des Südens werden die öffentlichen Fonds nur zur Erhaltung der Schulen verwendet. Fonds für
Bauten und zur Ausdehnung der Schulperioden über das gesetzliche
Minimum hinaus, werden gröfstenteils durch Subskription gegründet,
auch werden grofse Geldsummen und eine grofse Anzahl von Ge-
bäuden für Schulen verwandt, ohne jemals in einem öffentlichen Bericht erwähnt zu werden.

[1] Vgl. Seligman p. 102.
[2] Census von 1890, Bd. VIII. Teil II, p. 407.

Tabelle X.

Summen, welche im Jahre 1890 für Schulzwecke ausgegeben wurden [1]
(in Dollars).

	$		$
Alabama	547 880	Nebraska	3 301 119
Arizona	85 000	Nevada	162 597
Arkansas	1 019 060	New Hampshire	814 394
California	5 119 097	New Jersey	3 457 525
Colorado	1 681 379	New Mexico	79 186
Connecticut	2 123 839	New York	17 392 274
Delaware	329 008	North Carolina	718 225
Florida	476 503	North Dakota	626 946
Georgia	967 590	Ohio	10 755 246
Idaho	168 318	Oregon	880 369
Illinois	11 288 529	Pennsylvania	12 828 645
Indiana	5 900 233	Rhode Island	917 990
Jowa	6 477 266	South Carolina	460 260
Kansas	4 972 967	South Dakota	1 173 757
Kentucky	2 026 952	Tennessee	1 300 351
Louisiana	704 586	Texas	3 173 104
Maine	1 114 902	Utah	394 677
Maryland	1 910 663	Vermont	689 917
Massachusetts	8 286 062	Virginia	1 577 347
Michigan	5 446 516	Washington	944 190
Minnesota	4 033 416	West Virginia	1 284 991
Mississippi	1 097 916	Wisconsin	3 711 286
Missouri	5 128 260	Wyoming	152 918
Montana	364 083	Summa $	137 723 459

Eine Liste von Verfassungsmaßregeln betreffend Zwecke, für
welche Steuern erhoben werden dürfen, findet sich in Tabelle VIII.
Die erwähnten Hauptzwecke bilden die Unterstützung der Staats-
regierung, ihre Verteidigung gegen Angriffe und Aufstände, Bezahlung
der Staatsschuld und des Unterhalts von staatlichen Einrichtungen,
sowie das Erziehungswesen. Da die Beschränkungen der Verfassungen
schon behandelt worden sind, brauchen wir nicht länger dabei zu
verweilen. (Siehe Tabelle XI.)

III. Einkünfte der Staatsregierungen.

Die Einnahme der Staaten leitet sich größtenteils von der allgemeinen Vermögenssteuer her, aber es giebt in vielen Staaten, be-

---

[1] Eleventh Census (1890). Vol. VIII. Part II. pp. 601—652.

sonders den östlichen, eine Bewegung, welche diese durch Korporations-
und ähnliche Steuer ersetzen will. Infolge des enormen Unter-
schiedes hinsichtlich der Entwicklung, des Reichtums, der Bedürfnisse
der verschiedenen Staaten, würde ein gleichmäfsiges Steuersystem nicht
nur unmöglich, sondern thatsächlich schädlich sein. So findet sich ein
grofser Unterschied in den einzelnen Staaten, nicht nur in der Art
der auferlegten Steuern, sondern auch in der Methode ihrer Eintreibung etc. Im folgenden ist der Versuch gemacht worden, so
scharf und klar als möglich die verschiedenen Quellen der Staatseinnahmen und der Steuerarten darzulegen, so dafs die allgemeine
Charakteristik des amerikanischen Staatssteuersystems klar hervortritt, ohne von zu vielen Details verdeckt zu sein.

Eine befriedigende Darstellung der Statistik ist mit vielen Schwierig-
keiten verknüpft, nicht nur wegen der Methode ihrer Zusammenstellung
in den Berichten des Census der Vereinigten Staaten, auf welche sich
Tabelle XIII bezieht, sondern besonders wegen ihrer Darstellung in
den Finanzberichten der Staaten selbst. Zum Beispiel sind nicht nur
die Steuern auf unbewegliches und bewegliches Vermögen zusammengestellt, sondern unter diesen sind auch Kopfsteuern, Vermögenssteuern von Eisenbahn-, Telegraphen-, Telephon- und anderen Gesellschaften mit einbegriffen. In Massachusetts und North Carolina ist
die Einkommensteuer einbegriffen, in Montana und Nevada die Er-
tragssteuer der Bergwerke. Diese Unterschiede werden berührt werden
bei der Darstellung der einzelnen Steuern, aber diese Verbesserungen
und Audeutungen mufs man beobachten, ehe man die Zahlen zum
Vergleich heranzieht. In vielen Staaten können gewisse Steuern, wie
Weg- und Kopfsteuern, in Arbeit und Naturalien gezahlt werden; wo
dies geschieht, ist der Wert solcher Steuern ausgelassen worden. Nur
die Geldeinnahme und Ausgabe der Staaten kommt in Betracht
(Siehe Tabelle XIII.)

1. Allgemeine Vermögenssteuer.

Die allgemeine Vermögenssteuer zu Staatszwecken ist zugleich die
älteste und allgemeinste Methode der Besteuerung in den Staaten und
findet sich in allen Staaten aufser 4: Delaware, New Jersey, Pennsylvania und Wisconsin. In Delaware giebt es keine Vermögenssteuer
mehr seit 1877, da die Einnahmen aus anderen Quellen alle Bedürfnisse des Staates decken, obgleich das Vermögen natürlich von den
Lokalsteuern betroffen wird. In New Jersey wird die Steuer nur zu

XIV.   7

Tabelle XII. · Ausgaben der

Staaten.	Für das Jahr, das endet mit	Summa.	Verwaltung.	Legislatur.	Justiz.
Alabama	30. Sept. 1889	1 003 776	46 117	49 489 ¹)	88 593
Arizona ²)	31. Dez. 1888	116 377	3 514	351	3 163
Arkansas ³)	30. Sept. 1890	349 461	71 942	47 192 ¹)	41 318
California	30. Juni 1890	3 991 768	138 091	188 824 ¹)	259 500
Colorado ⁵)	30. Nov. 1890	937 932	206 169	81 146 ¹)	
Connecticut	30. Juni 1890	1 365 132	123 092	50 999 ²)	301 329
Delaware	31. Dez. 1890	112 025	11 444	12 379 ¹)	16 445
Florida	31. Dez. 1890	567 684	46 758	45 012 ²)	225 073
Georgia	30. Sept. 1890	1 531 690	69 746	104 749 ⁴	57 060
Idaho	3. Nov. 1890	99 424	4 054	14 645	17 533
Illinois ³)	30. Sept. 1888	2 664 452	183 589	177 171 ¹)	305 426
Indiana	31. Okt. 1889	2 265 120	66 867	62 403	222 145
Jowa ³)	30. Juni 1889	1 420 608	112 394	64 051 ¹)	135 659
Kansas	30. Juni 1890	1 318 878	150 273	67 525 ¹)	119 437
Kentucky	30. Juni 1890	2 372 184	213 891	69 458 ⁴)	966 250
Louisiana	31. Dez. 1889	1 872 446	113 206	64 686	398 673
Maine	31. Dez. 1889	1 012 308	61 774	21 938	46 990
Maryland	30. Sept. 1889	1 160 722	47 809	55 854 ¹)	95 301
Massachusetts	31. Dez. 1889	6 027 407	346 924	314 717	236 571
Michigan	30. Juni 1889	2 269 262	156 546	74 736 ¹)	108 000
Minnesota	31. Juli 1890	2 237 219	107 115	76 297	143 447
Mississippi	31. Dez. 1889	506 156	83 457	77 453 ¹)	66 101
Missouri ⁴)	31. Dez. 1890	1 969 302	236 748	135 730 ¹)	418 327
Montana	31. Dez. 1890	355 500	41 000	55 000	60 000
Nebraska ⁵)	30. Nov. 1890	1 050 107	110 976	84 314 ¹)	82 415
Nevada	31. Dez. 1889	366 338	44 921	25 837	45 364
New Hampshire	31. Mai 1890	345 366	54 397	48 598	40 771
New Jersey	31. Okt. 1889	1 564 264	110 649	84 300	161 041
New Mexico ⁵)	15. Dez. 1890	143 750	31 629	3 182	28 130
New York	30. Sept. 1889	9 520 564	645 641	456 589	516 906
North Carolina	30. Nov. 1890	1 052 945	30 631	59 951 ¹)	51 542
North Dakota ⁴)	30. Juni 1894	886 403	79 146	36 190 ¹)	29 481
Ohio	15. Nov. 1889	3 427 709	102 426	127 103	426 921
Oregon ²)	31. Dez. 1888	407 076	9 506	20 232 ¹)	36 723
Pennsylvania	30. Nov. 1889	5 512 128	620 068	336 344 ¹)	508 469
Rhode Island	31. Dez. 1889	760 559	31 277	23 384	113 877
South Carolina	31. Okt. 1890	1 105 527	97 448	41 440 ¹)	64 597
South Dakota	30. Nov. 1890	257 452	23 537	41 235 ¹)	16 091
Tennessee ⁴)	20. Dez. 1890	1 376 961	45 345	48 836	298 713
Texas	31. Aug. 1890	2 485 303	258 053	53 152 ⁴)	515 175
Utah	31. Dez. 1889	332 065	26 246	3 439	82 316
Vermont	31. Juli 1890	401 605	14 893	40 418 ¹)	102 450
Virginia	30. Sept. 1889	1 867 036	131 275	38 080 ⁶)	308 708
Washington	30. Sept. 1889	504 609	37 404	86 271 ¹)	40 955
West Virginia	30. Sept. 1890	513 717	38 561	27 745	41 032
Wisconsin	30. Sept. 1889	1 769 662	117 419	85 804	81 952
Wyoming	31. Dez. 1889	95 630	30 228	4 138	17 067
Summa		73 972 813	5 559 600	3 547 387	7 383 037
Pro Cent		100	7.5	4.8	9.99

Einzelstaaten in Dollars (1890).

Militär.	Er-ziehungs-zwecke.	Wohl-thätig-keits-zwecke.	Ver-zinsung der Staats-schuld.	Straf- und Besse-rungs-anstalten.	Gebäude und Bau-stellen mit Ein-schlufs von Pflege u. Unter-haltung.	Staats-betrieb (Wasser-werke, u. s. w.¹)	Verschie-denes.
25 096	65 682	162 981	392 100	122 166	5 000		136 552
	4 739	21 679	29 171	49 141			5 181
	16 766	99 209		263	375		72 325
176 523	274 099	1 408 330	16 721	592 751	293 009	10 325	822 419
25 867	123 281	66 221	17 513	14 862	276 089		126 784
114 384	72 377	316 917	122 200	231 213			578 437
17 388	2 903	18 931	23 525				16 674
4 666	37 519	93 436	23 812	388	4 044		126 379
7 015	47 765	366 969	676 302	2 370			152 294
90	1 613	37 809		23 680			
163 002	128 174	1 211 983	322	229 747	93 909		171 129
36 628	190 776	470 995	95 549	279 345	491 177		349 235
34 061	92 807	469 842	33 142	135 017	219 744		123 891
15 850	154 066	305 701	22 986	181 201	267 977		101 388
11 888	61 613	593 311	30 440	173 650			320 651
5 000	30 142	126 505	449 882		2 500		675 638
30 176	90 470	181 502	229 333	53 513	100 803		195 890
48 710	102 205	185 248	258 701	68 077	17 466	9 322	175 504
204 428	241 594	564 182	258 701	759 671	937 201	134 538	1 028 880
69 606	458 920	381 493	16 450	332 947			596 797
36 518	310 078	540 075	191 014	154 405	457 127		297 089
	91 469	170 528	59 060	6 876			28 665
3 851	109 102	182 235	358 503	250 490	81 132		199 184
10 000		75 000		50 000			64 500
3 604	241 486	244 197	22 891	54 946	71 653		133 625
8 999	13 699	73 098		43 836	12 275		98 912
30 650	24 350	27 789	163 292	14 196			41 633
124 773	85 807	356 546	80 714	224 057	26 156		310 221
746	3 808	13 277	4 731	31 782			26 465
669 056	1 045 890	784 795	370 045	918 002	379 384	1 538 080	2 232 186
14 142	40 077	272 911	288 114	259 075			96 453
8 274	87 300	95 000	33 777	50 000	15 000		452 235
154 819	314 008	1 193 421	91 200	392 722	306 992	99 853	218 244
8 390	22 969	76 904	2 106	44 508	9 269		176 469
402 922	541 814	700 983	588 586	429 516			1 075 157
28 532	50 385	38 645	76 350	202 967	80 164		123 978
16 959	105 495	167 385	371 971	77 588	51 648		110 996
2 010	67 615	57 778		30 371	5 752		13 063
2 840	24 090	275 248	656 215	9 982			15 692
51 227	134 216	469 489	92 569	757 716	14 034		190 588
	80 725	49 109	5 625	38 152	12 000	10 000	24 453
25 616	52 834	89 860	3 309	35 971	18 248		51 562
9 614	238 867	383 674	596 546	48 314		4 638	144 076
	7 097	155 432	1 082	78 520	19 148		81 700
	87 200	109 500		98 576	32 346		78 537
69 432	387 545	445 315		64 784	98 300		335 776
1 521	2 683	11 368		12 267	3 533		12 825
2 721 692	**6 358 128**	**13 873 611**	**7 906 337**	**7 653 211**	**4 403 455**	**1 806 756**	**12 280 332**
3.7	**8,6**	**18,7**	**10,7**	**10,3**	**5,9**	**2,4**	**16,6**

Tabelle XIII. Einnahmen der
(Mit Ausschlufs von Überschüssen, Übertragungen,

Staaten.	Für das Jahr, das endet mit	Summa.	Beweg- liches und Unbeweg- liches Ver- mögen.	Kopf- steuer (in der Ver- mögens- steuer ein- geschlos- sen).	Steuern auf	
					Banken und Bankge- schäfte.	Korpora Bank- u. Korpo- rations- kapital.
		$	$	$	$	$
Alabama	30. Sept. 1889	1 605 905	1 220 367	[5]		
Arizona [4]	31. Dez. 1888	146 113	69 020	[5]		
Arkansas [6]	30. Sept. 1890	733 944	595 820	227 156 [2]		
California	30. Juni 1890	8 466 482	7 564 343	362 125 [2]	15 300	6 051
Colorado [5]	30. Nov. 1890	1 317 409	734 211	58 682 [3]		
Connecticut	30. Juni 1890	2 395 131	488 850 [1]		246 800	84 788
Delaware	31. Dez. 1890	239 681				
Florida	31. Dez. 1890	709 993	484 394	[5]		
Georgia	30. Sept. 1890	2 146 694	1 361 285	[5]		
Idaho	3. Nov. 1890	95 400	74 719	9 000		
Illinois [8]	30. Sept. 1888	3 946 185	3 449 006			
Indiana	31. Okt. 1889	3 360 876	2 539 557	228 363 [2]		
Jowa [5]	30. Juni 1889	1 673 254	1 187 634			
Kansas	30. Juni 1890	2 078 923	1 404 416	[5]		
Kentucky	30. Juni 1889	3 839 290	2 230 632	[5]	204 496	
Louisiana	31. Dez. 1889	2 091 857	1 466 597	[2]		
Maine	31. Dez. 1889	1 530 898	699 319	[2]	295 812	
Maryland	30. Sept. 1889	2 045 469	858 219			41 639
Massachusetts	31. Dez. 1889	9 666 333	2 001 845	1 208 831 [2]	957 529	1 082 921
Michigan	30. Juni 1889	3 059 576	1 901 902	[3]		
Minnesota	31. Juli 1890	3 737 604	1 488 969	[4]		
Mississippi	31. Dez. 1889	1 151 055	533 454	[5]		
Missouri [5]	31. Dez. 1890	3 471 748	3 070 716	[3]		
Montana	31. Dez. 1890	311 000	200 000			
Nebraska [6]	30. Nov. 1890	2 219 496	1 292 517			
Nevada	31. Dez. 1889	387 630	253 012			
New Hampshire	31. Mai 1890	1 365 426	499 900	[8]	577 386	
New Jersey	31. Okt. 1889	3 933 708	1 811 224			750
New Mexico [8]	15. Dez. 1889	305 000	280 000	[3]		
New York	30. Sept. 1889	13 119 595	10 200 696		20 993	
North Carolina	30. Nov. 1890	1 203 092	529 488	[3]	2 505	8 776
North Dakota [7]	1. Juli 1891	825 244	425 956			
Ohio	15. Nov. 1889	5 849 854	4 989 941			
Oregon [8]	31. Dez. 1888	707 124	299 038			
Pennsylvania	30. Nov. 1889	7 831 037	747 871		541 569	
Rhode Island	31. Dez. 1889	1 096 058	591 354	31 000 [2] [8]	159 582	
South Carolina	31. Okt. 1890	1 136 554	744 639			
South Dakota	30. Nov. 1890	241 617	212 398	[3]		
Tennessee [8]	20. Dez. 1890	1 595 608	857 921	[2]	11 858	
Texas	31. Aug. 1890	5 003 437	3 120 564	375 000 [2] [8]		
Utah	31. Dez. 1889	223 412	219 550	[3]		
Vermont	31. Juli 1890	522 508	176 706	[2]	85 368	
Virginia	30. Sept. 1889	2 705 337	1 617 209		33 187	
Washington	30. Sept. 1889	346 385	290 291			
West Virginia	30. Sept. 1890	1 196 244	734 735	150 000 [2] [8]		
Wisconsin	30. Sept. 1889	2 621 632	1 087 919			
Wyoming	31. Dez. 1889	134 020	127 630	[3]		
Summa		114 272 625	66 635 834	2 608 157	3 153 135	1 224 175
Pro Cent		100	58,2	2,2	2,6	1,0

Einzelstaaten in Dollars (1890).
Anleihen und Anlegungen von Kapitalien.)

tionen Eisenbahnen.	Andere Korporationen u Gesellschaften.	Licenzsteuer		Straf- und Besserungsanstalten.	Einkommen von Fonds und Anlegungen.	Verkauf von Ländereien.	Verschiedene.
		Auf Ausschanke und Getränke.	Auf andere Gewerbe.				
$	$	$	$	$	$	$	$
12 355	14 820	109 136	22 505	81 860		48 425	93 237
	1 689						74 305
	8 456	200	1 675	39 908		55 022	32 863
292 409	31 629		4 047	206 152	210 933	95 527	100 091
	36 200			25 000	113 855	272 579	135 474
772 679	388 883		130		133 320		279 681
69 125	2 183	28	108 723		49 859	256	9 507
			152 179		6 833	25 077	41 510
164 004	58 074	72 404	30 632	25 000	2 596	104 343	328 356
			9 485		3 263		7 933
408 730						18 048	69 501
	91 384			212 537	281 591	32 899	202 908
6 789	93 974		959	7 011	249	46 706	329 932
	35 767			105 534	525 131		8 075
168 023	157 522		1 750	10 852	29 605	2 135	1 034 275
	40 000		367 444	17 184	11 474	76 951	112 210
99 003	50 190		10 032		30 473	1 423	343 746
88 973	131 732	219 215	221 653		429 139	4 630	80 269
1 487 127	2 781 409	444 593	54 580	275 820	964 277	57 221	559 011
712 310	234 862		2 879		61 203	92 713	53 707
702 368	180 569			33 641	532 069	335 820	464 068
152 473		152 500	226 080			30 127	56 421
	184 358			185 925	9 354	2 815	18 580
	6 000						105 000
					480 966	292 447	153 566
	17 156		8 531	5 366	30 555	45 668	27 342
249 090	33 691		2 575				2 784
1 275 774	271 677			64 300	215 159	64 461	230 363
			25 000				
81 400	1 578 192			459 330	509 443	5 702	263 840
142 625	24 783		68 163	239 909	172 308	19 616	15 919
89 333	20 510			1 267	48 174	61 469	178 535
	35 955	460 324	4 538	218 795		25 611	114 690
				19 123	124 640	223 078	41 245
1 419 800	1 584 481	473 244	619 663		354 367	1 789	2 088 253
	94 434		3 259	44 496	51 700	2 184	149 049
			242 790	82 539		7 709	58 877
	15 409				1 379	1 025	11 406
68 706	73 892	180 621	248 327	100 710	47	4 220	49 303
10 933				675 270	1 010 539	30 399	155 732
							3 862
126 899	60 832		1 575	14 579	3 473	1 169	51 907
146 683	46 719	234 710	342 200	16 682	105 364	3 916	158 660
	13 593				4 307	3 274	34 927
262 435	31 745	105 655	470		16 757	3 183	41 252
949 001	116 580		16 756		109 974	116 558	224 844
					1 910	1 323	4 057
19 930 150	8 525 847	2 406 223	2 798 600	3 148 797	6 636 287	2 193 418	8 601 073
8,6	7,4	2,0	2,4	2,7	5,7	1,8	7,4

Schulzwecken erhoben, deren ganzer Betrag den Kreisen wieder zu-
fliefst, die für allgemeine Zwecke nötigen Summen werden einzig und
allein durch Besteuerung von Eisenbahn-, Kanal- und Versicherungsgesellschaften erhoben. In Pennsylvanien ist die Staatssteuer seit 1867
nur auf bewegliches Vermögen erhoben worden.

In Wisconsin sind zur Bestreitung der Regierungsausgaben seit
1883 keine Staats-Vermögenssteuern erhoben worden; die hier angegebene Steuer wird für Gemeindeschulen (1 pro Mille) und andere Erziehungszwecke (5 pro Mille) erhoben. In Connecticut wurde im Jahre
1890 keine Steuer erhoben, obgleich sie hier angegeben ist, da ja die
Einkünfte aus anderen Quellen so grofs waren, dafs sie diese Steuern
überflüssig machten, und der Schatzmeister daher ihre Einziehung auf-
hob. Ein Grund für die wachsende Einnahme des Staates liegt in
einem Gesetz, das die Legislatur von 1889 durchbrachte, dafs nämlich
jeder an den Staat für jedes Wertpapier, das er besitzt, eine Steuer
zahlen sollte von 1 pro Cent des Wertes desselben, statt der Vermögenssteuer. Die Behörden einer Anzahl Städte berichteten, dafs
von dieser Mafsregel vielfach Gebrauch gemacht worden sei, und dafs
dadurch die Einschätzung des beweglichen Vermögens wesentlich
zurückgegangen sei.

In der beigefügten Tabelle XI sollten die eingeschätzten Ver-
mögenszwecke in den einzelnen Staaten, so einfach sie auch erscheinen
mögen, nicht für einen Vergleich herangezogen werden ohne die gröfste

Anmerkungen zu Tabelle XII.

* Eleventh Census (1890), Bd. VIII, Teil II. S. 420—451. 464—475.

[1] Für eine Periode von zwei Jahren; durch zwei dividiert. [2] Nicht angegeben im Census-Bericht: diese Zahlen sind Tabelle IV in Seligmans „Finance
Statistics" entnommen. [3] Berichte erscheinen nur alle zwei Jahre; die Durchschnittssumme für die Jahre 1889 und 1890 ist angegeben. [4] Nicht angegeben
im Census-Bericht; diese Zahlen sind dem Bericht des Auditors für die Periode
1892—94 entnommen. [5] Schätzungen.

Anmerkungen zu Tabelle XIII.

* Eleventh Census (1890), Bd. VIII, Teil II. S. 420—463.

[1] Die Steuer wurde verhältnismäfsig verteilt, aber nicht erhoben. [2] In der
allgemeinen Vermögenssteuer eingeschlossen. [3] Kreis- oder Lokalsteuer; nicht
eingeschlossen. [4] Nicht angegeben in dem Census-Bericht; diese Zahlen sind
Tabelle III entnommen in Seligmans „Finance Statistics". [5] Berichte erscheinen
nur alle zwei Jahre; die Durchschnittssumme für die Jahre 1889 und 1890 ist
angegeben. [6] Schliefst Einnahmen aus Staatsanstalten ein. [7] Nicht angegeben
in dem Census-Bericht; diese Zahlen sind dem Bericht des Auditors für die Jahre
1892—94 entnommen. [8] Schätzungen.

Tabelle XI.
Eingeschätzter Wert des Vermögens in allen Staaten.* 1890.
(in Dollars)

Staaten.	Summa.	Unbeweg- liches.	Bewegliches.	Eisenbahnen.	Steuer- satz (in mills)
	$	$	$	$	
Alabama	258 979 575	154 706 484	104 273 091	50 477 331 ")¹)	4.02
Arizona	28 054 234	10 174 476	17 875 758	6 615 467 ¹)	8.05
Arkansas	174 737 755	109 417 158	65 320 597	16 480 791 ⁴)	5
California	1 101 136 431	891 449 172	209 687 259	40 198 652 ²)	5.8
Colorado	220 554 064	155 383 090	65 170 974	¹)	4
Connecticut	358 913 956	261 451 666	97 462 290	¹)	1 ¹⁰)
Delaware				²)	
Florida	91 761 711	60 596 574	31 165 137 ⁴)	14 877 014 ²)	6.125
Georgia	415 828 945	225 054 915	190 774 030	38 462 161 ²)	3.96
Idaho	25 748 437	9 977 463	15 770 974	5 439 677 ²)	4
Illinois	809 682 920⁵)	587 442 289	222 240 637	72 974 396 ¹)	3.6
Indiana	856 838 472	554 900 734	301 937 738	66 904 967 ²)	2.85
Jowa	519 246 110	370 921 446	148 324 664	¹)	2.5
Kansas	347 717 219	241 100 071	106 617 148	57 866 233 ²)	4.25
Kentucky	547 596 788	376 788 792	170 807 996	35 076 367 ²)	4.25
Louisiana	234 320 780	159 619 875	74 700 905	¹)	6
Maine	309 129 101	233 946 082	75 183 019	¹)	2.5
Maryland	529 494 777	411 900 246	117 594 531	¹)	1.775
Massachusetts	2 154 134 626	1 600 137 807	553 996 819¹⁰)	¹)	0.83
Michigan	898 155 532	739 690 151	158 465 381	³)	1.41
Minnesota	588 820 213	496 558 366	92 261 847	¹)	3
Mississippi	166 772 279	117 004 402	49 767 877	²)	4
Missouri	887 975 928	599 859 331	288 116 597 ⁶)	57 273 911 ⁸)	3
Montana	112 937 384	54 943 531	57 993 853	6 523 380 ²)	2
Nebraska	184 770 305	115 181 167	69 589 138 ⁷)	29 964 208 ²)	6.34
Nevada	25 350 094	8 544 341	16 805 753 ⁵)	8 390 380 ²)	9
New Hampshire	263 059 798	141 729 716	121 330 082¹²)	17 867 908 ²)	2.35
New Jersey	893 858 866	562 375 791	331 484 075	197 642 818 ¹)²)	5
New Mexico	43 227 686	15 371 084	27 856 602	²)	1.16
New York	3 785 910 313	3 403 751 246	382 159 067	⁹)	2.34
North Carolina	235 300 674	142 068 932	93 231 742¹³)	18 438 298 ²)	4.15
North Dakota	88 203 054	65 181 187	23 021 867		6.5
Ohio	1 778 138 477	1 232 305 312	545 833 165	¹)	2.7
Oregon	166 025 731	107 640 259	58 385 472	¹)	4.34
Pennsylvania			617 780 310	⁸)	3
Rhode Island	321 764 503	243 081 296	78 683 207	³)	1.8
South Carolina	168 262 669	90 042 723	78 219 946	²)	6.75
South Dakota	140 154 930	101 378 719	38 776 211¹¹)	7 225 982 ²)	4.44
Tennessee	382 760 191	292 872 811	89 887 380	35 230 088⁹)⁴)	4.5
Texas	780 898 605	523 893 098	257 005 507	¹)	3.25
Utah	106 110 370	80 218 871	25 891 499	¹)	5
Vermont	162 098 513	112 895 125	49 203 388	⁸)	1
Virginia	415 249 107	272 311 276	142 937 831	52 827 364 ¹⁵)²)	4
Washington	217 612 897	177 204 671	40 408 226	¹)	3.3
West Virginia	186 964 770	121 202 365	65 762 405	²)	3.5
Wisconsin	577 066 252	464 590 340	112 475 912	²)	1.5
Wyoming	32 536 401	12 719 221	19 817 180	7 434 955 ⁹)²)	5
Summa	25 319 865 877	18 814 946 784	6 504 919 093	842 818 358 ¹)	
Pro Cent	100	74.3	25.7		

Vorsicht, und das aus zwei Gründen. Erstens, weil die Bezeichnung „allgemeines Vermögen" eine ganz verschiedene Deutung in den einzelnen Staaten zuläfst, indem diese Bezeichnung in einigen ausschliefslich auf unbewegliches und bewegliches Vermögen beschränkt ist, während in anderen fast alles, was besteuert werden kann, unter dieses Wort einbegriffen wird. Zweitens, weil das Vermögen zu aufserordentlich verschiedenen Werten in den verschiedenen Staaten eingeschätzt wird, so dafs zwei Einschätzungen von gleichem Betrag auf ganz verschiedenen Werten beruhen und ganz ungleiche Leistungsfähigkeit darstellen können.

Erstens, das Einschliefsen verschiedener Arten steuerpflichtigen Vermögens in die Bezeichnung „Vermögen". So sieht man aus der Tabelle, dafs das Vermögen der Eisenbahngesellschaften in jedem Falle dort einbegriffen ist, wo es eigentlich der Staatsvermögenssteuer unterworfen wäre. In einigen von diesen Fällen konnte ich die Schätzung des Eisenbahnvermögens von dem anderen trennen. Oft jedoch ist dies unmöglich, da das festliegende Betriebsmaterial der Eisenbahnen zugleich mit dem unbeweglichen Vermögen eingeschätzt ist, und das bewegliche Betriebsmaterial zugleich mit dem beweglichen Vermögen, so dafs man es nicht unterscheiden kann; dies ist der Fall, wo das Vermögen der Eisenbahngesellschaften von den Lokaltaxatoren eingeschätzt wird. In den Fällen, wo der Wert dieses Vermögens von den Staatsbehörden eingeschätzt worden ist, wird der Betrag gewöhnlich auf die Kreise und auf die kleineren Verbände verteilt, im Verhältnis zu den Strecken (der Eisenbahn) in ihnen, und wird dann

Anmerkungen zu Tabelle XI.

* Eleventh Census of U. S. (1890). Vol. VIII. Pt. II. „Wealth and Taxation", p. 100—373.

¹) Teils unter Unbewegliches, teils unter Bewegliches eingeschlossen. ²) Unter Bewegliches eingeschlossen. ³) Nicht besteuert durch die allgemeine Vermögenssteuer. ⁴) Einschliefslich $ 179 515 Vermögen von Telegraphengesellschaften. ⁵) Einschliefslich $ 6 671 909 Stammkapital von Korporationen. ⁶) Einschliefslich $ 3 049 048 Vermögen von Brücken- und Telegraphengesellschaften. ⁷) Einschliefslich $ 188 906 Vermögen von Telegraphengesellschaften. ⁸) Einschliefslich $ 686 710 Reinertrag von Minen. ⁹) Vermögen von Eisenbahnen und Telegraphengesellschaften. ¹⁰) Einschliefslich Einkommen über $ 2000. ¹¹) Eisenbahn- und Kanalvermögen. ¹²) Einschliefslich $ 65 675 733 des Vermögens von Telegraphen- und Telephongesellschaften, Depositen in Banken, und Kapital der Versicherungsgesellschaften. ¹³) Nettoeinkommen während des verflossenen Jahres eingeschlossen. ¹⁴) Einschliefslich $ 221 940 Vermögen von Telegraphen- und Telephongesellschaften. ¹⁵) Vermögen von Eisenbahn-, Telegraphen-, Telephon- und Dampfergesellschaften und Bankaktien. ¹⁶) Steuer wurde auferlegt, aber nicht erhoben.

als bewegliches Vermögen klassifiziert. In denjenigen Staaten endlich, wo die Eisenbahnen eine Art Konzessionssteuer zahlen oder einen Prozentsatz ihrer Bruttoeinnahme, ist ihr Vermögen (ausgenommen unbewegliches Vermögen, das bei den Operationen der Bahn nicht gebraucht wird) frei von staatlicher Besteuerung und erscheint nicht in der Einschätzung. In einigen Fällen (siehe Anmerkungen zu Tabelle XI) sind andere Arten von Vermögen einbegriffen, gewöhnlich unter beweglichem Vermögen, so dafs diese Art des Vermögens, welche bekanntlich der Besteuerung entgeht, einen aufsergewöhnlich günstigen und daher irreführenden Anschein in der Tabelle hervorruft. In zwei Fällen sind steuerpflichtige Einkommen unter diesem Paraphen eingeschlossen: in Massachussets Einkommen über $ 2000 und in North Carolina Nettoeinnahmen. Dafs das Wort „Vermögen" sehr verschiedene Posten in den verschiedenen Staaten umfafst, ist aus den verschieden lautenden Listen von Artikeln ersichtlich, welche in den Taxatorenlisten eingeschlossen sind; aufserdem in den sich von einander unterscheidenden Steuerbefreiungen in den verschiedenen Staaten. Näher auf diesen Gegenstand einzugehen, würde uns zu weit von unserem Thema abführen, es mufs diese Andeutung genügen.

Zweitens: Die ungleichen und verschiedenen Methoden der Vermögenseinschätzung in den einzelnen Staaten machen die in der Tabelle angeführten Zahlen für Vergleiche gänzlich unbrauchbar: auch kann man sich nicht auf sie verlassen als Indicien für den wirklichen Wert des in Frage kommenden Vermögens. Der Grund hierfür ist leicht ersichtlich, wenn wir näher auf die für die allgemeine Vermögenssteuer erforderliche Methode der Vermögenseinschätzung eingehen.

Die Vermögenssteuer beruht auf der Einschätzung alles Vermögens, sowohl des beweglichen wie unbeweglichen (mit einigen bestimmten Ausnahmen) innerhalb der Steuergerichtsbarkeit. Die Einschätzung wird vorgenommen entweder durch eine Behörde, die man Taxatoren oder Einschätzer nennt, und die von den Lokalverbänden gewählt werden: falls Information über ihre Vermögensverhältnisse von den Eigentümern verweigert wird, schätzen sie das Vermögen nach der sonst möglichst besten Information ein. Oder der Eigentümer selbst schätzt sein eigenes Vermögen eidlich ein (wie in New York), eine Einschätzung, welche der Taxator dann als endgültig annehmen mufs. In beiden Fällen wird das Gesetz leicht übertreten, und die Vermögensschätzung zu niedrig angesetzt. [1] Der Betrag, welchen die Munizi-

---

[1] Bryce. Pt. II. Kap. 43, p. 514 (3. Aufl.).

palitäten und die anderen kleineren Verbände an den Staat oder Kreis zu entrichten haben, richtet sich nach Höhe und Wert ihres steuerpflichtigen Vermögens, so dafs die Lokaltaxatoren sowohl als die Eigentümer einen triftigen Grund haben, niedrig einzuschätzen, denn dadurch nehmen sie ihrer Gemeinschaft einen Teil der Last ab. Es ist natürlich den Steuerzahlern gleichgültig, ob die Lokalschätzung dem wirklichen Wert des Vermögens entspricht oder nicht, da in jedem Falle der Betrag der zu erhebenden Lokalsteuer derselbe bleibt. [1])

In 38 Staaten wird die Schätzung jährlich vorgenommen. In North Dakota alle zwei Jahre, während in Jowa, Kansas, Missouri und Washington das unbewegliche Vermögen alle zwei Jahre eingeschätzt wird und das bewegliche jedes Jahr. In Indiana wird alle sechs Jahre eine allgemeine Schätzung vorgenommen, in Michigan alle fünf Jahre: in Missouri, North Carolina und Vermont alle vier Jahre, und in Ohio alle zehn Jahre. Das Gesetz enthält in den meisten Staaten strenge Vorschriften über die Pflicht des Taxators der Vermögenseinschätzung. Er mufs es eidlich zu dem wahren, vollen, richtigen, baren, wirklichen oder Marktwert einschätzen, meistens aber hängt die Auslegung des Gesetzes von ihm ab, und wird auch sehr locker gehandhabt. Die Berichte der Behörden der verschiedenen Staaten wimmeln von Klagen über die niedrigen Einschätzungen der Lokaltaxatoren und liefern einen schlagenden Beweis von der überall herrschenden Ungleichheit der Einschätzung. Die folgenden Beispiele aus den Berichten der Staatsbehörden werden dies erläutern. Die Spezialsteuerkommission in Connecticut bemerkt: „Ein grofser Fehler in der praktischen Ausführung unserer Steuergesetze besteht in Ungleichheiten der Einschätzung. Dies zeigt sich besonders zwischen den grofsen Städten. Es ist eine bekannte Thatsache, dafs in wenigen, wenn überhaupt einigen Städten die Taxatoren das unbewegliche Vermögen zu dem Werte schätzen, den es wirklich hat." [2]) In Illinois klagt der Auditor darüber, dafs die Taxatoren gegen die einfachen Erfordernisse des jetzigen Gesetzes bei der Vermögenseinschätzung dieses Staates zum vollen Barwert verstofsen. In Idaho stellt der

---

[1]) Für technische Details über Deklaration, Einschätzung, Appellation und Eintreibung der Steuern, siehe bei R. T. Ely „Taxation in American States and Cities," S. 350—372. Siehe auch J. Schwab „Die Vermögenssteuer im Staate New York."

[2]) Bericht der Spezialsteuerkommission (in Connecticut) New Haven, 1886 p. 21.

Revisor fest. „dafs es keine gleichförmigen Steuereinschätzungen giebt, wie sie das Gesetz vorschreibt. Die Frage ist ganz der Laune und zu oft dem parteiischen Urteil der Kreistaxatoren überlassen. Es läfst sich schwer bestreiten, dafs man bei der Vermögenseinschätzung ungerechte Unterschiede macht, und dafs die schwersten Lasten gerade auf diejenigen fallen, die am wenigsten imstande sind, sie zu tragen." In Nevada verurteilt der Auditor „das gegenwärtige lasterhafte System der Vermögenseinschätzung".

Diese Übel sind schon lange erkannt worden, und man hat den Versuch gemacht, sie durch Errichtung von staatlichen und Kreisausgleichungskommissionen zu beseitigen. Letztere sollen die von den Lokalbehörden gemachten Einschätzungen vergleichen, etwaige Fehler verbessern und die Schätzungen soweit wie möglich ausgleichen, so dafs jeder Teil seinen Anteil an den öffentlichen Lasten trägt. Staatsausgleichungskommissionen finden sich in 27, Kreisausgleichungskommissionen in 24 Staaten. Eine staatliche Ausgleichungskommission existiert in Arizona, Californien, Colorado, Idaho, Illinois, Indiana, Jowa, Kansas, Kentucky, Michigan, Minnesota, Missouri, Montana, Nebraska, New Hampshire, New York, North Dakota, Ohio, Oregon, South Carolina, South Dakota, Utah, Wisconsin und Wyoming. Der Schatzmeister und der Kontrolleur verwalten dieses Amt in Connecticut, in Georgia der Staatsanwalt und in Pennsylvanien der „Board of Revenue Commissioners". Diese Staatskommissionen zerfallen in zwei Klassen: solche, welche die Vermögenseinschätzung, die von der Kreisausgleichungskommission angesetzt ist, in den einzelnen Kreisen vermehren oder verringern können, die aber nicht die Gesamtschätzung ändern dürfen: was vom einen abgezogen wird, mufs zum anderen zugefügt werden. So in Arizona, Colorado, Kansas, New York etc. Die anderen Kommissionen haben bisweilen die Macht, das Aggregat zu vermehren oder zu verringern dadurch, dafs sie die Lokaleinschätzung berichtigen, wie in New Hampshire und South Carolina. In Illinois und South Dakota kann die Kommission die Gesamteinschätzung nicht verringern, wohl aber erhöhen, in Illinois um 1 pro Cent und in South Dakota um einen Betrag, der grofs genug ist, um eine wahre Einschätzung zum wirklichen Wert des Vermögens zu sichern. In Idaho hat die Kommission aufserdem das Privilegium, den Taxator zu zwingen, jedes Vermögen einzuschätzen, das bei der Lokaleinschätzung ausgelassen wurde, eine Mafsregel, die in den meisten Staaten fehlt, z. B. in Connecticut.

Aber diese Kommissionen sind höchstens eine Aushilfe, und da

sie gewöhnlich nur unvollkommen informiert sind über den wahren
Wert der Vermögen, welche sie ausgleichen sollen, verfehlen sie fast
gänzlich ihren Zweck. In einigen Fällen haben sie jedoch die Macht,
Zeugen vorzuladen, Untersuchungen anzustellen etc., wie in Utah.

a) Bewegliches Vermögen.

Ein anderes Übel in der Vermögenseinschätzung, und vielleicht
das gröfste von allen, ist die Unmöglichkeit, das bewegliche Vermögen
zu treffen. Dies ist jedoch schon so oft kritisiert und erörtert worden,
dafs ich es hier nur eben berühren möchte. Wie schon oben erwähnt,
giebt die Tabelle der Vermögenseinschätzung kein genaues Bild von
dem Verhältnis zwischen unbeweglichem und beweglichem Vermögen,
weil viele andere Vermögensobjekte unter dem Begriff „bewegliches
Vermögen" zusammengefafst sind, die eigentlich nicht dahin gehören
(wie z. B. das Vermögen von Eisenbahngesellschaften), und diese
Kategorie über ihr Mafs vergröfsern. Allgemein klagt man darüber,
dafs bei den jetzigen Steuergesetzen bei weitem der gröfste Teil des
beweglichen Vermögens der Besteuerung entgeht, und dafs fast die
ganze Last von dem unbeweglichen Vermögen getragen wird. Der
gröfsere Teil dieses Vermögens besteht aus Staatspapieren, Obligationen,
Aktien, Hypotheken etc., dem man praktisch unmöglich beikommen
kann, aufser durch die Selbstdeklaration des Eigentümers, und obgleich letzterer in den meisten Staaten aufgefordert wird, unter Eid
den Belauf seines steuerpflichtigen Vermögens anzugeben, ist er allzu
leicht geneigt, diese Kategorie auszulassen. Einige Citate aus den
Berichten von Steuerkommissionen und Staatsbehörden werden zur
Beleuchtung dieses Punktes beitragen.[1] Aus Connecticut meldet die
Kommission, „dafs das Verhältnis dieser schwer erreichbaren Papiere
zum anderen steuerpflichtigen Vermögen von Jahr zu Jahr abgenommen
hat. Im Jahre 1855 war es beinahe 10%, vom Ganzen, 1865 ungefähr 7½%, 1875 etwas mehr als 5%, und 1885 ungefähr
3³/₄%. Jedoch während oben erwähnter Jahre hat sich der Betrag
an Staats-, Eisenbahn-, und Stadtobligationen und von Hypotheken-
anleihen beträchtlich vermehrt, und unsere Bürger haben in jeder
Stadt grofse Summen darin angelegt. Wahr ist es, dafs kein System
von Steuergesetzen jemals direkt die grofse Masse des beweglichen
Vermögens erreichen kann."

Die West-Virginia-Steuerkommission[2] sagt, dafs in jenem Staate

[1] Report of Special Committee on Taxation p. 25.
[2] Bericht von 1884.

„die Verhältnisse so liegen, dafs die Zahlung von Steuern auf das bewegliche Vermögen als freiwillig angesehen wird, etwa als ob sie ein Geschenk an die Nachbarkirche oder Sonntagsschule wäre. In New York fand ein Nachlassen in der Einschätzung von beweglichem Vermögen statt, und zwar von 1871—1884 von $ 107 184 371, und 1890 [1]) bezahlte das bewegliche Vermögen nur 10°/₀ und das unbewegliche 90°/₀ von der Staatssteuer. [2])

Die Staatskontrollers und Taxatoren behaupten, dafs das bewegliche Vermögen im Werte von $ 2 500 000 000 sich der Besteuerung entzieht. [3])

In Californien wurde das bewegliche Eigentum 1872 $ 220 000 000, im Jahre 1887 auf $ 164 000 000 eingeschätzt, [5]) während in denselben fünfzehn Jahren das unbewegliche Vermögen von $ 417 000 000 auf $ 791 000 000 stieg. Der beste Beweis vielleicht aber, dafs das bewegliche Vermögen unmöglich zu treffen ist, findet sich in den Übersichten des steuerpflichtigen Vermögens in den Staatsberichten und in dem sonderbaren Mifsverhältnis zwischen beweglichem und unbeweglichem Vermögen. Im Staate New York war das unbewegliche Vermögen in der Stadt Yonkers [4]) auf $ 17 262 415 geschätzt, und das bewegliche auf $ 398 240, während in der viel kleineren Stadt Milo das unbewegliche Vermögen auf $ 2 582 427 und das bewegliche auf $ 374 200; in den beiden Nachbarstädten Ulster und Warwarsing, im Kreise Ulster, waren die entsprechenden Zahlen:

Ulster, unbewegliches Vermögen $ 1 011 052
        bewegliches   „   „   1 000
Warwarsing unbewegliches „   „ 1 553 096
        bewegliches   „   „   77 370 [1])

---

[1]) Bericht vom Comptroller 1891.
[2]) Vergl. Botschaft des Mayor A. S. Hewitt aus dem Board of Aldermen. N. Y. City, 10. Jan. 1880, pp. 37—41:
„Diese Steuer kann beim besten Willen nicht eingezogen werden. Es ist noch zweifelhaft, ob ¹/₅ des Gesamtbetrages, den man erhielte, wenn das Gesetz durchgeführt würde, wirklich das Schatzamt der Stadt erreicht."
[3]) Census — 1890. Bd. VIII, Pt. II, p. 255.
[4]) Das Verhältnis von beweglichem zum unbeweglichen Vermögen in Yonkers ist dem Verfasser um so auffallender, als dies seine Heimat ist. Ein grofser Teil der Bevölkerung besteht aus reichen New Yorker Geschäftsleuten, und soviel der Verfasser weifs, giebt es wenigstens 100 Leute in der Stadt, die soviel an beweglichem Vermögen besitzen, als in der Tabelle als Gesamtbetrag der Stadt angegeben ist.
[5]) Census von 1890, Bd. VIII Teil II, S. 272.

Man könnte noch vielmehr Beispiele anführen, aber schon hieraus ist ersichtlich, wie wenig bewegliches Vermögen der Besteuerung unterworfen ist. Dies ist bei weitem der schwächste Punkt der allgemeinen Vermögenssteuer und ist allgemein verurteilt worden. Die folgende Tabelle giebt die Gesamt- und die kopfweise Vermögensschätzung in den Vereinigten Staaten während der letzten 50 Jahre.

Tabelle XIV. [1])

Vermögensschätzung in den Staaten und Territorien der Vereinigten Staaten, in Dollars (000 000 ausgelassen).

-Vermögen.	1850	1860	1870	1880	1890
	$	$	$	$	$
Unbewegliches	3 899	6 973	9 915	13 032	18 957
Bewegliches	2 126	5 112	4 264	4 108	6 516
Gesamt	6 025	12 085	14 179	17 140	25 473

Vermögensschätzung per capita in Dollars.

-Vermögen.	1850	1860	1870	1880	1890
	$	$	$	$	$
Unbewegliches	168	222	257	260	303
Bewegliches	92	162	111	82	104
Gesamt	260	384	368	342	407

Noch auffälliger ist das Verhältnis zwischen diesen beiden Vermögensarten im Staate New York während der letzten 25 Jahre, indem es die Ungleichheit der vom beweglichen und unbeweglichen Vermögen getragenen Last zeigt, sowie auch die wachsende Schwierigkeit, dem letzteren beizukommen.

Der Wert des eingeschätzten beweglichen Vermögens im Staate verhielt sich zu dem des unbeweglichen wie: [2])

```
1865 .  .  .  . 34 : 100
1870 .     .  . 28 : 100
1875 .     .  . 20 : 100
1880 .     .  . 14 : 100
1885 .  .  .  . 12 : 100
1890 .  .  .  . 10 : 100
```

---

[1]) Vgl. Census v. 1890. U. S. Bd. VIII. Teil II. S. 59—60.
[2]) Vgl. Schwab „Vermögenssteuer in New York" p. 51.

b) Steuerbefreiungen. [1])

Ein anderer schwacher Punkt der Vermögenssteuer ist mit der Befreiung gewisser Vermögensarten von der Besteuerung verbunden. In den meisten Staaten sind gewisse Kategorien von unbeweglichem Vermögen steuerfrei, wie z. B. das Vermögen der Vereinigten Staaten, der Einzelstaaten, der Kreise oder Munizipalitäten, Begräbnisplätze, Grundstücke oder Gebäude, die irgendeinem religiösen, Erziehungs-, wissenschaftlichen, Wohlthätigkeits- oder landwirtschaftlichem Institut gehören und nur für solche Zwecke benutzt werden; Gebäude, Feuerspritzen u. s. w., die den Feuerwehrlöschmannschaften gehören, öffentliche Bibliotheken und alles Vermögen und Eigentum, das für öffentliche Zwecke benutzt wird. Aufserdem noch landwirtschaftliche Geräte, Werkzeuge von Handwerkern, Haushaltmöbel und bewegliches Eigentum unter einem gewissen Minimum (\$ 100 — 300; in Tennessee ist das sehr hoch gegriffen, Minimum \$ 1000) sind steuerfrei. An diesen und ähnlichen Ausnahmen kann man nichts auszusetzen haben. Sie sind in fast allen europäischen Staaten steuerfrei.

Die Befreiung von der Besteuerung gewisser Klassen des beweglichen Vermögens führt jedoch zu einer der schlimmsten Seiten, die mit dieser Steuer verbunden ist: der Entziehung und Unehrlichkeit von seiten der Steuerzahler. „Kein Staat kann irgendwelche Obligationen, Schuldscheine, oder andere Papiere, die von oder unter der Autorität der Bundesregierung ausgegeben sind, besteuern, selbst nicht das umlaufende Papiergeld, das man gewöhnlich „greenbacks" nennt." [1]) Aufser diesen sind noch die von den Einzelstaaten ausgegebenen Obligationen und die von Munizipalitäten oft steuerfrei, auch Depositen in Sparkassen, Vermögen in transitu, importierte Barren in Originalpackung etc. Die Versuchung auf seiten der Steuerzahler, ihr Vermögen eine Zeitlang in eine dieser Klassen zu bringen, ist unwiderstehlich, und da das Datum der Vermögenseinschätzung in den einzelnen Staaten verschieden ist, so ist diese Methode, der Vermögenseinschätzung und Bezahlung gerechter Steuern zu entgehen, nicht so schwer, wie auf den ersten Blick erscheint. Diejenigen Leute, welche sich diesen Weg zunutze machen oder machen können, sind meistens die Wohlhabenden und die Bewohner der Städte; auf diese Weise wird die Steuerlast dem Bauer und Eigentümer von Grundbesitz noch schwerer gemacht. In fast allen Staaten sind alle Wechsel,

---

[1]) Vgl. Census of 1890, Bd. VIII, Pt. II, pp. 103—373.
[2]) Bryce, Pt. II, chap. 43, p. 520.

Aktien oder sonstigen Papiere bei den Eigentümern besteuert. Das bei Banken deponierte Geld ist in einigen Staaten nicht steuerfrei, wie z. B. Indiana, Maine. New Hampshire und Missouri; in New York andererseits sind Depositen auf Sparkassen und die Überschüsse der Lebensversicherungsanstalten zugunsten der Versicherten ausdrücklich befreit.

Aber der gröfste Fehler von allen hängt mit der Schuldenbefreiung zusammen. [1] In den meisten Staaten werden Schulden, Hypotheken etc. von dem Werte des Vermögens abgezogen, ehe die Einschätzung vollzogen wird, in anderen aber nicht. Beide Systeme bringen Ungerechtigkeit und Betrügereien mit sich. Sind die Schulden abgezogen, so macht man erdichtete Schulden, und vieles Vermögen entgeht so der Besteuerung, sind sie nicht abgezogen, so wird sowohl Gläubiger als auch Schuldner besteuert, und eine doppelte Besteuerung ist die Folge. Schuldbefreiung und -nichtbefreiung scheinen also gleich schlecht zu sein.

Eine Liste der Steuerbefreiungen nach den Verfassungen der einzelnen Staaten ist in Tabelle VIII gegeben. Aufser diesen giebt es in den meisten Staaten andere durch Gesetz vorgeschriebene Befreiungen, von denen die folgenden die wichtigsten sind. Steuerfrei ist gewöhnlich das Eigentum von Indianern, welche nicht Bürger sind, weniger oft das von Invaliden, Witwen, Waisen und Veteranen bis zu einer gewissen Grenze; Arme, welche nichts zu den öffentlichen Lasten beitragen können; oft alle diejenigen, deren eingeschätztes Vermögen eine gewisse Summe nicht übersteigt, sagen wir $ 100. In den meisten Staaten ist das Vermögen von Korporationen, welche eine Konzessionssteuer oder Steuer auf ihre Nettoeinnahmen bezahlen, steuerfrei, ebenso ihre Aktien in den Händen von Einzelpersonen. (Siehe Besteuerung von Korporationen.)

In vielen Staaten werden Ackerbauende begünstigt, indem man ihre Produkte unbesteuert läfst. So finden wir wachsende Ernte steuerfrei in Colorado, Idaho. Kentucky und Tennessee; ferner in Tennessee die direkten Bodenerzeugnisse in den Händen des Produzenten oder seines unmittelbaren Verkäufers; in West Virginia sind steuerfrei die Bodenerzeugnisse oder die Zunahme des Viehstandes während des verflossenen Jahres, welche unverkauft in den Händen des Produzenten am Ende des Jahres verbleiben. In Massachusetts, Maine, New Mexico und Wyoming begünstigt man besonders das Anpflanzen

---

[1] Vgl. Seligman, „The General Property Tax".

von Bäumen: denn jeder Acre von angepflanzten Waldungen oder Obstbäumen in New Mexiko bringt dem Eigentümer eine Herabsetzung seiner Einschätzung um $ 100 auf 10 Jahre ein. In Wyoming ist dieselbe Maßregel bezüglich der Obstbäume getroffen worden; aber für jeden Acre gepflanzter Forstbäume sind $ 200 10 Jahre lang von der Einschätzung des Eigentümers abzuziehen. In Massachusetts und Maine sind Anpflanzungen von Bauhölzern 10 Jahre lang steuerfrei, dann aber nicht mehr. Ferner sind Bewässerungsgräben in Colorado und New Mexiko steuerfrei, beides Staaten, welche sehr unter Regenmangel leiden.

In einigen Staaten sind Gold-, Silber- und andere Erzminen unter gewissen Bedingungen steuerfrei, obgleich gewöhnlich die Nettoeinnahme der Bergwerke der Besteuerung unterworfen ist, wie z. B. in Maine, Montana, Neu Mexiko, Nevada und Utah. In West Virginia sind sowohl Produkte von Bergwerken, als auch Salz- und Ölgruben, die am Ende des Jahres noch unverkauft in den Händen des Produzenten verbleiben, steuerfrei.

Noch auffälliger als alles dieses ist jedoch die Begünstigung, welche viele Staaten der Errichtung von Fabriken zuteil werden lassen, und besonders der Bearbeitung der Staatsprodukte, indem sie sie für gewisse Zeit von Steuern befreien. Die Staaten scheinen diese Methode der Fabrikenbegünstigung ergriffen zu haben, weil es ihnen von der Bundesverfassung verboten ist, Ein- oder Ausfuhrsteuern zu erheben.[1] So sind in Delaware alle Fabrikgesellschaften für gewisse Zeit steuerfrei.

In Massachusetts kann jede Stadt 10 Jahre lang alles Vermögen und alle zur Bearbeitung von Runkelrübenzucker verwendeten Gebäude von Steuerabgaben befreien. In Mississippi sind auf die Dauer von 10 Jahren steuerfrei: Vermögen, Gebäude und Geräte für die Fabrikation von Baumwoll- oder Wollwaren, landwirtschaftlichen Maschinen und Geräten und anderen Artikeln innerhalb des Staates. (Gesetz vom 9. März 1882.) In New Hampshire kann jede Stadt auf 10 Jahre von Steuern befreien jedes Etablissement zur Fabrikation von Baumwolle, Wolle, Holz, Eisen oder anderem Material. In Tennessee sind die aus Staatsprodukten verfertigten Artikel steuerfrei, solange sie in den Händen des Fabrikanten sind. In Utah befreite ein Gesetz der Legislatur vom 10. März 1890 von Steuerabgabe 5 Jahre lang alle Ländereien, Fabrikgebäude und Maschinen, die zur Ausgrabung und

---

[1] Bundesverfassung Art. I sect. 10.

Fabrikation von heimischen oder Portland-Cementen im Territorium gebraucht werden und auch Kapital und Aktien der zu diesem Zweck gebildeten Gesellschaften. In Vermont kann jede Stadt 5 Jahre lang von Steuern befreien: Fabriken (ausgenommen die zur Fabrikation von Papier verwandten Hölzer, Bretter oder Holzkohle), Steinbrüche und Bergwerke, wenn das angelegte Kapital nicht mehr als $ 1000 beträgt. In Wisconsin befreit ein Gesetz von 1883 während dreier Jahre das Vermögen jeder Gesellschaft für Bearbeitung von Zink aus den heimischen Erzen des Staates von Steuerabgaben. In West Virginia sind steuerfrei: alle innerhalb des Staates während des vergangenen Jahres fabrizierten Artikel, die am Ende dieser Zeit noch unverkauft in den Händen des Produzenten zurückbleiben. In New Mexiko und Vermont sind Eisenbahnen steuerfrei 6 Jahre lang nach ihrer Vollendung. In New York sind steuerfrei alle im Staate registrierten Schiffe, die einem amerikanischen Bürger oder einer amerikanischen Gesellschaft gehören, und welche den Oceanverkehr zwischen den Vereinigten Staaten und ausländischen Häfen unterhalten, ebenso das Vermögen und die Einnahmen solcher Gesellschaften während einer Dauer von 15 Jahren.

Abgesehen von diesen Steuerausnahmen werden in wenigstens zwei Staaten Prämien gewährt: In Kansas für Rübenzuckerfabrikation und in Vermont für Ahornzuckerfabrikation.

c) Steuersatz.

Der Steuersatz wird erhoben zu soviel Mills [1] auf den Dollar. oder soviel Cents auf den Hundertdollar, was natürlich auf dasselbe hinausläuft. [2] Gewöhnlich wird er von der Legislatur am Ende jeder Session festgesetzt, auf Grund der Einschätzung steuerpflichtigen Vermögens im Staate, sodafs man einen Einnahmebetrag erhält, mit dem man die Staatsausgaben bestreiten kann. Sehr oft ist der Satz durch

---

[1] Die Währung der Vereinigten Staaten ist eine Decimalwährung und wird folgenderweise berechnet: 10 Mills — 1 Cent; 10 Cents = 1 Dime; 10 Dimes = 1 dollar. Ein Mill steht also in demselben Verhältnis zu einem Dollar ($\frac{1}{1000}$), wie ein Dime (10 Cents) zu hundert Dollars ($\frac{1}{1000}$) und es ist gleichgültig, ob der Steuersatz zu so vielen Mills auf den Dollar, oder so vielen Cents auf hundert Dollar ausgerechnet wird. Da der Steuersatz in den Berichten u. s. w. gewöhnlich in Mill ausgedrückt wird, habe ich aber alle Steuersätze auf diese Basis reduziert.

[2] Siehe Teil II, S. 60.

Verfassungsbestimmungen beschränkt, über welche Grenze er nicht
gehen darf. [1])

Man ersieht, dafs in der beigefügten Tabelle XI der 1890 wirklich erhobene Steuersatz in einigen Fällen höher war als die ver-
fassungsmäfsige Grenze. Der Grund hierfür liegt darin, dafs die in
Tabelle VII angegebene Grenze sich nur auf Staats-Verwaltungs-
Zwecke bezieht, während der hier angeführte Satz öffentliche Gemeindeschulen und andere Staatszwecke in sich einschliefst, die man
unmöglich trennen konnte.

In dieser Hinsicht herrscht grofse Verwirrung unter den Staaten
wegen der verschiedenen Methoden des Schulunterhaltes. Neunzehn
Staaten erheben überhaupt keine Schulsteuern, da entweder die Ein-
nahmen aus den Staatsfonds für diesen Zweck ausreichen, wie in
Massachusetts und in hohem Mafse in Rhode Island, oder ein Teil
des allgemeinen Steuersatzes für diesen Zweck bewilligt wird, wie in
Alabama, Colorado, Connecticut, Idaho, Jowa, Kansas, Michigan,
Mississippi, Missouri, Montana, New Hampshire, Oregon, Pennsyl-
vanien, Washington, Wyoming und zum Teil auch in Rhode Island.
In Delaware besteht überhaupt keine Vermögensteuer, während sie in
New Jersey und Wisconsin ausschliefslich für Erziehungszwecke ver-
wandt wird. In den übrigen Staaten wird die Schulsteuer als besondere Steuer erhoben und zu einem anderen Satze als die allgemeine
Steuer, wie in Arizona, Arkansas, Florida, Indiana, Maryland,
Kentucky, New York, North Dakota, Texas, Utah etc., oder es giebt
eine getrennte Schulsteuer, welche nichtsdestoweniger in der allgemeinen Steuer einbegriffen ist, wie in Colorado, Illinois, Maine,
North Carolina, Tennessee, Virginien etc. Die staatliche Schulsteuer
ist in jedem Fall in dem hier gegebenen Satz einbegriffen.

In vielen Staaten ist der allgemeine Steuersatz in eine Anzahl
kleinerer Sätze eingeteilt, die eigens für besondere Institutionen oder
Zwecke erhoben und verwendet werden, anstatt diese Bedürfnisse aus
dem Generalfonds zu decken.

So ist in Florida der staatliche Steuersatz von 6125 Mills auf $ 1
geteilt und wird für folgende Zwecke erhoben: für allgemeine Zwecke
4,5 Mills; für Staatseinwanderung 0,125 Mills, für das staatliche Ge-
sundheitsamt 0,5, und für den staatlichen Schulfonds 1 Mill. In
Kansas ist der Satz der Staatssteuer 4,25 Mills auf $ 1: 3,4 Mills
für allgemeine Zwecke, 0,4 Mills für den Legislaturgebäudefonds,

[1]) Siehe Tabelle VIII.

8*

0,2 Mills für den Amortisationsfonds, 0,25 Mills für den laufenden
Universitätsfonds. In New York betrug der Gesamtsatz der staatlichen Steuer 2,34 Mills auf § 1. von dem 1,4 Mills speziell für Gemeindeschulen bestimmt waren, 6,1 Mills für Kanäle inklusive Kanal-
schuld, 7,1 Mills für staatliche Allgemeinzwecke. Der Satz in Wyoming
beträgt 5 Mills auf jeden eingeschätzten Dollar und dient zu folgenden
Zwecken: Generalfonds 3,875 Mills, Universität 0,125 Mills, Irren-
asyl 0,375 Mills. Rückzahlung von Anleihen 0,5 Mills, Legislatur-
gebäude 0,125 Mills.

Solche Beispiele könnten noch vielmehr angeführt werden. Man
mufs bemerken, dafs der hier angegebene Steuersatz derjenige ist,
welcher für alle Zwecke, für welche der Staat Geld einzieht und verausgabt, bestimmt ist und nicht nur für die allgemeinen Ausgaben
der Verwaltung.

Der Steuersatz ist sehr verschieden in den einzelnen Staaten, aber
hieraus kann man keinen bestimmten Schlufs ziehen wegen der Unterschiede in der Vermögenseinschätzung. Wie Professor Seligman bemerkt:[1] „Ein niedriger Steuersatz in dem einen Falle kann in Wirklichkeit eine höhere Besteuerung bedeuten als ein hoher Satz in dem
anderen Falle, z. B. wenn das Vermögen in diesem Staat niedriger
eingeschätzt ist als in jenem. Ein Steuersatz von 5 % auf ein zu 30 %
seines Wertes eingeschätztes Vermögen ist geringer als ein Steuersatz von 2 % auf ein Vermögen, das zu 90 % seines Wertes eingeschätzt
ist." So sind die anscheinend hohen Steuersätze in einigen der westlichen und südlichen Staaten in Wirklichkeit zum gröfsten Teil
trügerisch.

Es ist jedoch unmöglich, diese Zahlen zu verbessern, da die
Genauigkeit der Schätzung von eingeschätztem Vermögen schwer festzustellen ist; man mufs aber solche Unterschiede in Betracht ziehen.
Für Vergleichszwecke sind diese Zahlen also fast gänzlich unbrauchbar.

2. Kopfsteuer.

Die Kopfsteuer, welche in den Staaten erhoben wird, schwankt
gewöhnlich zwischen $ 1 und $ 3, und betrifft alle männlichen Einwohner zwischen dem 21. und 50. oder 60. Lebensjahre. Diese Grenzen
sind aber in den einzelnen Staaten verschieden; in Massachusetts wird

---

[1] Finance Statistics p. 67.

die Steuer von männlichen Personen über 20 Jahren erhoben. In demselben Staate wurde sie auch von gewissen Frauen erhoben, als Bedingung für die Ausübung des Wahlrechtes. Die Zahlung der Kopfsteuer ist gleichzeitig Bedingung zum Stimmrecht in 4 Staaten.[1]) In Florida eine Kopfsteuer von $ 1,00; in Nevada eine Kopfsteuer von $ 2 — $ 4 auf Leute von 21—60 Jahren; in Rhode Island wird eine Wahlregistrationssteuer (registry tax) von $ 1 erhoben, welche einer Kopfsteuer in jeder Hinsicht entspricht; in Tennessee wird eine Kopfsteuer von 50 Cents bis $ 1 zur Vorbedingung des Stimmrechts gemacht. Bis 1890 hatte Massachusetts eine ähnliche Mafsregel in seiner Verfassung, aber im Jahre 1891 strich er seine ganze Steuerbedingung durch ein Amendement aus.[2])

In den Censusberichten für 1890, von denen Tabelle XIII handelt, sind die Kopfsteuern in den allgemeinen Vermögenssteuern enthalten. Jedoch habe ich ihren Betrag feststellen können, wenn sie für Staatszwecke erhoben wurden, und gebe diese Zahlen in einer getrennten Spalte.

Kopfsteuern werden in 29 Staaten erhoben. In elf Staaten ist es eine Staatssteuer und wird direkt an den Staat bezahlt, nämlich: Arkansas, Colorado, Californien, Idaho, Indiana, Massachusetts, Rhode Island, Tennessee, Texas, Vermont und West Virginia. In den meisten Fällen ist sie ausschliefslich für öffentliche Gemeindeschulen bestimmt, ausgenommen in Colorado, wo sie in den staatlichen Militärfonds gezahlt wird, und Indiana, wo die Hälfte der Einnahme für staatliche Allgemeinzwecke verwandt wird. In 18 Fällen wird die Kopfsteuer von den Kreisen eingetrieben und an sie gezahlt, gewöhnlich für Gemeindeschulen, obgleich in Michigan und Utah die Einnahmen für Strafsen etc. verwandt werden. In Californien, Colorado, Indiana, Tennessee und Vermont wurde aufserdem noch eine Kopfsteuer von den kleineren Verbänden erhoben, z. B. in Indiana wurden $ 265137 an die Kreise und Städte gezahlt, aufser der Summe, welche der Staat erhielt. Die Kopfsteuer, die für Unterhaltung der Wege verwendet wird, kann oft in Arbeit statt in Geld entrichtet werden. Wo dies der Fall ist, wird sie hier nicht erwähnt.

Die gewöhnliche Methode die Kopfsteuer zu erheben, besteht

---

[1] Fisk: „Stimmrecht u. Einzelstaat, p. 179.

[2] Nach Fisk hatten wir im Jahre 1890 eine Steuerbedingung irgendwelcher Art für das Wahlrecht in elf Staaten, nämlich Delaware, Florida, Georgia, Massachusetts, Mississippi, Nevada, New Hampshire, Pennsylvania, Rhode-Island, Tennessee und Texas. Fisk „Stimmrecht und Einzelstaat", S. 179 ff.

darin, dafs man jeden Steuerzahler nur zu einer gewissen Summe besteuert, welche meistens auf § 1 festgesetzt ist. In New Hampshire und
Vermont jedoch ist ein anderes System gebräuchlich, welches besonderer Erwähnung bedarf. Jeder Kopf ist in New Hampshire zu
$ 100 und in Vermont zu $ 200 eingetragen, und diese Beträge
werden auf die allgemeine Einschätzungsliste gesetzt, nebst dem beweglichen und unbeweglichen Vermögen, und nach dem allgemeinen
Vermögen-Steuersatz besteuert.

So wurde die so entstehende Gesamtsumme in New Hampshire
auf $ 9 656 900 eingeschätzt; dieser Betrag wurde in die allgemeine
Vermögensliste eingetragen und zu dem Satz von 2,35 Mills pro Dollar
besteuert. Die Einnahme aus der Kopfsteuer war daher $ 22 694.
Das Ergebnis ist natürlich dasselbe, als wenn die 96 596 Steuerzahler
je eine Kopfsteuer von $ 2,35 gezahlt hätten.

In 20 Staaten wird keine Kopfsteuer erhoben. Durch die Verfassungen von Maryland und Ohio sind sie für bedrückend erklärt
und untersagt worden.[1]) In einigen Staaten sind Ausnahmen gemacht
worden bei Armen, Idioten, Alten und Schwachen etc. Aber die in
den oben erwähnten Verfassungen geübte Kritik ist gerecht. Die
Ungerechtigkeit des jetzigen Steuersystems wird durch diese höchst
ungerechte Steuer nur noch erhöht, denn sie drückt am härtesten diejenigen, welche sie zu tragen am wenigsten imstande sind. Dazu
kommt noch die Thatsache, dafs meistens nur diejenigen Personen
diese Steuern bezahlen, welche schon auf der Einschätzungsliste für
allgemeine Vermögenssteuer stehen. In vielen Staaten giebt es ver-
fassungsmäfsige Vorschriften, welche Höhe, Zweck etc. der Kopfsteuer
festsetzen. (Siehe Tabelle VIII.)

3. Besteuerung von Aktiengesellschaften.

In allen Staaten, besonders aber in den älteren, bemerkt man die
Tendenz, einen wachsenden Teil der Staatseinnahmen aus der Besteuerung von Aktiengesellschaften abzuleiten. Auf der einen Seite
ist dies der Notwendigkeit, neue Einnahmequellen zu finden, zuzuschreiben, und auf der anderen Seite der Unmöglichkeit, auf dem
Wege der allgemeinen Vermögenssteuer dem beweglichen Vermögen
beizukommen. Durch die direkte Besteuerung von Aktiengesellschaften
wird der Teil des beweglichen Vermögens, welcher am häufigsten der

---

[1]) R. T. Ely, Taxation in American States und Cities, New York 1888 p. 400.

Besteuerung entgeht, nämlich Aktien. Obligationen etc. sicher und mit leichter Mühe erreicht.

Ferner ist es für die Lokaleinschätzer äußerst schwer, mit mächtigen Aktiengesellschaften zu verhandeln, besonders Transportgesellschaften innerhalb der Munizipalitäten oder sogar Kreise; dies hat in den meisten Fällen zur Gründung von staatlichen Einschätzungskommissionen geführt, die das Vermögen von Aktiengesellschaften und besonders Eisenbahnen einschätzen sollen. Aber diese sind im günstigsten Falle nur Aushilfsmittel. In einigen Staaten, besonders den östlichen, sind daher Aktiengesellschaften gänzlich von der allgemeinen Vermögenssteuer befreit, und man hat versucht sie nach ihrer Leistungsfähigkeit zu besteuern, namentlich durch die Konzessionssteuern und die Steuern auf die Bruttoeinnahmen.

Viele Verfassungen, besonders die neueren, weisen die Legislatur an, für die richtige Besteuerung solcher Unternehmungen zu sorgen, indem sie der Legislatur bisweilen untersagen, sich der Macht zu berauben, die Aktiengesellschaften zu besteuern, zweifellos aus Furcht, dafs diese mächtigen Körperschaften von einer nachgiebigen Legislatur sich Befreiung von bürgerlichen Lasten erkaufen könnten. [1]

Die Methoden der Besteuerung von Aktiengesellschaften sind in den einzelnen Staaten verschieden, und sind augenblicklich in fast chaotischem Durcheinander. Über diesen Punkt sagt Mr. Frederic. J. Stimson, dessen ausgezeichneter Zusammenstellung von amerikanischen Staatsgesetzen ich die meisten in den folgenden Seiten enthaltenen gesetzlichen Bestimmungen verdanke: [2] „Über nichts herrscht so grofse Verwirrung in den Gesetzen der meisten Staaten als in der Besteuerung von Aktiengesellschaften."

Ehe wir aber näher auf die Besteuerung der verschiedenen Aktiengesellschaften in den einzelnen Staaten eingehen, wollen wir gewisse, allgemeine Merkmale, welche alle Staaten gemein haben, näher betrachten.

Nach Mr. Stimson [3] finden wir vier Besteuerungssysteme der Aktiengesellschaften in den Vereinigten Staaten:

Erstens: Wenn die Gesellschaft auf ihr bewegliches und unbewegliches Vermögen hin besteuert wird, und dieses wie jede Einzelperson bei der Besteuerung angeben mufs. In diese Klasse kann man folgende

---

[1] Bryce Pt. II. Kap. 43 p. 520. Vgl. Tabelle VIII.
[2] Stimson Vol. II, p. 149.
[3] Stimson „Taxation of General Corporations". Bd. II. § 8260.

29 Staaten bringen: Arizona, Arkansas, California, Colorado, Connecticut. Idaho, Illinois, Indiana, Jowa, Kentucky, Michigan, Minnesota, Missouri. Montana. Nevada, New Hampshire, New Mexiko, Nord Carolina, Ohio, Oklahoma, Oregon. South Carolina, South Dakota, Tennessee, Texas. Utah, Virginia, Washington, Wisconsin. (In einigen von diesen Staaten ist auch der Aktieninhaber betreffs seines Aktienanteils der Lokalsteuer unterworfen: Arkansas, Illinois, Jowa, Ohio. Oklahoma. Tennessee, Virginia, Washington: aber in anderen, in denen die Aktiengesellschaft solche Steuern zahlt, ist der Aktieninhaber frei: Californien. Colorada, Connecticut. Idaho, Indiana, Kentucky. Michigan, Minnesota, Missouri, Montana. Nevada, New Mexiko. North Carolina. Oregon, South Carolina, South Dakota. Texas. Utah, Wisconsin.)

Zweitens: Bei dem zweiten System zahlt die Aktiengesellschaft eine Steuer auf ihr Stammkapital, mit oder ohne Abzug ihres unbeweglichen oder sonstigen steuerpflichtigen Vermögens, während der Aktieninhaber in der Regel steuerfrei ist. In diese Klasse gehören folgende Staaten: Alabama. Florida. Kansas, Louisiana, Maine. Massachusetts, Mississippi, Nebraska, New Jersey. North Dakota. Rhode Island, Vermont, West-Virginia.

Die Gesellschaft bezahlt jedoch auch Vermögenssteuer; 1. auf unbewegliches Vermögen in Massachusetts, Rhode Island und Vermont: 2. auf unbewegliches und bewegliches Vermögen in Kansas und Nebraska. (Der einzelne Aktieninhaber ist frei wie oben in Alabama, Florida. Kansas, Massachusetts und Nebraska; nicht in Maine, New Jersey und North Dakota.).

Drittens: Hierbei zahlt die Gesellschaft eine Steuer auf ihr Vermögen und auch eine Konzessionssteuer, welch letztere gewöhnlich auf bestimmte Art festgesetzt wird; z. B. nach der Höhe der ausgezahlten Dividende etc. In diese Klasse gehören New York und Wyoming.

Viertens: Bei diesem Steuersystem sind alle drei Arten von Steuern vereinigt, d. h. Lokalbesteuerung des unbeweglichen Vermögens, Konzessionssteuer (d. h. eine Art Lizenssteuer, die meistens ohne Rücksicht auf das Vermögen der Gesellschaft bestimmt wird) und eine Steuer auf die Aktien der einzelnen Inhaber: Georgia, Maryland und Pennsylvanien.

In Delaware wird die Besteuerung der Aktiengesellschaften durch Spezialgesetzgebung für die einzelnen Klassen der Gesellschaften festgesetzt, und es giebt hier kein allgemeines Gesetz.

a) Die Eisenbahnsteuer.

Früher wurde in den Vereinigten Staaten bei der Besteuerung von Gesellschaften in derselben Weise verfahren wie bei der Besteuerung einzelner Erwerbspersonen. Von diesem Systeme ist man jedoch in neuerer Zeit, besonders soweit die Besteuerung der Eisenbahnen in Betracht kommt, merklich abgewichen. Die Mängel der alten Besteuerungsart traten in der Praxis so deutlich zu Tage, dafs man sich in den meisten Staaten dazu entschlofs, die Besteuerung korporativen Eigentums durch die Lokalbehörden abzuschaffen. Was speziell die Eisenbahnen betrifft, so haben nur neun Staaten die ursprüngliche Methode der Auflegung einer allgemeinen Vermögenssteuer beibehalten. In siebenundzwanzig Staaten ist insofern ein neuer Weg eingeschlagen worden, als in ihnen die Einschätzung des Eisenbahnvermögens zu Staatszwecken nicht mehr durch die Lokalbehörden, sondern durch eine Staatskommission erfolgt. Allerdings wird die Eisenbahnsteuer nach dem Satze der allgemeinen Vermögenssteuer berechnet, doch sind immerhin verschiedene bei der Einschätzung des Bahneigentums durch die Lokalbehörden hervorstehenden Mängel beseitigt worden. [1]) In den übrigen elf Staaten werden die Eisenbahnen nicht nach dem Vermögen sondern unter Abweichungen im einzelnen nach ihrer allgemeinen Leistungsfähigkeit besteuert. Professor Seligman schliefst sich in Hinsicht auf den gegenwärtig in der Union herrschenden Mangel an Einheitlichkeit im Bahnbesteuerungswesen folgenden Worten der Eisenbahnsteuerkommission vom Jahre 1879 an: „Es ist", schreibt dieselbe, „keine Art der Besteuerung denkbar, der gegenwärtig nicht in irgend einem Teile dieses Landes (d. h. der nordamerikanischen Union) das Eisenbahnvermögen unterliegt. Ein entmutigenderes Beispiel allgemeiner Verwirrung könnte man sich kaum denken."[2])

Zum Zwecke der Übersichtlichkeit wollen wir jedoch sämtliche Staaten in Bezug auf die Art der Besteuerung der Transportgesellschaften in zwei Klassen einteilen. Zur ersten Klasse gehören diejenigen Staaten, in welchen das Bahnvermögen, ebenso wie der Einzelbesitz, nach dem allgemeinen Vermögenssteuersatze besteuert wird, zur zweiten dagegen diejenigen, in welchen die Bahnen an Stelle der allgemeinen Vermögenssteuer verschiedene andere Steuern entrichten.

---

[1]) Vgl. „The Taxation of Corporations" von E. R. A. Seligman in „Political Science Quarterly". Bd. V vom Juni 1890, S. 276.

[2]) Der von Professor Seligman in „Political Science Quarterly", Bd. V vom Juni 1890, S. 289 zitierte und 1880 in New York veröffentlichte Bericht ist betitelt: „The Taxation of Railroads and Railroad Securities".

Die erstere Klasse umfafst sechsunddreifsig Staaten, die sämtlich die Eisenbahnen nach Mafsgabe des allgemeinen Vermögenssteuersatzes zur Steuerleistung heranziehen. Dabei ist zu bemerken, dafs in den neun Staaten: Georgia, Louisiana, New Mexiko, Oregon, Rhode Island, South Carolina, Texas, Utah und Washington das Bahnvermögen von den autonomen Verwaltungen der einzelnen Kreise, in welchen die Bahnen sich befinden, bezw. welche sie durchqueren, eingeschätzt wird, während in den übrigen siebenundzwanzig Staaten die Einschätzung, wenngleich unter Zugrundelegung des allgemeinen Vermögenssteuersatzes, durch eigene staatliche Kommissionen erfolgt; und zwar erfolgt dieselbe

in Alabama durch die Staatskommission des Taxatoren, [1]

„ Arizona	„	staatliche Ausgleichungskommission,
„ Arkansas	„	Eisenbahnkommission,
„ California	„	staatliche Ausgleichungskommission
„ Colorado	„	staatliche Ausgleichungskommission,
„ Florida		den Controller, den Generalanwalt und den Schatzmeister,
„ Idaho		die staatliche Ausgleichungskommission,
„ Illinois		staatliche Ausgleichungskommission,
„ Indiana	„	staatliche Ausgleichungskommission,
„ Jowa		den Exekutivrat,
„ Kansas	„	die Kommission der Eisenbahntaxatoren,
„ Kentucky	„	„ Eisenbahnkommission,
„ Mississippi	„	„ Kommission der Eisenbahntaxatoren,
„ Missouri	„	„ staatliche Ausgleichungskommission,
„ Montana	„	„ staatliche Ausgleichungskommission,
„ Nebraska	„	„ staatliche Ausgleichungskommission,
„ Nevada	„	„ Kommission der Eisenbahntaxatoren,
„ New Hampshire		durch die staatliche Ausgleichungskommission,
„ New Jersey		„ Kommission der Eisenbahntaxatoren,
„ North Carolina		Kommission der Einschätzer und Taxatoren,
„ North Dakota	„	staatliche Ausgleichungskommission,
„ Ohio	„	Schätzungskommission,
„ South Dakota		staatliche Einschätzungs- und Ausgleichungskommission,

---

[1] Die Staatskommission bestimmt, was für Eigentum besteuert werden soll; die Einschätzung erfolgt jedoch gerade wie bei gewöhnlichem Eigentum in dem Kreise, in welchem dasselbe liegt.

in Tennessee durch die Eisenbahnsteuer-Einschätzer.

„ Virginia   „ Kommission der öffentlichen Arbeiten,

„ West Virginia   Kommission der öffentlichen Arbeiten,

„ Wyoming   „   „ staatliche Augleichungskommission.

Unter den genannten sechsunddreifsig Staaten befinden sich vier. nämlich Georgia, New Jersey, North Carolina und Tennessee, in welchen die Eisenbahnen neben der allgemeinen Vermögenssteuer noch andere Steuern zahlen. während in zwei Staaten — Mississippi und North Dakota — die Eisenbahnen statt der allgemeinen Vermögenssteuer eine besondere Konzessionssteuer oder eine auf Grund der Bruttoeinnahmen berechnete Steuer entrichten können. Auf letzteres System werden wir noch ausführlicher zurückkommen.[1])

Die zweite Klasse, in der die Eisenbahnsteuer in verschiedener Weise, gewöhnlich in der Form von Prozenten der Bruttoeinnahme zur Berechnung gelangt, umfafst die folgenden elf Staaten: Delaware. Connecticut. Maine. Maryland, Massachusetts. Michigan. Minnesota, New York, Pennsylvania, Vermont und Wisconsin.

In denjenigen Staaten. in welchen die Eisenbahnen ebenso wie der Einzelbesitz der Besteuerung nach Mafsgabe des allgemeinen Vermögenssteuersatzes unterliegen, wird die Steuer entweder als Ganzes von den Beamten des Staates oder von den einzelnen Kreisen und deren politischen Unterverbänden für die Strecke der Bahnen erhoben, welche innerhalb des betreffenden Kreises bezw. seiner politischen Unterverbände liegt, worauf dann die Kreisverwaltung, in derselben Weise wie bei der gewöhnlichen Vermögensteuer, dem Staate den auf diesen entfallenden Anteil überweist. Das letztere Verfahren ist das weitaus gewöhnliche.[2]) In den nachstehenden neunundzwanzig Staaten wird das Bahnvermögen nach einem bestimmten Werte per Meile[3]) eingeschätzt und ebenso wie der Einzelbesitz in den Kreisen, den Unterverbänden derselben u. s. w. besteuert: Alabama, Arizona, Arkansas, California. Colorado. Florida, Georgia, Idaho. Indiana, Jowa. Kansas. Louisiana, Mississippi,[4]) Missouri. Montana. Nebraska,

[1]) s. S. 125 ff.

[2]) Vgl. Stimson: „American Statute Law". Bd. II, Teil III, Kap. VI, Art. 880, § 8801.

[3]) In Jowa, Montana und North Dakota sind die Taxatoren angewiesen, bei der Einschätzung des Bahnvermögens die Bruttoeinnahmen per Meile in Berechnung zu ziehen.

[4]) Falls die Bahnen nicht, wie oben bemerkt, die Konzessionssteuer oder die auf Grund der Bruttoeinnahmen berechnete Steuer vorziehen.

Nevada, New Mexico, North Carolina, North Dakota, Ohio, Oregon, Rhode Island, South Carolina, South Dakota, Texas, Utah, Washington und Wyoming. In den sieben übrigen Staaten: Illinois, Kentucky, New Hampshire, New Jersey, Tennessee, West Virginia und Virginia wird die Eisenbahnsteuer durch die Beamten des Staates vereinnahmt.

In den Staaten: Arkansas, Illinois, Indiana, Nebraska, Nevada, North Carolina, Ohio und Washington wird das Bahngeleise in den einzelnen Kreisen und Kreisunterverbänden nach dem Verhältnis der Länge des in dem einzelnen Kreise oder Kreisunterverbande liegenden Hauptgeleises zur Gesamtlänge der Bahn im Staate eingeschätzt und besteuert. Der Ausdruck Bahngeleise („Railroad-Track") umfafst das festliegende Betriebsmaterial, somit das Tracenrecht, unter Einschlufs der Seitengeleise, den Unter- und Oberbau nebst dazu gehörigen Vorrichtungen, die Bahnhofsgebäude und die Tracierungsverbesserungen. Das unter der Bezeichnung „Rolling Stock" zusammengefafste bewegliche Betriebsmaterial der Eisenbahngesellschaften wird in den zwölf Staaten: Arkansas, Illinois, Indiana, Nevada, North Carolina, Ohio, Oregon, South Carolina, Texas, Utah, Washington und Wyoming in derselben Weise wie das festliegende Betriebsmaterial versteuert. In Georgia erfolgt die Besteuerung des beweglichen Betriebsmaterials in den Kreisen nach Mafsgabe des Verhältnisses, in welchem der Wert des Bahneigentums in dem betreffenden Kreise zu dem Werte des Gesamteigentums der Gesellschaft steht, während die Bahnhofsgebäude, Höfe und anderes rein örtliches Besitztum durch die Municipaltaxatoren des Ortes, wo dasselbe gelegen ist, eingeschätzt wird. Was ferner das nicht beständig in einem einzelnen Staate sich befindliche bewegliche Betriebsmaterial und bewegliche Eigentum der Eisenbahngesellschaften betrifft, deren Betriebe sich zum Teil über Georgia, zum Teil über andere Staaten erstrecken, so wird in Georgia, der der Länge der Bahnstrecke in diesem Staate proportionelle Teil des Gesamtwertes des fraglichen Bahnvermögens zur Steuerzahlung herangezogen. In den Staaten California, Colorado, Missouri und Tennessee werden Betriebsmaterial, Konzessionen und örtlich nicht festgelegtes Eigentum durch Staatskommissionen versteuert, während örtlich festgelegtes Vermögen, wie Bahnhofsgebäulichkeiten, Frachthöfe u. s. w. durch die Municipaltaxatoren der Gemeinde, wo sich dasselbe befindet, eingeschätzt werden und zur Besteuerung gelangen.

Wenden wir uns nunmehr den Staaten zu, in welchen das Bahnvermögen nicht wie gewöhnliches Eigentum den Steuerzwecken dienstbar gemacht wird, so tritt uns eine gröfsere Mannigfaltigkeit in der Besteuerungsmethode entgegen. Von den elf Staaten dieser Kategorie erheben vier, nämlich Maine, Minnesota, Vermont und Wisconsin nur eine Steuer von den Bruttoeinnahmen; in den übrigen sieben Staaten: Delaware, Connecticut, Maryland, Massachusetts, Michigan, New York und Pennsylvania sind die Eisenbahnen neben der genannten noch anderen Steuern unterworfen. Es empfiehlt sich daher, diese Staaten ebenso wie die Staaten: Georgia, Mississippi, New Jersey, North Carolina, North Dakota und Tennessee, die neben oder statt der allgemeinen Vermögenssteuer eine Konzessionssteuer oder andere Steuern erheben, einzeln in Betracht zu ziehen.

Connecticut. — Die Besteuerung der innerhalb der Grenzen dieses Staates liegenden Bahnen erfolgt nach einer ziemlich komplizierten Methode, die wir hier in ihren Einzelheiten unmöglich erläutern können. Es genüge zu sagen, dafs dieselbe aus einer Vermögens- und einer Konzessionssteuer besteht. Diese besondere Steuer ersetzt alle anderen, auch die Lokalsteuern.

Delaware. — Die Eisenbahnsteuer dieses Staates besteht für die innerhalb seiner Grenzen sich befindlichen Linien entweder: 1) aus einer besonderen Steuer von zehn Cents für jeden durch den Staat fahrenden Reisenden, oder 2) statt dessen aus einer bestimmten jährlichen Anschlagsumme; 3) aus einer zehnprozentigen reinen Einkommensteuer und 4) einer Steuer auf Wagen, Lokomotiven u. s. w. und überdies aus besonderen für gewisse Linien geltenden Steuerzahlungen.

Georgia. — Die Steuergesetze dieses Staates schreiben aufser der oben erwähnten allgemeinen Vermögenssteuer für diejenigen Linien, deren Stiftungsurkunden eine höhere Steuer ausschliefsen, sowie für diejenigen, welche eine Dividende von nicht mehr als sechs Prozent verteilen, eine Steuer von einem halben Prozent des reinen Jahreseinkommens vor. Steigt die Dividende auf acht Prozent, so zahlen diese Bahnen dieselbe Steuer wie andere Kapitalanlagen. Andere Bahnen entrichten auf ihr eingezahltes Anlagekapital die gleiche Steuer wie sonstige Kapitalien; daneben wird auch die reine Jahreseinnahme nach demselben Prozentsatze versteuert.

Maine. — Alle Bahnen dieses Staates zahlen eine Konzessionssteuer, welche auf Grund der Bruttomeileneinnahme des vergangenen Jahres berechnet wird. Bei einer Bruttoeinnahme bis zu 2250 Dollars per Meile wird ein Viertel Prozent, bei einer solchen von 2250—3000 Dollars ein Halb Prozent der Bruttoeinnahme erhoben. Danach steigt die Steuer für jede weitere Erhöhung von

750 Dollars, welche die Bruttoeinnahme per Meile oder einen Teil einer Meile erfährt, um ein Viertel Prozent, doch steigt sie im ganzen nie höher als drei und ein Viertel Prozent. Liegt die Linie zum Teil innerhalb, zum Teil außerhalb der Staatsgrenzen, so wird ein der Länge der Linie im Staate proportionaler Ansatz der Steuerberechnung zu Grunde gelegt.

Maryland. — In Maryland zahlen die Eisenbahnen unter Einschluß der Brücken und Tunnels eine staatliche Konzessionssteuer von einem halben Prozent der Bruttoeinnahmen. Sind die Bahnen jedoch nach den Gesetzen anderer Staaten organisiert, so beträgt diese Konzessionssteuer, die alle anderen staatlichen Steuern ersetzt, ein Prozent. Daneben müssen aber die Bahnen ebenso wie andere Personen ihr bewegliches und unbewegliches Vermögen in den einzelnen Kreisen nach Maßgabe der örtlichen Vorschriften versteuern.

Massachusetts. — In diesem Staate sind die Eisenbahnen den gleichen Steuern unterworfen wie andere Erwerbsgesellschaften. Zur Versteuerung gelangt derjenige Teil des Bahnkapitals, welcher der Länge der Bahn im Staate proportional ist.

Michigan. — In Michigan unterliegen die Eisenbahnen einer Steuer von drei Viertel Prozent des Bahnkapitals. Überdies wird die Bruttoeinnahme bei einem Erträgnis bis zu 2000 Dollars per Meile mit zwei Prozent, bei einem solchen von mehr als 2000 Dollars mit zwei und ein halb Prozent versteuert. Eine Ausnahme von diesen Bestimmungen bilden während der ersten zehn Jahre ihrer Betriebsdauer alle Bahnen, die in Zukunft nördlich des vierunddreißigsten Breitegrades in Betrieb gesetzt werden, es sei denn, daß die Bruttoeinnahme 4000 Dollars per Meile übersteige. Diese Steuer ersetzt alle anderen Eisenbahnsteuern mit Ausnahme derjenigen auf unbewegliches Eigentum, welches nicht zum thatsächlichen Betriebe der Gesellschaft verwendet wird.

Minnesota. — In diesem Staate beträgt die Eisenbahnsteuer während der ersten drei Betriebsjahre ein Prozent während der folgenden sieben Jahre zwei Prozent und danach drei Prozent der Bruttoeinnahmen. Dieselbe ersetzt alle anderen, auch die örtlichen Steuern.

Mississippi. — Die in diesem Staate liegenden Bahnen zahlen statt der Vermögenssteuer eine besondere Konzessionssteuer von 100 Dollars per Meile.

New Jersey. — Hier zahlen die Eisenbahnen dem Staate eine Steuer von einem halben Prozent ihres Gesamtwertes, während in

den Kreisen und Gemeinden eine ein Prozent nicht übersteigende
Steuer vom Werte des Bahnvermögens in dem betreffenden Kreise
oder der betreffenden Gemeinde erhoben wird. Daneben wird ebenso
wie bei anderen Erwerbspersonen, das in den einzelnen Kreisen
liegende unbewegliche Bahnvermögen — mit Ausnahme des Tracengrundes in einer Breite von einhundert Fufs — die daran vorge-
nommenen Verbesserungen und das unbewegliche Bahnvermögen
besteuert.

New York. — Die Eisenbahnen zahlen, neben den allgemeinen
Korporationssteuern, eine staatliche Konzessionssteuer von einem
halben Prozent der gesamten Bruttoeinnahmen.

North Carolina. — In diesem Staate sind die Eisenbahnen
einer staatlichen Konzessionssteuer von einem Prozent der gesamten
Bruttoeinnahme unterworfen; diejenigen Bahnen, welche der Verpflichtung, unbewegliches Eigentum wie das Wegrecht, den Bahn-
hofgrund u. s. w. zu versteuern, enthoben sind, haben neben den
übrigen Steuern eine Steuer von einem halben Prozent der Bruttoeinnahme zu zahlen.

North Dakota. — Statt der verschiedenen Vermögenssteuern
können die Bahnen eine Steuer zahlen, die während der ersten fünf
Jahre drei Prozent und danach zwei Prozent der Bruttoeinnahmen
beträgt. Aus der Thatsache, dafs im Jahre 1890 keine Bahnen auf
Grund der allgemeinen Vermögenssteuer eingeschätzt wurden, ist zu
entnehmen, dafs dieselben sämtlich die erwähnte Art der Steuerzahlung
vorzogen.

Pennsylvania. — Neben den allgemeinen Korporationssteuern
müssen die Bahnen eine staatliche Konzessionssteuer entrichten, die
sich auf acht Zehntel Prozent der gesamten Bruttoeinnahmen beläuft,
welche aus dem nur innerhalb der Staatsgrenzen sich bewegenden
Verkehre fliefsen.

Tennessee. — Von den Eisenbahngesellschaften, die der Steuer-
pflicht nicht durch eine Wertsteuer genügen, zahlt jede, deren Betriebslänge im Staate 400 Meilen oder mehr beträgt, eine Steuer von
10 000 Dollars per Jahr; bei einer Betriebslänge von 100—400 Meilen
beläuft sich die Steuer auf 5000 Dollars, bei einer solchen von 25
bis 100 Meilen auf 500 Dollars und bei einer solchen von weniger
als 25 Meilen auf 100 Dollars.

Vermont. — Dieser Staat belegt den vom Kommissär der
Staatssteuern eingeschätzten Wert der Konzessionen und des Vermögens der Bahngesellschaften mit einer Steuer von sieben Zehntel

Prozent. Statt dessen ist es jedoch den Bahngesellschaften anheim
gestellt, dem Staate jährlich eine Steuer von zwei und einem halben
Prozent des gesamten im Staate vereinnahmten Bruttoeinkommens
zu zahlen.

Wisconsin. — In diesem Staate ist die Besteuerungsart folgende: bei einer Bruttoeinnahme von mehr als 3000 Dollars per Meile
und Jahr beläuft sich die Steuer auf vier Prozent des Bruttoeinkommens; beträgt die Bruttoeinnahme 1500—3000 Dollars per Meile
und Jahr, so wird dieselbe mit zwei Prozent versteuert; daneben wird
noch eine Steuer von 5 Dollars für jede Meile der Betriebslänge erhoben. Dieser letzteren Steuer von 5 Dollars per Meile unterliegen
auch alle diejenigen Gesellschaften, deren Bruttoeinnahme den Betrag von 1500 Dollars per Meile und Jahr nicht erreicht.

Im Vorstehenden haben wir nur die Besteuerung der Eisen-
bahnen zu Staatszwecken in Betracht gezogen. Es bestehen jedoch
in den meisten Staaten ausführliche Bestimmungen, nach welchen das
Eisenbahnvermögen auch dem lokalen Steuerbedarfe dienstbar ge-
macht werden kann. Dies ist der Fall in Arkansas, Delaware (mit
Ausnahme des Tracengrundes), Illinois, Indiana, Louisiana, Maryland,
Montana, Texas, Utah und Washington. Unbewegliches und dem
Betriebe nicht dienendes Eisenbahnvermögen hat in Alabama, Arizona,
California, Florida, Georgia, Jowa, Kansas, Maine, New Jersey, New
York, Tennessee, Vermont, West Virginia und Wyoming und wahr-
scheinlich in allen Staaten, in denen die Eisenbahnen nicht, wie in
Michigan, Mississippi und North Dakota, der Zahlung derartiger Steuern
enthoben sind, lokale Steuern zu entrichten.

Was nun die in Tabelle XIII angeführten statistischen Ausweise über die in den verschiedenen Staaten aus der Besteuerung der
Eisenbahnen fliefsenden Einnahmen betrifft, so müssen wir uns hüten,
dieselben ohne weitere Erläuterung zu acceptieren. Bei den nachstehenden neunzehn Staaten sind gar keine Einnahmen unter der
Rubrik „Eisenbahnsteuern" verzeichnet: Arizona, Arkansas, Colorado,
Florida, Idaho, Indiano, Kansas, Louisiana, Missouri, Montana, Nebraska, Nevada, Ohio, Oregon, Rhode Island, South Carolina, South
Dakota, Utah, Washington und Wyoming. Da nämlich in diesen
Staaten die Eisenbahnsteuer vom Vermögen der Bahnen erhoben
wird, so bildet sie einen Teil der allgemeinen Vermögenssteuer und
ist in den für die letztere angegebenen Beiträgen enthalten. Den
genauen Betrag der Eisenbahnsteuer kann man indes in diesen
Fällen leicht ermitteln, wenn man den Wert des in Tabelle XI an-

geführten Bahnvermögens mit dem in der nächsten Spalte mitgeteilten Steuersatze multipliziert. In ähnlicher Weise sind auch bei den statistischen Ausweisen anderer Staaten, in welchen die Eisenbahnen neben der Vermögenssteuer noch eine Konzessionssteuer oder eine Bruttoeinnahmesteuer zahlen, nur die letzteren in der Tabelle XIII unter dem Titel „Eisenbahnsteuern" angeführt. Somit liefert uns die Statistik nur in ungefähr der Hälfte der Staaten Ausweise über die thatsächlichen Nettoeinnahmen aus der Besteuerung der Eisenbahnen, während in einigen unter diesen Staaten der Gesamtbetrag der von den Bahnen zu Steuerzwecken aufgebracht wird, aus dem Grunde nicht aus den Ziffern ersichtlich ist, weil neben den staatlichen auch lokale Eisenbahnsteuern bestehen.

b. Die Banksteuer.

In der Mehrzahl der Staaten wird das Kapital und Vermögen der Banken in derselben Weise wie der individuelle Besitz versteuert. Die Einschätzung geschieht in den Kreisen nach dem allgemeinen Steuersatze. Hiernach müssen Aktien, die persönlicher Besitz sind, um nicht doppelt besteuert zu werden, von der Besteuerung als Bankvermögen ausgeschlossen sein. Wo diese Einrichtung besteht, bilden natürlich die Einnahmen aus dieser Steuerkategorie einen Teil der allgemeinen Vermögenssteuer, so daß dieselben in den Ausweisen nicht getrennt verzeichnet sind. Die folgenden vierzehn Staaten erheben jedoch vom Kapital der Banken statt der allgemeinen Vermögenssteuer besondere Steuern:

Colorado. — In diesem Staate zahlen die Banken eine besondere Lizens.

Connecticut.[1]) — Die Sparbanken zahlen eine Steuer von einem Viertelprozent ihrer Depositen, abzüglich der Überschüsse und der in unbeweglichem Besitz und steuerfreien Obligationen angelegten Kapitalien. Daneben besteht unter der Bezeichnung „non-resident stock tax" eine Wertsteuer von einem Prozent, welcher nichtansässige Inhaber von Aktien von Versicherungs-, Anlage- und Bankgesellschaften unterworfen sind. Die Einnahmen aus dieser Steuer sind in der fünften Spalte angeführt.

Kentucky. — Die 10 031 292 Dollars betragenden Überschüsse über zehn Prozent, welche die National- und Staatsbanken und die

---

[1]) S. Seligman: „Finance Statistics", S. 80).

Anlagegesellschaften 1890 verzeichnen, unterliegen einer Wertsteuer zu Staatszwecken.

Maine. — Die Sparbanken zahlen nach gewissen Abzügen eine Steuer von drei Viertel Prozent ihrer Depositen.

Maryland. — Gewisse Bankaktien und Depositen in Sparbanken, welche an eine Konzessionssteuer gebunden sind, werden zu Staatszwecken besteuert.

Massachusetts. [1]) — Die Sparbanken zahlen eine Steuer von einem halben Prozent ihrer Depositen. Überdies wird derjenige Teil des Wertes der Aktien besteuert, welcher verbleibt, nachdem von dem Werte jeder Aktie ein Teil abgezogen worden ist, welcher dem Werte des der Bank gehörigen und örtlich besteuerten unbeweglichen Eigentums proportional ist. Die Beträge, welche diese Steuer dem Fiskus abwirft, sind in der fünften Spalte angegeben.

New Hampshire. — Die Depositen der Sparbanken werden nach Abzug der in unbeweglichem Vermögen angelegten Kapitalien mit einem Prozent ihres Wertes versteuert.

New Jersey. — Die Paterson Savings Bank zahlt dem Staate die geringfügige Steuersumme von 750 Dollars.

New York. [1]) — Auswärtige Banken entrichten eine Steuer von einem halben Prozent ihrer durchschnittlichen Depositenbeträge.

North Carolina. [1]) — Es werden sowohl die Depositen wie das eigene Anlagekapital versteuert. Für jede (Zweigniederlassung oder Vertretung) Bankagentur ist eine Steuer von 25 Dollars zu zahlen.

Pennsylvania. — Das Aktienkapital der Banken und Bankanstalten unterliegt einer Steuer von drei Prozent, doch ist es den Banken frei gestellt, statt derselben auf den pari-Wert der Aktien und den nicht in unbeweglichem Vermögen angelegten Teil des Kapitals und der Gewinne eine Steuer von sechs Prozent zu zahlen.

Rhode Island. — Von den Depositen und den Reservefonds der Sparbanken wird eine Steuer von einem Prozent erhoben.

Tennessee. —

Vermont. — Die durchschnittlichen Depositenwerte und die Reservefonds zahlen dem Staate eine Steuer von einem halben Prozent unter Abzug des örtlich versteuerten unbeweglichen Eigentums und der individuellen Einlagen über 1500 Dollars.

Virginia. — Die Bankaktiensteuer wird nach dem allgemeinen Steuersatze vom Staatsauditor erhoben.

S. Seligman, „Finance Statistics". S. 80.

Ander Korporations- und Gesellschaftssteuern.

Die wichtigsten Steuern, welche wir unter diesem Titel zusammenfassen, sind: die allgemeine Aktiengesellschaftssteuer, die korporative Organisationssteuer, die Steuer auf Telegraphen-, Telephon-, Versicherungs-, Schlafwagen und Exprefsgesellschaften (Packetbeförderungsgesellschaften). Jede dieser verschiedenen Steuern weist einige interessante Merkmale auf. Leider ist es nicht möglich, die in den Censusberichten enthaltenen Erträgnisse getrennt mitzuteilen, doch wollen wir uns mit den einzelnen Steuern dieser Klasse und der Art und Weise, wie sie in den verschiedenen Staaten erhoben werden, etwas näher befassen. Mit Ausnahme einiger Korporationssteuern, die nur in einem einzigen Staate bestehen, und die wir füglich übergehen können, glauben wir alle Steuern dieser Art, die irgendwie von Belang sind, erwähnt zu haben.

c. Die allgemeine Aktiengesellschaftssteuer.

Diese Steuer besteht in den vier Staaten: Massachusetts, New Jersey, New York und Pennsylvania. Dieselbe verfolgt den Zweck einer direkten Besteuerung aller Aktiengesellschaften, die nicht nach einer der vorhin beschriebenen Methoden besteuert werden. Den Zweck und die Natur dieser Steuer werden wir am besten erkennen, wenn wir die Form, welche ihr in den vier genannten Staaten gegeben worden ist, einzeln in Betracht ziehen.

In Massachusetts nimmt die Aktiengesellschaftssteuer die Form einer Konzessionssteuer an, die mit Ausnahme der Banken, Kohlen- und Minengesellschaften (welche nach einer anderen Methode besteuert werden) für alle Aktiengesellschaften gilt. Die letzteren zahlen eine Steuer vom gesamten Marktwerte ihrer Aktien nach einem Satze, der durch den durchschnittlichen Steuersatz der Staats- und Munizipalsteuern aller Städte und Ortsverbände im Staate bestimmt wird.

In New Jersey unterliegen dieser Steuer alle Aktiengenossenschaften mit Ausnahme von Eisenbahn- und Kanalgesellschaften (für welche eine anderweitige Besteuerung vorgesehen ist), Aktienbanken, Sparkassen, religiösen Genossenschaften, rein humanitären Anstalten, Erziehungsanstalten und Fabrikations- und Minengesellschaften. Die Steuer gilt ebenfalls nicht für die Telegraphen-, Telephon-, Express- und Versicherungsgesellschaften, die wie vorhin erwähnt, eine eigene Steuer entrichten. Nach den Bestimmungen der Aktiengesellschaftssteuer zahlen alle unter dieselben

fallenden Erwerbsgesellschaften in New Jersey bei einem Aktienkapital bis zu 3 000 000 Dollars eine jährliche Steuer von einem
Zehntel Prozent. Beträgt das Aktienkapital 300 000—500 000 Dollars,
so beläuft sich die jährliche Steuer auf ein Zwanzigstel Prozent. Von
jeder weiteren Million Dollars Aktien wird eine Steuer von 50 Dollars
pro Jahr erhoben.
„In New York", schreibt J. C. Schwab [1], „wurde diese Steuer
schon im Jahre 1880 eingeführt, welche alle innerhalb des Staates
geschäftstreibenden Aktiengesellschaften, ausgenommen Sparkassen,
Versicherungsgesellschaften, Fabrik- und Minengesellschaften, die
anders besteuert werden, folgendermafsen besteuert: Beträgt die jährliche Dividende sechs Prozent oder mehr, so entrichtet die Gesellschaft als Steuer 0.025 $^0/_0$ von ihrem Kapital [2] für jede 1 $^0/_0$-Dividende.
Beträgt die jährliche Dividende weniger als sechs Prozent, so entrichtet die Gesellschaft eine Steuer von 0.15 $^0/_0$ ihres Kapitals, welches
zu seinem Verkaufswerte eingeschätzt wird." Die diese Steuer zahlen-
den Gesellschaften werden vom Staate, abgesehen von ihrem unbeweglichen Vermögen, zu keiner weiteren Steuerleistung herangezogen.

In Pennsylvanien sind alle Aktiengesellschaften, ausgenommen
Banken, auswärtige Versicherungsgesellschaften und Fabrikgesellschaften
zur Zahlung der allgemeinen Aktiengesellschaftssteuer verpflichtet.
Die Steuer wird in derselben Weise berechnet wie in New York, nur
beläuft sich der Steuersatz gerade auf das Doppelte desjenigen, der
in letzterem zur Anwendung gelangt; beträgt die Dividende sechs
Prozent und mehr, so wird die Steuer nach dem Satze von 0.05 $^0/_0$
des Kapitals für jedes 1 $^0/_0$ Dividende bestimmt; erreicht dagegen die
Dividende die Höhe von sechs Prozent nicht, so beträgt der Steuersatz 0.3 $^0/_0$. Aufser der Aktiengesellschaftssteuer wird noch eine
Steuer von drei Prozent von den gesamten Nettoeinnahmen aller
Gesellschaften erhoben, die nicht unter die Bestimmungen der vorigen
Steuer oder, wie Eisenbahnen-, Telegraphen- und Versicherungsgesell-
schaften, unter die Bestimmungen der Bruttoeinnahmensteuer kommen.
Dagegen sind die Gesellschaften der Zahlung der Staatssteuer auf
persönliches Eigentum enthoben.

---

[1] J. C. Schwab: „Die Entwicklung der Vermögenssteuer im Staate New
York", Göttingen 1890, S. 58.

[2] Falls das Operationsgebiet der Gesellschaft sich nicht auf den Staat
New York beschränkt, nur von demjenigen Teile des Kapitals, der innerhalb der
Staatsgrenzen angelegt ist.

d. Die korporative Organisationssteuer. [1])

Das Recht der Eintragung einer Gesellschaft in das Handelsregister oder der Erhöhung des Aktienkapitals ist in den folgenden dreizehn Staaten an die vorherige Zahlung einer Gebühr geknüpft: Connecticut, California, Delawara, Indiana, Maryland, Michigan, Missouri, New Jersey, New York, North Carolina, North Dakota, Pennsylvania und Rhode Island. Diese Gebühr ist entweder eine bestimmte und für alle Gesellschaften gleich hoch oder sie richtet sich nach der Höhe des Aktienkapitals.

In Connecticut müssen alle Aktiengesellschaften, deren Geschäftsbetriebe außerhalb des Staates sich befinden, mit Ausnahme der gegenseitigen Lebensversicherungsgesellschaften, eine Gebühr von 100 Dollars zahlen, ehe sie sich um eine Stiftungsurkunde an die Staatsgesetzgebung wenden dürfen; vor der Eröffnung des Geschäftsbetriebes im Staate haben sie eine weitere Gebühr von nicht weniger als 100 Dollars und nicht mehr als 5000 Dollars, je nach der Bestimmung der staatlichen Ausgleichungskommission zu entrichten. Diese Gebühr ersetzt zwar jede andere Form der Konzessionssteuer, nicht aber die gesellschaftliche Vermögenssteuer und die Steuer auf individuellen Aktienbesitz. In Delaware wird eine Gebühr von 10 Dollars erhoben, wenn das Aktienkapital weniger als 50 000 Dollars, eine solche von 20 Dollars, wenn es mehr als 50 000 Dollars beträgt. In New Jersey zahlen Gesellschaften mit einem Aktienkapital unter 100 000 Dollars eine Gebühr von 25 Dollars. Für jeden weiteren Aktienbetrag von 1000 Dollars werden 20 Cents (0.01 ",") berechnet. Bei einer Vermehrung des Aktienkapitals finden die gleichen Bestimmungen Anwendung. In North Carolina genügt die Zahlung einer runden Gebühr von 25 Dollars. Missouri und North Dakota schreiben bei einem Aktienkapital von 50 000 Dollars eine Gebühr von 50 Dollars vor; bei jedem weiteren Aktienbetrage von 10 000 Dollars steigt die Steuer um 5 Dollars (0.05 ","). In Missouri gelten diese Normen auch für eine Erhöhung des Aktienkapitals. In Rhode Island kann sowohl eine runde Gebühr von 50 Dollars als auch eine solche von einem Zehntel Prozent des Gesellschaftskapitals entrichtet werden.

In den übrigen Staaten zahlen die Gesellschaften einfach einen gewissen Prozentsatz ihres Aktienkapitals, und zwar in California und Indiana ein Zehntel, in Maryland und New York [2]) ein Achtel, in

---

[1]) Vgl. Stimson Bd. II, Art. 826, § 826b.
[2]) Seit 1887.

Pennsylvanien ein Viertel und in Michigan ein halbes Prozent. In Maryland wird bei einer Erhöhung des Aktienkapitals eine Gebühr von einem Sechstel Prozent der Kapitalsvermehrung berechnet.

e. Die Telegraphensteuer.[1])

In den meisten Staaten bildet das Eigentum der Telegraphengesellschaften einen Bestandteil der allgemeinen Steuerliste und unterliegt, wie das Vermögen einzelner Personen der Einschätzung und Besteuerung durch die örtlichen Steuerbeamten nach Mafsgabe des allgemeinen Steuersatzes. In einigen Staaten wird dasselbe jedoch eigens und zwar von derselben Kommission eingeschätzt, durch welche auch die Einschätzung des Eisenbahnvermögens erfolgt. Dies findet statt in den Staaten: Alabama, Colorado,[2]) Florida, Idaho. Missouri. Nebraska, New Hampshire, South Corolina, South Dakota, Tennessee. Virginia und Wyoming. In den übrigen Staaten, wo die Besteuerung mit den Bestimmungen über die allgemeine Vermögenssteuer übereinstimmt, wird die Einschätzung durch die Steuerfunktionäre der Kreise und Ortschaften besorgt. In einigen Staaten hat man jedoch ein verschiedenes Verfahren. So zahlen die Telegraphengesellschaften beispielsweise in Michigan und Mississippi eine Lizenz (in letzterem Staate „Privilegsteuer" genannt), die die Stelle aller allgemeinen Steuern vertritt. In Indiana, Maine, New Jersey, Pennsylvanien. Rhode Island und Vermont entrichten sie eine in Prozenten der Bruttoeinnahmen berechnete Steuer. In Pennsylvanien beläuft sich die letztere auf acht Zehntel Prozent der Bruttoeinnahmen. Jowa besteuert die Telegraphenlinien. In South Dakota erhebt die Staatskommission vom Vermögen der Telegraphengesellschaften eine direkte Steuer, die durch den durchschnittlichen Satz der Staats-, Kreis-. Schul- und Munizipalsteuern, welche während des vorhergehenden Jahres von anderem Vermögen erhoben worden sind, bestimmt wird. Dieser durchschnittliche Steuersatz betrug im Jahre 1890 3.25, während vom allgemeinen Vermögen 4.44 Mills pro Dollar als Staatssteuer genommen wurden.

f. Die Telephonsteuer.

Das Vermögen der Telephongesellschaften wird in den Staaten Alabama, Indiana, Jowa, Maine, Michigan, New Hampshire, New

---

[1]) Vgl. Seligman. Bd. II. Art. 899, § 8890—8891.

[2]) Dasselbe gilt von den Gesellschaften, welche Schlaf- und Luxuswagen für Eisenbahnen bauen.

Jersey, Pennsylvania, Rhode Island, South Dakota, Vermont und Virginia in der gleichen Weise besteuert wie das Eigentum der Telegraphengesellschaften. Dasselbe trifft natürlich zu in denjenigen Staaten, wo, was gewöhnlich der Fall, die Besteuerung eine örtliche ist. In Kentucky unterstehen die Bruttoeinnahmen der Telephongesellschaften einer Wertsteuer zu Staatszwecken.

g. Die Besteuerung der Versicherungsgesellschaften.

Die Versicherungsgesellschaften zahlen in fast allen Staaten eine Steuer von ihren Bruttoeinnahmen oder von ihren Bruttoprämien. In einigen Staaten trägt die Steuer den Namen und Charakter einer Versicherungsgebühr und dürfte daher als solche einen Teil der unter der Bezeichnung „Lizenzen" zusammengefaßten Steuern bilden. Die Natur und die Bedeutung dieser Steuer geht am besten aus folgenden Beispielen hervor: In Mississippi zahlen die Versicherungsgesellschaften statt aller allgemeinen Steuern eine sog. „Privilegsteuer"; in Kentucky eine Steuer von ihren Prämien; in Indiana und Maine eine Steuer von ihren Bruttoeinnahmen; in New Jersey eine solche von ihren Bruttoprämien; in Pennsylvania eine Steuer von drei Prozent von ihren Bruttoprämien und Haftsummen; in Rhode Island eine sowohl für einheimische als für auswärtige Gesellschaften geltende Steuer von den Bruttoprämien und Haftsummen; in Tennessee eine Steuer von zweiundeinhalb Prozent der Bruttoprämieneinnahmen, in Vermont eine zu Staatszwecken von einheimischen sowohl wie fremden Gesellschaften von den Bruttoprämienbeträgen und den Haftsummen zu entrichtende Steuer; ferner zahlen in Vermont die staatlich eingetragenen Lebensversicherungsgesellschaften eine Steuer von den Überschüssen, welche die (mit vier Prozent der Polizen berechneten) nötigen Reserven überragen unter Abzug des im Besitze der Gesellschaft befindlichen und der örtlichen Besteuerung unterliegenden Wertes des unbeweglichen Gesellschaftsbesitzes.

h. Die Besteuerung der Schlaf- und Salonwagengesellschaften.[1]

Diese Steuer wird in einigen Fällen von den Gesellschaften, in anderen von den Eisenbahnen entrichtet. So wird z. B. in Arkansas von jeder Meile Eisenbahngeleise, auf dem Pullmannsche Schlaf- und

[1] Vgl. Stimson, Bd. II, Art. 859, § 8591.

Luxuswagen fahren, eine Steuer von drei Dollars erhoben. In Jowa, Kansas und Nebraska werden die im Staate verwendeten Schlaf- und Speisewagen, die nicht Eigentum der Gesellschaft sind, im Verhältnis zu der im vorhergehenden Jahre von den Wagen im Staate durchmessenen Strecke besteuert. In Indiana entrichten die Schlafwagengesellschaften eine Steuer von ihren Bruttoeinnahmen. In North Carolina sind die Schlaf- und Salonwagengesellschaften, deren Wagen innerhalb des Staates zur Verwendung gelangen, zur Zahlung einer Steuer von 500 Dollars verpflichtet. In Michigan können dieselben statt aller allgemeinen Steuer eine besondere Lizenzsteuer zahlen.

i. Die Besteuerung der Exprefsgesellschaften.

Das vorhin von der Besteuerung der Telegraphengesellschaften Gesagte trifft auch hinsichtlich der von den Exprefsgesellschaften zu entrichtenden Steuer zu. In einigen Staaten, wie Indiana, Maine, New Jersey und Rhode Island unterliegen die Bruttoeinnahmen derselben einer Steuer. In Mississippi kann eine Lizenzsteuer an die Stelle der allgemeinen Steuer treten.

k. Andere Gesellschaftssteuern.

Es werden neben den bereits erwähnten in einzelnen Staaten noch diverse Steuern von Aktiengesellschaften erhoben. So zahlten, um ein Beispiel anzuführen, in Kentucky die mit Mauthrechten ausgestatteten Strassenbaugesellschaften bis vor kurzem eine Steuer von ihren Dividenden.[1]) In Massachusetts und Michigan werden Minengesellschaften, in New Jersey und New York Fabrikgesellschaften besteuert. Der Staat Louisiana bezog früher aus der im Jahre 1895 abgeschafften Staatslotterie eine jährliche Steuereinnahme von 40 000 Dollars.

Etwaige andere Steuern, denen man in einzelnen Staaten begegnen mag, sind durchaus vereinzelter Art und können uns hier nicht näher beschäftigen. Die allgemeinen Merkmale der den amerikanischen Staaten eigentümlichen Formen der Aktiengesellschaftsbesteuerung glauben wir im Vorstehenden hinreichend ausführlich erörtert zu haben.

---

[1]) Im Jahre 1896 wurden diese Mauthen und somit auch die von denselben erhobene Steuer abgeschafft.

4. Die Lizenzen. [1]

Unter Lizenzen versteht man in den Vereinigten Staaten gewisse Gebühren, durch welche das Recht, gewisse Beschäftigungen oder Geschäfte zu treiben, erworben wird. Diese Gebühren bestehen in mehr oder weniger ausgedehnter Weise in den meisten Staaten. In den nördlichen und westlichen Staaten beziehen sie sich hauptsächlich auf das Gewerbe der Schankwirte, Hausierer und Versteigerungsunternehmer. Weit häufiger sind sie in den südlichen Staaten, wo sie umfangreiche Listen bilden, in denen in einigen Fällen fast alle Beschäftigungen zu finden sind. In den folgenden siebzehn Staaten existieren keine Lizenzen zu Staatszwecken: Arizona, Colorado, Illinois, Indiana, Kansas, Minnesota, Missouri, Montana, Nebraska, New Jersey, New York, North Dakota, Oregon, South Dakota, Texas, Utah und Wyoming.

Nach Professor Seligman [2]) waren im Jahre 1889 in den nachstehenden Staaten folgende Beschäftigungen einer Lizenz unterworfen: in Californien die Fischerei, in Jowa und Michigan der Hausierhandel, in Maine der Hausierhandel und die Detektivgeschäfte, in Massachusetts der Hausierhandel und der Verkauf geistiger Getränke, in New Hampshire der Hausierhandel, die Herstellung und der Verkauf von Kunstdünger, die Blitzableiteragenturen und die Vermietung von Billardspielen; in New Mexiko die Versicherungsagenturen, in Ohio das Schankgewerbe, der Hausierhandel und die Cirkusse; in Rhode Island und Wisconsin der Hausierhandel und die Versteigerungsgeschäfte und in Vermont der Cirkusbetrieb. In Pennsylvanien besteht aufser der Schank- und Wirtslizenz noch eine Billard-, Makler-, Versteigerungs-, Hausier- und Cirkuslizenz. In Washington giebt es nur Schankgerechtigkeiten. Die übrigen siebzehn Staaten, welche staatliche Lizenzen besitzen, gehören mit Ausnahme von Connecticut, Delaware und Idaho zum Süden. In den Staaten des letzteren besteht, wie oben erwähnt, eine grofse Anzahl verschiedener Lizenzen, die eine wichtige und in einigen Fällen die hauptsächliche staatliche Einnahmequelle bilden. So umfassen die Lizenzen beispielsweise in Alabama 44, in Mississippi 59 und in Tennessee 88 Beschäftigungen.

---

[1]) Vgl. Prof. Seligmans „Finance Statistics", S. 81—91; der Verfasser hat dieser Schrift den gröfsten Teil des hier über die Lizenzen Angeführten entnommen.

[2]) S. „Finance Statistics", S. 88.

Schankgerechtigkeiten sind in dreizehn Staaten eingeführt. [1]) Die
Erträgnisse sind in mehreren Staaten sehr bedeutend. Gewöhnlich
wird die Lizenz von den Verkäufern der geistigen Getränke entrichtet.
in einigen Fällen zahlen jedoch auch die Fabrikanten eine Steuer.
Häufig erhält der Staatsschatz nur einen geringen Teil von der Gesamtsumme der im Staate erhobenen Lizenzen, während derselbe an
den letzteren in anderen Fällen gar keinen Anteil hat. So belief sich
z. B. in Missouri das Gesamterträgnis der Schankgerechtigkeiten auf
1 794 223 Dollars. Diese Summe wurde zwischen den Kreisen und
Munizipalitäten verteilt. In Ohio wurden an Schankgebühren 2 299 742
Dollars vereinnahmt, wovon dem Staatsschatze 460 324 Dollars, den
Munizipalverwaltungen 1 000 000 Dollars überwiesen wurden. In
Pennsylvanien betrugen die Gesamteinnahmen aus dieser Steuer-
kategorie 1 703 373 Dollars, davon gingen 473 244 in die Staatskasse.
Andererseits giebt es aber auch mehrere Staaten, in denen, wie in
Virginia und West Virginia, der Staatsschatz beinahe das gesamte
Ergebnis dieser Steuern empfängt. Manche Staaten besitzen auch,
wie aus Tafel VII ersichtlich ist, konstitutionelle Bestimmungen über
diesen Punkt.

5. Die Einnahmen von den Straf- und Besserungsanstalten.

Dieser Posten, welcher in der Hauptsache die Einnahmen aus
den Staatsgefängnissen und Besserungsanstalten umfaßt, findet sich in
25 Staaten.

Die Haupteinnahmequelle der Staatsgefängnisse ist natürlich die
Arbeit der Sträflinge. Infolge der äußerst verschiedenartigen wirtschaftlichen Verhältnisse in den einzelnen Staaten begegnen wir verschiedenen Systemen für die Verwendung der Arbeit der Gefangenen. [2])
In den Staaten des Nordens und Westens finden wir meistens das
Kontraktsystem, wonach ein Unternehmer sich verpflichtet, täglich
für die Arbeit einer Anzahl Sträflinge eine vereinbarte Kopfsumme
zu zahlen, die im übrigen unter der Obhut der Gefängnisverwaltung
bleiben. Diese Beschäftigungsweise setzt eine industrielle Beschäftigung

---

[1]) Das im März 1896 angenommene und unter dem Namen „Raine's Liquor
Tax Bill" bekannte Gesetz bestimmt, daß die Einnahmen aus den Schankgerechtigkeiten im Staate New York zwischen dem Staatsschatze und den Munizipalverwaltungen, von denen dieselben erhoben werden, zu verteilen sind, und
zwar derart, daß der Staatsschatz ein Drittel, die Munizipalverwaltungen zwei
Drittel erhalten.

[2]) R. P. Falkner: „Die Arbeit in den Gefängnissen". Halle 1887. S. 32.

voraus und ist kaum denkbar, wo Landwirtschaft betrieben wird.[1]) Das System besteht in Indiana, Jowa, Minnesota, Missouri, Rhode Island, Vermont und zum Teil in Kansas, New York.[2]) Ohio und Texas. In den südlichen Staaten, wo die Neger weitaus das gröfste Kontingent der Bestraften liefern, findet sich das Verpachtungssystem.[3]) Danach werden die Sträflinge gegen eine vereinbarte Kopfsumme an Unternehmer für die ganze Zeit der Strafe übergeben. Dieser verpflichtet sich, die Sträflinge in Wohnung zu nehmen, zu bewachen und zu verpflegen und hat dafür das Recht, ihre Arbeit auszunutzen. Dieses System, welches ein Überrest aus der Zeit der Sklaverei ist, existiert nur in den alten Sklavenstaaten, wie Alabama, Georgia, North Carolina, South Carolina und Virginia. In anderen Staaten finden wir aufser diesen Beschäftigungsmethoden die Fabrikation auf Staatsrechnung, wie in Colorado und Nevada, und teilweise in California, Kansas und Texas, und das sog. Stücklohnsystem, wie in Massachusetts und New Jersey und teilweise in Californien, New York und Ohio.

6. Die Einnahmen aus Effekten und Anlagewerten im Besitze des Staates.

Da wir die hauptsächlichsten Effekten und Anlagewerte, welche diesen Einnahmeposten liefern, bereits erörtert haben, so können wir uns hier auf eine kurze Erwähnung beschränken. Selbstverständlich begreift diese Einnahme nicht die Erträgnisse der Staatspapiere noch auch die Steuern von den vom Staate auf seine eigenen Obligationen gezahlten Zinsen in sich, selbst wenn diese Obligationen sich im Besitze einer staatlichen Anstalt befinden. Es ist darunter vielmehr nur das Einkommen zu verstehen, das der Staat aus thatsächlichen Anlagewerten oder Staatspapieren in seinem eigenen Besitze bezieht. Zwölf Staaten weisen keine Einnahmen dieser Art auf. Ein Blick auf Tafel XIV lehrt uns, dafs diese Staaten entweder keine produktiven Aktiva besitzen, oder dafs die letzteren aus Staatspapieren und Barüberschüssen bestehen.

Die Anlagewerte, die in den übrigen 35 Staaten ein fiskalisches Vermögen bilden, sind natürlich in den einzelnen Staaten sehr verschiedener Natur, umfassen aber in der Regel eine oder mehrere

[1] R. P. Falkner: „Die Arbeit in den Gefängnissen“. Halle 1887, S. 29.
[2] Seit dem 1. Jan. 1897 ist die Gefängnisarbeit im Staate New York abgeschafft.
[3] Falkner: „Die Arbeit in den Gefängnissen“, S. 37.

Arten folgender Wertkategorien: amerikanische Bundes-, Kreis- und
städtische Obligationen anderer Staaten, Bank- und Eisenbahnaktien,
Hypotheken, Wechsel, in einigen Fällen auch Aktien von Telegraphen-,
Brückenbau- und Mauthstrafsengesellschaften. Wir wollen uns damit
begnügen, ein paar Staaten besonders zu erwähnen. In Californien
bezieht der Fiskus den unter der obigen Bezeichnung in den Staatsetat
eingestellten Einnahmeposten aus der Verpachtung der dem Staate
gehörigen Werften in San Francisco, in Colorado und zum Teil in
Texas aus der Vermietung von Staatsländereien; in Delaware besteht
derselbe aus Bankdividenden, in Georgia und Maryland aus Eisenbahn-,
Telegraphen- und Bankdividenden, in Kentucky aus Strafsenmauthen.[1])
In New Jersey gewinnt der Staatshaushalt eine Einnahme aus der
Vermiethung von Ländereien, in North Carolina aus den Dividenden der
Aktien der North Carolina-Eisenbahn.

Leider war es nicht möglich den Censusberichten der Vereinigten
Staaten, auf welche sich die Tafel stützt, Einzelheiten über die obigen
Posten zu entnehmen, doch glauben wir im Vorstehenden die Natur
dieser staatlichen Einnahmequelle genügend angedeutet zu haben.

In diesem Zusammenhange mag noch erwähnt werden, dafs der
Staat Georgia aus der Verpachtung der ihm gehörigen Western and
Atlantic Eisenbahn die jährliche Einnahme von 800 000 Dollars bezieht,
die unter dem Kapitel „diverse Einnahmen" verzeichnet ist.

7. Die Einnahmen aus dem Verkaufe staatlichen Besitztums.

Die unter dieser Rubrik in Tafel XIII verzeichneten Einnahmen
rühren der Hauptsache nach aus dem Verkaufe oder der Verpachtung
von Ländereien her, welche von der Bundesregierung den Einzelstaaten zu Zwecken der Volkserziehung und innerer Verbesserungen
als Schenkung zugeteilt worden sind. Mit Ausnahme von Kentucky,
Vermont und Texas hat jeder seit der Annahme der Verfassung im
Jahre 1789 in die Union eingetretene Staat an öffentlichen Ländereien
für jeden Kreisunterverband („Township") von 36 Sektionen eine
Sektion zu 640 „Acres", somit im ganzen 23 040 „Acres" erhalten.
Seit 1850 jedoch haben die neuen in die Union aufgenommenen
Staaten zum Besten der staatlichen Volksschulen an öffentlichen
Ländereien neben dem sechsunddreifsigsten noch den sechzehnten

---

[1]) Wie wir bereits vorhin erwähnt haben, sind durch einen im Jahre 1895
beschlossenen Zusatz zur Staatsverfassung die Strafsenmauthen in Kentucky abgeschafft worden.

Teil eines jeden Kreisunterverbandes oder „Townships" empfangen, manche auch noch sehr beträchtliche weitere Landschenkungen. Texas allein, das bei seinem Eintritte in die Union sich die vollständige Kontrole über seine herrenlosen Landgebiete vorbehalten hat, besitzt eigene Staatsländereien.

Es ist eine Gepflogenheit sämtlicher Staaten, ihre Ländereien nicht als Staatsbesitz zu behaupten, sondern dieselben zu veräufsern. Das Fehlen dieses Einnahmepostens in Idaho, Montana und North Dakota erklärt sich daraus, dafs diese Staaten zwischen der Zeit ihrer Aufnahme in die Union und dem Schlusse des Jahres 1890 noch keine Landverkäufe abgeschlossen hatten.

In den meisten Staaten bildet auch der Verkauf von Privatländereien infolge von Steuerrückständen einen Teil der aus der Veräufserung von Ländereien erzielten staatlichen Einnahmen.

Diverse Steuern.

Unter den übrigen Einnahmequellen der Einzelstaaten sind die Einkommensteuer und die Erbschaftssteuer für Seitenverwandte die wichtigsten. Es läfst sich unmöglich mit Sicherheit feststellen, was alles unter der Bezeichnung „Diverses" in den Censusberichten, auf welche sich die Angaben dieser Tabelle gründen, zusammengefafst worden ist. Meistens sind die unter diesem Kapitel zusammengestellten Einnahmen dem betreffenden einzelnen Staate eigentümlich und somit nicht von allgemeinem Interesse; einzeln auf dieselben einzugehen, hiefse aber den Rahmen dieser Arbeit überschreiten. Einige unter diesen Einnahmen, die mehreren Staaten gemeinsam sind, verdienen jedoch eine flüchtige Erwähnung. In den Staaten Idaho, Montana, South Dakota, Utah, Washington und Wyoming bestehen dieselben gröfstenteils aus Geldstrafen. In den meisten Staaten besteht ein regelmäfsiger Teil derselben aus den dem Staatsgerichtshofe und den Verwaltungsbeamten entrichteten Gebühren. In den südlichen Staaten stammt ein beträchtlicher Teil dieser Einnahmen aus den Gebühren für die Inspektion der Düngemittel. In Georgia vereinnahmt der Staatsschatz jährlich die Summe von 300 000 Dollars aus der Verpachtung der dem Staate gehörigen Western and Atlantic Eisenbahn. Die an dieser Stelle zu erwähnenden Einnahmen aus produktivem Vermögen sind ganz unbeträchtlich, indem fast das gesamte Vermögen dieser Art aus Anlagefonds besteht, wenngleich wir oben gesehen haben, dafs fünf Staaten auch ein Einkommen aus einem allgemeinen Fonds beziehen.

8. Die Erbschaftssteuer. [1])

Die Erbschaftssteuer existierte in sieben Einzelstaaten im Jahre 1890, nämlich Connecticut, Delaware, Illinois, Maryland, New York, Pennsylvania und West Virginia. Von diesen war Pennsylvania der erste Staat, der eine solche Steuer einführte, das war im Jahre 1826. [2]) Es ist eine Erbschaftssteuer auf Seitenlegate (collateral inheritance tax) zu einem Steuerfufs von 5 %. Aufser der Erbschaftssteuer wird eine gleichartige Steuer für jede gerichtliche Prüfung und Bestätigung des letzten Willens oder für die Bewilligung der Verwaltung der Güter eines Verstorbenen erhoben. Im Jahre 1890 waren die Einnahmen aus der Erbschaftssteuer $ 670 088.

In Maryland wurde die Erbschaftssteuer auf Seitenlegate 1845 [3]) eingeführt „um der Zahlung der Staatsschulden aufzuhelfen". Der Steuerfufs ist 2½ %. Diese Steuer ist begleitet von einer anderen von 10 %, auf die Kommissionsgebühren der Administratoren und Testamentsvollstrecker. Zusammen machen diese zwei Steuern circa 5 % der Gesamteinnahmen aus. Die Einnahmen im Jahre 1890 waren: Erbschaftssteuer $ 83 656; Steuer auf Kommissionsgebühren $ 57 817.

In Delaware datiert die Erbschaftssteuer vom Jahre 1869. [4]) Der Steuerfufs war zuerst 3 %, auf alle Seitenlegate, aber im Jahre 1871 wurde dieser einheitliche Steuerfufs durch eine Skala ersetzt, die je nach der Verwandtschaft zwischen 1 % und 5 % schwankte. Die Steuer wurde 1883 aufgehoben, aufser für Blutfreunde, sodafs sie heute von geringer Wichtigkeit ist. Im Jahre 1891 waren die Einnahmen nur $ 936.

Die New Yorker Erbschaftssteuer ist wichtiger als die irgend eines anderen Staates, sie ist eine bedeutende Einnahmequelle. Zusammen mit den Aktiengesellschaftssteuern bringt sie circa 20 % der Staatseinnahmen ein und hat eine bedeutende Herabsetzung der allgemeinen Vermögenssteuer bewirkt. Die Steuer wurde 1885 eingeführt: es wurde eine Steuer von 5 % auf Seitenlegate gesetzt. Im Jahre 1891 wurde sie ergänzt durch eine Steuer von 1 % auf direkte

---

[1] Vergl. Max West: „The Inheritance Tax", in Studies Economies, History and Public Law, Bd. IV No. 2 Columbia College, New York, 1893, S. 62—92.

[2] Act of April 7, 1826.

[3] Laws of 1844—45, chap. 237.

[4] Laws of Delaware, Bd. XIII, chap. 390, §§ 12—22.

[5] Ibid. Bd. XIV, chap. 21.

[6] Ibid. Bd. XVII, chap. 11.

Erbschaften von beweglichem Vermögen im Werte von $ 10 000 oder mehr. Die Verwandten, die früher steuerfrei waren und jetzt diese Abgabe auf bewegliche Erbgüter von $ 10 000 oder mehr bezahlen, sind der Vater, die Mutter, der Gatte bezw. die Gattin, Kinder und alle, die in gerader Linie verwandt sind, Brüder und Schwestern, Schwiegertöchter und -Söhne und adoptierte Kinder. Im Jahre 1890 belief sich die Erbschaftssteuer auf Seitenlegate auf $ 1 117 638.

Die Erbschaftssteuer auf Seitenlegate wurde 1887 [1]) in West Virginia eingeführt. Der Steuerfuß ist $2^1{}_2 \,{}^0{}_0$. Bis zum Jahre 1890 waren die Einnahmen aufserordentlich gering, wahrscheinlich weil es an einem Gesetze fehlte, das einen bestimmten Zeitpunkt, bis zu dem die Steuer bezahlt sein mufste, oder angemessene Strafen für jeden Zahlungsaufschub vorschrieb. Der Ertrag im Jahre 1890 war nur $ 245.

Im Jahre 1887 wurde die Erbschaftssteuer auf Seitenlegate in einem einzigen Kreis in Illinois, nämlich „Cook's" eingeführt. [2]) Der Steuerfuß war sehr unregelmäßig und stieg, ohne durchaus progressiv zu sein, von 1 ${}^0{}_0$ auf Legate von $ 5 000 bis 5 ${}^0{}_0$ auf Legate von $ 500 000 und mehr. Das Gesetz vom 15. Juni 1895 dehnte die Steuer auf den ganzen Staat aus und schuf einige Änderungen, wonach eine Steuer von 1 ${}^0{}_0$ von direkten Erbschaften von $ 20 000 oder mehr, von 2 ${}^0{}_0$ von Seitenlegaten von $ 2 000 oder mehr erhoben wird; für andere Personen und Korporationen ist ein progressiver Steuerfuß festgesetzt.

In Connecticut wurde die Erbschaftssteuer auf Seitenlegate im Jahre 1889 [3]) angenommen, mit einem Steuerfuß von 5 ${}^0{}_0$. Die Einnahmen für das Jahr 1890 waren $ 14 600.

In allen Einzelstaaten, aufser Tennessee, wo die Erbschaftssteuer jetzt existiert, sind kleine Erbschaften steuerfrei; die Befreiung schwankt zwischen Legaten von $ 250 in Pennsylvania und $ 1 000 in West Virginia. In der Regel werden auch Legate an Wohlthätigkeits-, Erziehungs- oder öffentliche Anstalten von der Steuer befreit. Es ist ersichtlich, dafs die Erbschaftssteuer in allen Staaten aufser Pennsylvania eine verhältnismäßig neue Steuer ist, aber eine Steuer von der, wegen der Leichtigkeit der Eintreibung und ihrer Beliebtheit beim Volke, immer mehr Gebrauch gemacht werden wird.

Seit dem Jahre 1890 sind Erbschaftssteuern in andere Einzel-

---

[1]) Acts of 1887, chap. 31.

[2]) Die Stadt Chicago liegt innerhalb des Kreises Cook.

[3]) Public Acts of 1889, chap. 180.

staaten rasch eingeführt worden, und heute ziehen nicht weniger als fünfzehn Staaten einen Teil ihrer Einnahmen aus dieser Quelle. Die Staaten, die diese Steuer seit 1890 auferlegt haben, sind: California, Louisiana, Maine, Massachusetts, Missouri, New Jersey, Ohio, Tennessee. In den meisten von diesen Fällen diente das New Yorker Gesetz als Muster.

California [1]) führte 1893 eine Steuer auf Seitenlegate ein, deren Erträge auf den Staatsschulfonds verwendet werden sollen. Der Steuerfuſs ist 5 "/₀. Louisiana, das während der Jahre 1828 bis 1877 eine Erbschaftssteuer von Seitenverwandten erhoben hat, führte sie im Jahre 1894 wieder ein, aber diesmal dehnte es sie nur auf ausländische Erben aus. Maine [2]) führte eine Erbschaftssteuer auf Seitenlegate 1893 ein, wonach alle Erbgüter über $ 500 zu einem Steuerfuſs von 2¹/₂ "/₀ besteuert werden. Massachusetts [3]) führte 1891 eine Erbschaftssteuer auf Seitenlegate von 5 "/₀ auf Erbschaften von $ 10 000 oder mehr ein. Durch das Gesetz vom 1. April 1895 wurde in Missouri eine Erbschaftssteuer auf Seitenlegate zur Unterstützung der Staatsuniversität festgesetzt. In New Jersey datiert die Erbschaftssteuer auf Seitenlegate vom 23. März 1892; [4]) sie wird von Erbschaften über $ 500 erhoben. Eine Erbschaftssteuer wurde in Ohio durch das Gesetz vom 27. Januar 1893 auferlegt, die aber nur von Erbschaften über $ 10 000 erhoben wird. Der Steuerfuſs ist 3¹/₂ "/₀. Eine fünfprozentige Erbschaftssteuer auf Seitenlegate wurde 1891 in Tennessee [5]) eingeführt. Kleine Erbschaften wurden von der Steuer nicht befreit.

Die Erbschaftssteuer ist in den folgenden Staaten für verfassungswidrig erklärt worden: [6]) Minnesota 1875, New Hampshire 1878; Wisconsin 1890, Michigan 1894. Die Steuer existierte einmal, wurde aber später aufgehoben in Alabama 1848—1868, Louisiana 1828 bis 1877; North Carolina 1847—1884, Virginia 1844—1864. In Minnesota wurde ein Verfassungsamendement am 6. November 1894 vom Volke angenommen, das eine Erbschaftssteuer ermöglicht.

---

[1]) Gesetze vom 23. März 1893 und 9. März 1895.

[2] Gesetze vom 9. Februar 1893 und 14. März 1895.

[3]) Acts of 1891, chap. 425; Gesetz vom 25. April 1895.

[4]) Acts of 1892, chap. 122.

[5] Acts of the Extraordinary Session, 1891, chap. 25, § 6.

[6] E. R. A. Seligman, „Essays in Taxation," New York 1895. S. 133.

9. Die Einkommensteuer.

Die Einkommensteuer findet sich als allgemeine Steuer nur in Virgina, besteht aber zum Teil auch in Massachusetts, North Carolina, Pennsylvania und Tennessee. In Massachusetts unterliegen Einkommen von mehr als 2000 Dollars im Jahr einer Steuer, wenn dieselben nicht von Vermögen stammen, das schon anderweitig besteuert ist. Die Einkommen werden zusammen mit dem beweglichen Vermögen eingeschätzt und das Erträgnis bildet sonach einen Teil der Einnahmen aus der allgemeinen Vermögenssteuer. In North Carolina wird die Steuer vom Nettoeinkommen erhoben und ist gleichfalls in die allgemeine Vermögenssteuer eingeschlossen. Bei Einkünften und Gewinnen, die von Vermögen bezogen werden, welches im vorhergehenden Jahre keine Steuer gezahlt hat, beträgt der Steuersatz ohne Ausnahme ein Prozent, bei Gehältern und Gebühren ein halbes Prozent; in letzterem Falle ist jedoch der Betrag von 1000 Dollars zur Geschäftsführung oder zum Unterhalt der Familie steuerfrei. In Pennsylvanien beträgt der Steuersatz drei Prozent des Nettoeinkommens, gilt aber eigentlich nur für Privatbanken, Makler und uneingetragene Bank- und Sparinstitute. In Tennessee zahlen Einkünfte aus Aktien und Obligationen von Gesellschaften, welche ihrer Stiftungsurkunde zufolge von der Entrichtung der Vermögenssteuer befreit sind, eine Steuer von fünf Prozent. Somit finden wir nur in Virginia eine allgemeine Einkommensteuer, der alle Einkommen von mehr als 1000 Dollars nach dem Satze von einem Prozent unterworfen sind. Aber auch hier verfehlt die Einrichtung mehr oder weniger ihren Zweck, die Einschätzung ist eine Posse und die Einnahmen sind äußerst gering (16 000 Dollars im Jahre 1888).

Schluß.

Das Vorhergehende hat gezeigt, daß die allgemeine Vermögenssteuer, trotz ihrer vielen Mängel und positiven Fehler, immer noch die hauptsächlichste Staatseinnahmequelle bleibt. Ihre Unzulänglichkeit hat die Einzelstaaten doch gezwungen, nach anderen Einnahmequellen zu suchen, und hat vornehmlich zu der Entwickelung der Aktiengesellschaftssteuern u. s. w., geführt, vor allem zu der besonderen Besteuerung der Eisenbahnen. Die Thatsache, daß die Staaten diesen zuerst ihre Aufmerksamkeit schenkten, eher als den

XIV. 10

Einkommen- oder Erbschaftssteuern, findet eine ausreichende Erklärung in der ökonomischen Entwickelung des Landes. Vor kurzem
aber haben mehrere Staaten die Erbschaftssteuer aufgenommen, um
das Staatseinkommen zu vermehren und die Last der allgemeinen
Vermögenssteuer zu erleichtern. Diese Steuer wird also ohne Zweifel
beliebter und allgemeiner werden. Die Einkommensteuer, als eine
Staatssteuer, ist bis jetzt kaum berührt worden, noch erscheint sie so
geeignet eine Staatssteuer, als vielmehr eine Bundessteuer zu sein.

Die Entwickelung der Aktiengesellschafts- und Erbschaftssteuern
ist von allen Gesichtspunkten sehr wünschenswert, da die Einnahmen
aus diesen Quellen vielleicht für alle Staatsbedürfnisse genügen
würden, in welchem Falle die Vermögenssteuern, jedenfalls auf unbewegliches Vermögen, den unteren Verbänden überlassen werden
könnten. In dieser Richtung mufs alle Reform in der Staatsbesteue-
rung geschehen; denn alle Versuche die Fehler des gegenwärtigen
Systems zu verbessern, haben nur die Folge, dafs die allgemeine
Vermögenssteuer bedrückender und inquisitorischer gemacht wird.
Eine solche Reform würde die Notwendigkeit der sogenannten staatlichen Ausgleichung zwischen den verschiedenen Kreisen beseitigen,
und das folgende Bestreben seitens jedes Kreises und jeder Gemeinde,
ihre Vermögenseinschätzung möglichst niedrig zu halten — gewöhnlich durch eine Schätzung unter dem wirklichen Werte — abschaffen.
Ferner würde die Trennung der Staatsfinanzen von denen der unteren
Verbände es ermöglichen, diesen einen gröfseren Grad von Selbst-
verwaltung in Besteuerungssachen zu gewähren. Genug ist schon ge-
schrieben worden über die allgemeine Vermögenssteuer in den Einzelstaaten, um ihre völlige Unzulänglichkeit klar zu legen, aber in diesem
Zusammenhang darf zum Schlufs das folgende Urteil des Herrn Prof.
Seligman, der das amerikanische Finanzwesen am besten kennt, angeführt werden: „Die allgemeine Vermögenssteuer, wie sie thatsächlich verwaltet wird, ist ganz zweifellos eine der schlechtesten Steuern
in der zivilisierten Welt." [1]) Eine Kritik, mit der alle, die mit der
Verwaltung dieser Steuer in den Einzelstaaten bekannt sind, übereinstimmen werden.

Einen grofsen Fehler giebt es in dem Steuerwesen der Einzelstaaten der nordamerikanischen Union — der dem Steuerwesen fast
aller Bundesstaaten gemeinsam ist — und dies ist der Mangel an
Gleichförmigkeit. Die Übel dieses Mangels sind manchmal mehr

---

[1]) E. R. A. Seligman, „Essays in Taxation," New York 1896. S. 61.

scheinbar als wirklich, doch sind sie auch oft sehr wirklich. „Die Verschiedenheiten in der Besteuerung hindern teilweise eine regelmäfsige und gesunde ökonomische Entwickelung: besondere Steuern treiben gewisse Geschäfte aus einigen Staaten, besondere Begünstigungen nähren sie künstlich in anderen Staaten, und in vielen Gegenden haben schlecht ausgesonnene und schlecht angepasste Steuersysteme die Tendenz, die Industrie zu hemmen und das Kapital auszuschliefsen. Was die Aktiengesellschaften anbetrifft, so bewirkt ferner die Verschiedenheit der staatlichen Gesetze grofse Verwirrung und zum Teil Unheil für die Handelsinteressen, nicht nur weil einige Staaten in der Schaffung und Oberaufsicht von Korporationen weniger vorsichtig als andere sind, und dadurch ihren eigenen Bürgern schaden, sondern auch weil nachlässig geschaffene Aktiengesellschaften, geschaffen durch die Gesetze eines Staates, ihre Geschäfte in einem anderen Staate führen und der richtigen Verantwortlichkeit entgehen können. [1])

Viele von den Verschiedenheiten in Besteuerungssachen in den einzelnen Staaten sind nur das natürliche Resultat der verschiedenen Stufen ökonomischer Entwickelung, ungleicher Mittel und Zustände: mit der Vermehrung der Bevölkerung und der Entwickelung der neueren Staaten werden diese unbedeutenderen Ungleichheiten allmählich verschwinden. Die zweifellose Neigung nach Centralisation hin wird auch die Bewegung nach Gleichförmigkeit beeinflussen — in Sachen des Rechtes überhaupt, sowie der Besteuerung.[2])

Erst in den letzten Jahren haben Finanz- und Besteuerungsfragen viel Aufmerksamkeit in den Vereinigten Staaten gefordert, aber mit dem erweckten Interesse in diesen Fragen dürfen wir jetzt Verbesserung und Fortschritt in dieser Richtung erwarten.

---

[1] Woodrow Wilson: „The State". Boston 1889. S. 494.
[2] Vergl. F. J. Stimson: „Uniformity in State Legislation", in Annals of the American Academy for Political and Social Science", Bd. V. Mai 1895.

IV. Teil.

Die Schulden der Einzelstaaten.

Obgleich wir uns bereits mit der älteren Geschichte der einzelstaatlichen Schulden und den in der Folge entstandenen konstitutionellen Beschränkungen der finanziellen Unabhängigkeit der Staatslegislaturen beschäftigt haben, [1]) empfiehlt es sich, um ein möglichst vollständiges Bild der heutigen finanziellen Lage der Staaten zu geben, auf die Verschuldung der letzteren nach dem Stande des Jahres 1890 etwas ausführlicher einzugehen. Wir haben schon an anderer Stelle auf die beständige Abnahme des Gesamtbetrages der staatlichen Schulden hingewiesen. [2]) Unter den nördlichen Staaten sind gegenwärtig nur Indiana, Massachusetts, New York und Pennsylvania mit einer Bruttoschuld von mehr als 500 000 Dollars belastet. Die neun südlichen Staaten, deren Schulden die genannte Summe noch übersteigen, verdanken ihre finanzielle Belastung dem Bürgerkriege. Eine richtige Vorstellung von dem thatsächlichen Stande der einzelstaatlichen Schulden können wir uns jedoch nur verschaffen, wenn wir neben den Bruttobeträgen die nach Abzug aller Aktivbestände verbleibenden Nettoergebnisse in Betracht ziehen. Zu diesem Zwecke haben wir Tafel XV zusammengestellt, welche zuerst die aus fundierten und schwebenden Obligationen bestehenden Bruttobeträge der Schulden, dann in Spalte 7 die Nettobeträge der letzteren nach Abzug des Schuldentilgungsfonds und schließlich in Spalte 10 den thatsächlichen Schuldenstand nach Abzug aller anderen den verschiedenen Fonds

[1]) S. Teil I. S. 42—58.
[2]) S. Tabelle II. S. 8 und Tabelle VI. S. 26.

gehörigen Aktiva enthält. Das Bild der einzelstaatlichen Verschuldung, das uns die letztere Spalte liefert, ist von dem in der ersten
Spalte gegebenen sehr verschieden.

In den Spalten 4 und 5 erscheint nur ein Staat, Utah, gänzlich
schuldenfrei, während Jowa, Vermont und Wisconsin nur eine fundierte Schuldenlast und Illinois, Michigan und Oregon blofs un-
bedeutende, bereits gekündigte und nicht mehr verzinste Schulden
aufweisen, so dafs die letzteren als getilgt angesehen werden können.
In all diesen Staaten kehrt die in die Bruttoschuld mit inbegriffene
schwebende Schuld in einer weiter unten zu erklärenden Weise in
den Aktiven wieder. Ziehen wir dies in Betracht, so verschwindet
die nominelle Schuld der genannten sieben Staaten mit Ausnahme
von Oregon, wo sie sich auf 670 Dollars beläuft, gänzlich.

Tragen wir nun auch dem in verschiedenen Staaten vorhandenen
Tilgungsfonds Rechnung, indem wir denselben von der Bruttoschuld
in Abzug bringen, so erhalten wir nicht nur eine bedeutend geänderte
Vorstellung von der gesamten Schuldenlast der Einzelstaaten, sondern
auch ein wesentlich verschiedenes Bild von dem Verhältnis der letzeren
zu einander in Hinsicht auf ihre Schulden. Der gesamten Bruttoschuld von 274 996 602 Dollars entspricht eine Nettoschuld von
228 997 389 Dollars. Wirklich schuldenfrei erscheint auch jetzt blofs
der einzige Staat Utah. In 13 Staaten beträgt die einzelne Schuld
mehr als 5 000 000 Dollars, in 17 weniger als 1 000 000 Dollars, in 22
weniger als 2 000 000 Dollars, in 27 weniger als 3 000 000 Dollars
und in 34 weniger als 5 000 000 Dollars. Tilgungsfonds finden sich
nur in 22 Staaten; jedoch sind dieselben in mehreren ohne jede Bedeutung.

In den Angaben, welche die amerikanischen Censusberichte des
Jahres 1890 über die Verschuldung der einzelnen Staaten enthalten,
sind die Beträge der Tilgungsfonds, welche in verschiedenen Staaten
existieren, in Abrechnung gebracht worden. Angenommenermafsen
sollten demnach diese Angaben den wirklichen Stand der Schulden
in den einzelnen Staaten darstellen. Es liegt jedoch auf der Hand,
dafs wir zur Ermittlung der wirklichen Höhe der Verschuldung eines
Staates aufser den Tilgungsfonds auch die Beträge der verschiedenen
im Besitze des Staates sich befindlichen Anlagefonds in Anrechnung
bringen müssen. Dieser Aufgabe haben wir uns unterzogen, und wie
ein Blick auf die in Spalte 10 mitgeteilten Ergebnisse lehrt, weicht
das Bild, das wir auf diese Weise von der Schuldenlast der Staaten
gewinnen, im ganzen sowohl wie auch vielfach im einzelnen, sehr

merklich von dem durch die Angaben über die Nettoverschuldung gewonnenen ab. In Spalte 8 sind die Baarbeträge, über welche die verschiedenen Fonds im Staatsschatze im einzelnen Falle verfügen, mit Ausnahme des Tilgungsfonds angeführt. Spalte 9 giebt einen Überblick über die Aktien, Obligationen und andere Wertpapiere im Besitze des Staates. In einigen Fällen bestehen die letzteren aus eigenen Staatsobligationen, welche die Regierung für die verschiedenen staatlichen Fonds, gewöhnlich den Erziehungsfonds verwaltet, so dafs also der Staat die Zinsen seinen eigenen Kassen ausbezahlt. Diese Obligationen bilden sonach „eine ewige, uneinlösbare und nicht verminderungsfähige Schuld". [1]) In den vier Staaten: Jowa, Vermont, West Virginia und Wisconsin besteht die gesamte Staatsschuld aus solchen im Besitze des Staates sich befindlichen Anlagefonds. Den gleichen Charakter trägt die schwebende Schuld in den 14 Staaten: Alabama, California, Delaware, Georgia, Illinois, Kentucky, Maine, Michigan, Missouri, Nevada, New Hampshire, Ohio, Pennsylvania und South Carolina. In Mississippi befindet sich der Hauptteil der schwebenden Schuld im Besitze des Erziehungsfonds. In Arkansas, Florida, Kansas, Maine, Minnesota und Texas wird ein Teil der fundierten Schuld vom Staate selbst für eigene Rechnung angelegt.

Bringen wir nun diese und andere produktive Aktiva, die ein Besitztum der verschiedenen staatlichen Fonds bilden, von dem Betrage der Nettoschuld in Abzug, so ist die eigentliche und wirkliche Höhe der Staatsschuld bestimmt. Hiernach sind 22 Staaten schuldenfrei, während die Schulden anderer eine beträchtliche Verringerung erfahren, indem dieselben sich in neun Staaten auf weniger als 1 000 000 Dollars belaufen. Nur acht Staaten, die sämtlich zum Süden gehören, sind einzeln mit einer Schuldenlast von mehr als 5 000 000 Dollars belastet. Der Gesamtbetrag aller einzelstaatlichen Schulden beläuft sich nur mehr auf 83 738 852 Dollars.

Im folgenden unterziehen wir den Charakter der Schulden in den einzelnen Staaten einer kurzen Besprechung.

Alabama. — Die schwebende Schuld besteht aus Staatsobligationen zugunsten der verschiedenen Erziehungsfonds, deren Aktiva zu allgemeinen Staatszwecken verwendet wurden.

Arkansas. — Die fundierte Staatsschuld beträgt 2 092 100 Dollars, die aufgelaufenen Zinsen haben die Höhe von 2 884 898 Dollars er-

---

[1]) S. Seligman: „Finance Statistics", S. 101.

reicht. was ein Totale von 4 976 998 Dollars ergiebt. Hiervon be-
fanden sich an Obligationen und Coupons 793 000 Dollars in den
Händen der Bundesregierung, 490 000 Dollars wurden vom Staate
zugunsten seiner Erziehungsfonds verwaltet, so daß also
3 693 998 Dollars persönliches Besitztum waren. Die schwebende
Schuld besteht außer den aufgelaufenen Zinsen aus Schatzobligationen.
d. h. aus einlösbaren Obligationen. Koupons und Schatzscheinen in
der Höhe von 3 703 756 Dollars, die eingelöst aber noch nicht ge-
strichen sind. Die schwebende Schuld ist unverzinslich.

California. — Von der fundierten Staatsschuld sind
2 359 000 Dollars zugunsten der Erziehungsfonds angelegt, so daß
als individueller Besitz der Betrag von 283 000 Dollars verbleibt,
wovon 5000 Dollars unverzinslich sind. Die schwebende Schuld besteht aus einer dem Universitätsfonds entnommenen Anleihe, welche
vom Staate mit sechs Prozent verzinst wird.

Colorado. — Die gesamte Staatsschuld ist Besitztum der verschiedenen staatlichen Anlagefonds.

Connecticut. — Von der fundierten Schuld sind 200 Dollars
unverzinslich.

Delaware. — Die schwebende Schuld befindet sich im Besitze
der Erziehungsfonds und wird vom Staate mit sechs Prozent verzinst.

Florida. — Von der fundierten Staatsschuld gehören 673 000
Dollars den Erziehungsfonds und 2 425 000 Dollars dem Tilgungsfonds,
so daß 359 000 Dollars als Einzelbesitz verbleiben.

Georgia. — Die schwebende Schuld gehört zum Vermögen des
Universitätsfonds und wird vom Staate mit sieben Prozent verzinst.
Von der fundierten Schuld sind 2 114 840 Dollars unverzinslich.

Illinois. — Die schwebende Schuld ist vom Staate zugunsten
der Erziehungsfonds angelegt worden. Die fundierte Schuld ist ge-
kündigt und trägt keine Zinsen.

Indiana. — Von der fundierten Schuld sind 484 000 Dollars
Besitztum des Universitätsfonds und 16 615 Dollars unverzinslich.

Jowa. — Die schwebende Schuld besteht aus uneinlösbaren
Obligationen, die, zugunsten des Schulfonds ausgegeben, mit acht
Prozent verzinst werden.

Kansas. — Von der fundierten Staatsschuld sind 545 000 Dollars
Eigentum der Erziehungsfonds und 256 000 Dollars Privatbesitz.

Kentucky. — Die gesamte schwebende Schuld sowie 165 000
Dollars der fundierten Schuld befinden sich in den Händen der Erziehungsfonds.

Louisiana. — Den Erziehungsfonds gehören 1 449 181 Dollars der schwebenden und 80 000 Dollars der fundierten Schuld. Von der ersteren sind 2 799 904 Dollars unverzinslich.

Maine. — Die gesamte schwebende Schuld sowie 268 300 Dollars der fundierten Schuld befinden sich im Besitze der staatlichen Anlagefonds. Von der ersteren sind 100 399 Dollars, von der letzteren 96 500 Dollars unverzinslich.

Maryland. — Von der Staatsschuld gehören 1 196 321 Dollars den staatlichen Anlagefonds; 1 270 474 haben 1887 aufgehört verzinslich zu sein. An unproduktiven Aktiven besitzt der Staat 28 258 285 Dollars.

Massachusetts. — Von der fundierten Schuld sind 5 503 308 Dollars Eigentum der staatlichen Anlagefonds; weitere 5000 Dollars sind unverzinslich.

Michigan. — Die schwebende Schuld setzt sich aus verschiedenen Beträgen zusammen, über welche die Erziehungsfonds verfügen. Der Staat hat die hauptsächlichsten unter den letzteren zu seinen Zwecken verwendet und zahlt den Erziehungsfonds darauf fünf bis sieben Prozent Zinsen. Die fundierte Schuld ist unverzinslich.

Minnesota. — Von der fundierten Schuld sind 2 668 025 Dollars Eigentum der staatlichen Anlagefonds, 1 696 975 Dollars Privatbesitz.

Mississippi. — Von der schwebenden Schuld befinden sich 2 583 889 Dollars, die vom Staate mit fünf bis acht Prozent verzinst werden, im Besitze der staatlichen Anlagefonds. 2937 Dollars der fundierten und 163 425 Dollars der schwebenden Schuld sind unverzinslich.

Missouri. — Die schwebende Schuld ist Eigentum des staatlichen Erziehungsfonds.

Nebraska. — Von der fundierten Schuld sind 326 267 Dollars Besitztum des Schulfonds.

Nevada. — Die schwebende Schuld befindet sich in den Händen des Erziehungsfonds und wird vom Staate mit fünf Prozent verzinst.

New Hampshire. — Der Staat verzinst die schwebende Schuld, über welche der Erziehungsfonds und andere Fonds verfügen, zu sechs Prozent. Von der fundierten Schuld sind 500 Dollars und von der schwebenden Schuld 2594 Dollars unverzinslich.

New Jersey. — Von der fundierten Schuld gehören 234 000 Dollars den Erziehungsfonds.

New York. — Hier sind von der fundierten Schuld 628 600

Dollars Eigentum staatlicher Anlagefonds; von 660 Dollars werden keine Zinsen entrichtet. Die schwebende Schuld besteht aus einer Verpflichtung gegen gewisse Indianerstämme.

North Carolina. — Von der fundierten Schuld gehören 99 250 Dollars dem Schulfonds.

Ohio. — Die schwebende Schuld ist Besitztum des Erziehungsfonds. Von der fundierten Schuld sind 6665 Dollars unverzinslich.

Pennsylvania. — Die schwebende Schuld, die vom Staate mit sechs Prozent verzinst wird, befindet sich im Besitze des Fonds der landwirtschaftlichen Akademie. Von der fundierten Schuld sind 134 220 Dollars unverzinslich. Der Wert der unproduktiven Aktiva des Staates beläuft sich auf 497 455 Dollars.

South Carolina. — Die schwebende Schuld gehört zum Fonds der landwirtschaftlichen Akademie und wird mit sechs Prozent verzinst. Von der fundierten Schuld sind 390 189 Dollars unverzinslich.

South Dakota. — Von der schwebenden Schuld werden 1235 Dollars nicht verzinst.

Tennessee. — Den Erziehungsfonds gehören 2 908 500 Dollars der schwebenden und 405 000 Dollars der fundierten Schuld an. Von der letzteren sind 847 500 Dollars, von der ersteren 150 566 Dollars unverzinslich geworden.

Texas. — Von der fundierten Schuld sind 3 017 140 Dollars Eigentum staatlicher Anlagefonds, die verbleibenden 1 220 590 Dollars im Privatbesitz.

Vermont. — Von der schwebenden Schuld gehören 135 500 Dollars dem Fonds der Landwirtschaftsakademie, dem der Staat dieselben mit sechs Prozent verzinst.

Virginia. — Von der Staatsschuld sind 5 829 677 Dollars Eigentum der staatlichen Anlagefonds.

West Virginia. — Der Schulfonds gebietet sowohl über die fundierte wie über die schwebende Schuld.

Wisconsin. — Von den Staatsschulden werden den Erziehungsfonds 2 251 000 Dollars mit sieben Prozent verzinst. 44 391 Dollars sind in anderen Fonds angelegt.

Tabelle XV.

Die Staatsschulden im Jahre 1890 nebst Schuldentilgungsfonds und Aktiva.

Staaten.	Zinsfuß.	Letzte Zahlung fällig im Jahre	Bruttoschuld. Fundierte Schuld.	Schwebende Schuld.	Schuldentilgungsfonds.	Nettoschuld, d. h. minus Schuldentilgungsfonds.	Aktiva. Bares Geld (mit Ausschluß der Schuldentilgungsbonds).	Aktiven Staatspapiere u. s. w.	Wirkliche Schuld, d. h. minus alle Aktiva.
			$	$	$	$	$	$	$
Alabama	4—6	1906	9 237 700	3 175 496 *		12 413 196	381 077	3 175 496	8 856 623
Arizona	6—10	1913	633 000	124 159		757 159			757 159
Arkansas	5—6	1905	2 092 100	6 588 654	8 972	8 671 782	427 004	4 193 757	4 051 021
California	6		2 642 000	79 750 *	199 425	2 522 325	3 195 846	4 436 100	keine
Colorado	3.5—6		150 000	449 851		599 851	1 047 301	998 034	keine
Connecticut	3—3.5	1910	3 740 200	239 750 *	12 177	3 740 200	1 006 583	2 121 492	612 195
Delaware	3—6	1907	660 000			887 573	87 176	1 233 900	keine
Florida	6—7	1903	1 275 000		243 087	1 031 913		1 061 884	keine
Georgia	3.5—8	1939	10 359 340	90 202 *		10 449 542	2 278 092	405 202	7 766 246
Idaho	6—10	1905	146 715	92 353 *	20 775	218 493	1 089		205 404
Illinois	6	nicht zahlb.	19 500	1 165 407 *		1 184 907	4 442 646	1 165 407	keine
Indiana	3—5	nicht zahlb.	8 540 645		2 556	8 538 059	971 553	4 388 783	3 177 723
Iowa	8			245 435 ○		245 435	297 543	4 336 345	keine
Kansas	4—7	1909	801 000	318 791 ○	133	1 119 658	673 954	6 030 122	keine
Kentucky	4—6	1905	680 394	1 705 947 ○	715 208	1 671 133		1 842 761	keine
Louisiana	4—7	1914	11 759 500	4 249 685 *		16 008 585	254 151	1 529 181	14 225 250
Maine	3—6	1929	2 748 800	722 108 *		3 470 908	62 678		2 408 230
Maryland	3—6	1900	10 370 537		1 936 169	8 434 368		5 710 244	2 724 124
Massachusetts	3—5	1909	28 251 288	5 315 939 *	21 015 939	7 267 349		5 192 334	2 075 015
Michigan	5—7	nicht zahlb.	31 993	32 000	38 738	5 308 294		5 315 586	keine
Minnesota	4—1.5	1901	4 305 060		2 125 518	2 239 482	1 112 792	11 210 720	keine

Mississippi	4—8	1907	902 437	2 600 572 *		3 503 009	550 584	2 583 889	368 536
Missouri	3.5—6	1911	8 533 000	3 680 000 *	453 168	11 759 832	951 312	3 680 000	7 628 522
Montana			107 815	107 815		167 815	187 181		keine
Nebraska	8	1897	449 267		195 388	253 879	1 403 800	2 311 442	keine
Nevada	4—5	1909	182 000	380 000 *	52 475	509 525	527 465	862 000	keine
New Hampshire	5—6	1905	2 530 600	170 419 *		2 691 019	292 061		2 385 958
New Jersey		1902	1 100 300	400 000	573 658	1 022 642	20 429	1 235 148	keine
New York	2.5—6	1896	665 164	122 695	4 460 625	2 308 230	959 984	10 989 203	keine
New Mexico	6—7	1918	720 600	150 000		870 000			870 000
North Carolina	4—6	1919	7 703 100			7 703 100	163 677	99 250	7 440 173
North Dakota	4—6	1920	606 300	97 469 *		703 769	101 792		589 977
Ohio	3—6	1930 (Geschätzt)	2 799 665	4 584 181 *	245 040	7 135 846	121 938	4 584 181	2 430 587
Oregon	7—10	1922	1 015	670		1 685	233 194	1 918 743	keine
Pennsylvania	3.5—6	1894	11 832 920	517 000 *	8 281 310	4 068 610		2 714 431	1 354 179
Rhode Island	6	1894	1 283 000		860 017	422 983		528 292	6 667 782
South Carolina	4.5—6	1928	6 801 119	191 800 *	39 337	6 953 582	84 000	191 800	861 547
South Dakota	4—6	1910	860 200	11 400		871 600	10 053		15 302 708
Tennessee	3—6	1913	16 636 908	3 059 066		19 695 974	79 766	3 313 509	keine
Texas	4—7	1909	4 237 730	79 785		4 317 515	1 450 940	7 772 275	keine
Utah	6								keine
Vermont	6			148 416		148 416	117 709	135 509	keine
Virginia	3—6		31 219 080	7 521 652	2 487 059	36 215 073		3 865 671	32 448 002
Washington			300 000			300 000			300 000
West Virginia	6		135 511 *	19 000 *		184 511	451 581	620 011	keine
Wisconsin	7			2 295 391 *		2 295 391	781 157	1 844 611	keine
Wyoming			320 000			320 000			320 000
Summa			224 175 044	50 821 558	45 999 213	228 997 389		145 258 537	83 738 852

* Gehört zu den Fonds.

† Eleventh Census 1890, Vol. VIII, Part I, p. 81 - 243.

Tabelle XVI.

Verwendungszwecke der im Jahre 1890 ausstehenden Staatsobligationen. [23]

Staaten.	Zur Deckung der alten Schuld.	Zur Fundierung der schwebenden Schuld.	Öffentliche Gebäude.	Zur Subvention von Eisenbahnen u. s. w.	Zur Kriegskosten (1861–1865).	Verbesserung von Häfen, Flüssen, Dockanlagen und Kanälen.	Parks und öffentliche Plätze.	Schulen und Bildungsstätten.	Verschiedenes.
Alabama	9 237 700								
Arizona	391 000		155 000						87 000 [1]
Arkansas	1 408 000								100
California	2 637 000			684 000					5 000
Colorado			150 000						
Connecticut									
Delaware	585 000				3 740 200				
Florida	1 275 000		75 000						
Georgia	10 085 040	270 000		43 000					
Idaho			100 000						46 715 [2]
Illinois			500 000						19 500 [3]
Indiana	3 905 000	3 635 000							16 615 [5]
Iowa								184 000 [4]	
Kansas	103 000		560 000		36 500				101 500 [6]
Kentucky	11 759 500	500 000							180 394 [7]
Louisiana	2 502 300	150 000							96 500
Maine	4 898 829	500 000							1
Maryland			7 259 356	4 971 707	3 407 149				
Massachusetts				12 384 783	21 000				200 000 [8]
Michigan									19 993 [9]
Minnesota	3 965 000		400 000 [10]						
Mississippi									
Missouri	7 697 000	246 000		659 000					656 437 [11]
Montana									177 000 [12]
Nebraska		449 267							

Nevada								
New Hampshire	300 000	2 206 100 [18]	38 000			76 000 [13]	68 000 [16]	
			14 000				500	
New Jersey	350 000	350 000	370 000					
New Mexico								
New York	3 775 600	150 000		1 207 500	6 051 500	600 000 000 [14]	666	
North Carolina	50 000						2 720 000 [24]	
North Dakota	2 540 000	250 000						
Ohio				1 925	6 665		134 220	
Oregon	11 693 700			1 283 000			10 000 [19]	
Pennsylvania				(488 [17])				
Rhode Island								
South Carolina	6 449 530	173 060	153 593	43 448				
South Dakota	247 500	100 000	512 700	453 808			847 500 [20]	
Tennessee	15 336 600	1 020 200					499 000 [21]	
Texas	2 718 530							
Utah								
Vermont								
Virginia	25 513 449		320 000				5 795 631 [22]	
Washington							300 000	
West Virginia							135 511 [23]	
Wisconsin								
Wyoming								

1) $ 27 000 für Brücken; $ 60 000 für Strassenbau und -Ausbesserung. 2) Für allgemeine Zwecke. 3) Austehende gekündigte Obligationen. 4) Für die Perdue- und Staatsuniversitäten. 5) Staatsschuldscheine (State stock certificates). 6) $ 12 500 für Unterstützung verarmter Personen an der Grenze; $ 89 000 für militärische disponible Fonds (militia contingent fund). 7) $ 174 000 militärische Obligationen; $ 6 594 alte schon fällige Obligationen. 8) Für den Ankauf der Southern Vermont Eisenbahn. 9) Innere Verbesserungsobligationen. 10) Schliefst auch einige nicht zu unterscheidende Defieitobligationen ein. 11) $ 500 000 für militärtätige und Erziehungszwecke, und $ 163 000 für nachträgliche Einzahlungen. 12) $ 70 000 für die North-western Irrenanstalt; $ 74 000 für die Staatsuniversität. 13) Für Unterstützung der Staatsuniversität. 14) Für allgemeine Zwecke. 15) Für Zurückzahlung der Städte für die von ihnen während des Bürgerkrieges gemachten Ausgaben. 16) Für Niagara Park Staatsland. 17) Für Bau. Verbesserung und Vergrösserung des Zuchthauses, des Hospitals für Wahnsinnige und der Staatsuniversität. 18) Landeskommission. 19) In 1794 ausgegeben. 20) Für Eisenbahnen, Chausseen, Banken, landwirtschaftliches Bureau, Legislaturhaus, Fundierung der schwebenden Schuld, und nicht spezificirte Zwecke. 21) Für Verteidigung der Grenze. 22) $ 1 995 027 für öffentliche Verbesserungen. 23) Für die Schulfonds. 24) Eleventh Census (1890). Vol. VIII, Part. I, p. 560—651.